儒生文丛 第三辑

天下归仁

方以智易学思想研究

刘 伟/著

知识产权出版社
全国百佳图书出版单位

图书在版编目（CIP）数据

天下归仁：方以智易学思想研究 / 刘伟著. — 北京：知识产权出版社，2016.8

（儒生文丛 / 任重主编. 第3辑）

ISBN 978-7-5130-4318-2

Ⅰ.①天… Ⅱ.①刘… Ⅲ.①《周易》—研究 Ⅳ.①B221.5

中国版本图书馆 CIP 数据核字（2016）第 163499 号

责任编辑：江宜玲　　**责任校对**：谷　洋

封面设计：张　冀　　**责任出版**：刘译文

儒生文丛（第三辑）

天下归仁 方以智易学思想研究

刘　伟◎著

出版发行：知识产权出版社有限责任公司	**网　　址**：http：//www.ipph.cn
社　　址：北京市海淀区西外太平庄 55 号	**邮　　编**：100081
责编电话：010-82000860 转 8339	**责编邮箱**：jiangyiling@cnipr.com
发行电话：010-82000860 转 8101/8102	**发行传真**：010-82000893/82005070/82000270
印　　刷：三河市国英印务有限公司	**经　　销**：各大网上书店、新华书店及相关专业书店
开　　本：787mm × 1092mm　1/16	**印　　张**：20.75
版　　次：2016 年 8 月第 1 版	**印　　次**：2016 年 8 月第 1 次印刷
字　　数：255 千字	**定　　价**：59.00 元

ISBN 978-7-5130-4318-2

“儒生文丛”总序

儒生者，信奉儒家价值之读书人也。“儒生文丛”者，儒家读书人之心声见于言说者也。近世以降，儒家斯文扫地，儒学几近中绝。国人等儒学于土苴，士夫视孔道为寇仇，遂使五千年尧舜故国儒家读书人渐稀，亿万万中华神胄儒生难觅！然则，所谓儒生者，儒家价值之担当者也；儒家价值者，神州中国之传承也；中国不复有儒生，是儒家价值无担当，中国之价值有所欠缺也。悲乎，痛矣！寅恪翁之言也！

今日中国，儒道再兴。儒生之见于神州大地，数十载于兹矣。今日中国文化之复兴，亦需今日儒生之努力，而儒家价值之传承，亦端赖今日儒生之兴起也。

“儒生文丛”主编任重君，儒生也。倾一己之力，编辑“儒生文丛”，欲使国人知晓数十年来儒家回归、儒教研究与儒学复兴之历程，进而欲使今日之中国知晓当今儒生之心声。故“儒生文丛”之刊出，不特有助于中国文化之复兴，于当今中国之世道人心，亦大有裨益也。

壬辰夏，余山居，任重君索序于余，余乐为之序云。

盘山叟蒋庆序于龙场阳明精舍俟圣园之无闷居

（吹剑修订于 2015 年）

序

刘伟博士近著《天下归仁：方以智易学思想研究》放在案头已有些时日了。我细读过，获益良多。现在一边回顾方以智思想研究史，一边应命为这部书写序，喜悦之情油然而生。

方以智以博学者、文字音韵考据学家、文学家和经学家著称于世，王船山尝称他“姿抱畅达，早以文豪誉望动天下”，全祖望评其“尤以博学称”，朱彝尊更赞他“纷论五经，融会百氏”，四库馆臣亦许其“开国朝顾、阎、朱考据之风”。但由于方以智的著作除《通雅》和《物理小识》外，流传于世的很少，故民国初年梁启超著《中国近三百年学术史》称“密之学风，确与明季之空疏武断相反，而为清代考证学开其先河”，但其所论仅限于方氏雅学和物理方面所取得的成就。1947 年，熊十力先生在与友人的通信中论及对方以智“通几”和“质测”思想的理解。1948 年，容肇祖先生在《岭南学报》发表《方以智和他的思想》，着重考证方氏生平传略。真正对方以智学说思想展开较为全面科学研究的，是马克思主义史学宗师侯外庐先生。他在《哲学研究》（1957 年第 6—7 期）上发表了《方以智——中国的百科全书派大哲学家》，在 1961 年 8 月 6 日《人民日报》上刊登了《方以智〈东西均〉一书的哲学思想》，在 1961 年 9 月 28 日《光明日报》上又发表了《方以智对遗产的批判继承态度》一文，在 1960 年

4月出版的《中国思想史》第四卷下册中更专章讨论方以智的哲学思想和社会思想。

外老是把方以智当作中国早期启蒙思想史上一位极重要的人物来看待的。在《中国思想通史》第四卷下册中，他评价方氏《通雅》和一般的字书不同，试图汇集和总结当时所有的一切知识，充满了科学精神，也即其所说的“质测”研究精神。方以智对于世界认识的唯物主义的态度显然与中世纪宋、明的正宗道学家的态度相反，他对于新世界曙光探索的意识亦与中世纪科举文士束缚于小天井的偶像意识截然有别。外老全面考察了方以智的著作，指出：方以智不论从“质测”（科学）藏“通几”（哲学）方面，抑或从“通几”护“质测”方面，就其历史意义上说，都是对于“天”或自然的革命理论。中世纪神学的“天”虽然是神圣的、不可侵犯的，但启蒙学者对“天”的抗议总比对人的反抗要自然顺当些，同时也更适合于近代思维发展的规律。外老充分注意到“方以智一再表示他是屈原、贾谊型的人物，甚至自状他是不能有事于功业的‘废人’或‘恬退人’，但他却自豪他能从一切文化方面‘通古今，识时务’，荟萃古今天下的智慧，而‘观天下之变’，‘宇观人间宙观世’！一切都可能安排在至善至美的境地或乐园，然而他在这样恶浊的俗世却无能为力，始而远游，继而逍遥，终而伪装逃佛”，科学地指出“方以智的社会实践和世界观的悲剧矛盾、他对于改造文化方面的方法论的普遍应用和对于政治上的开明专制的无力呻吟，正反映了当时社会的矛盾，活的萌芽的东西在生长，而死的束缚的东西更在作祟，后者沉重地压迫着前者。历史在发展，而其发展又处于缓慢而迂阔的进程中，这就决定了方以智的思想还没有条件借以走上法国‘百科全书’派的典型途径”。直到晚年，外老仍充满感情地忆述其对方以智研究的过程：“在对方以智思想面貌有了一个轮廓性的认识以后，一九五七年春，我杜门谢客半月，一口气写成《方以智——中国的百科全书派大哲学家》。如果说这篇论文有什么特点的话，那就是，我把方以智思想与近代西方哲学家狄德罗、保尔·荷尔巴赫等（特别是荷尔巴赫）做了大量的对比，为方以智冠‘百科全书派’的头衔。方以智研究见刊，史学界和哲学界多数同志是有兴趣的。我不敢自诩会有多少人欢迎或习惯那种对比评价。现在，我只想说，我在研究方以智的当时，发现我们的民族有过一位自己的‘百科全书’色彩的思想家，不免怦然心动，故激越之情溢于言表。即使到今天，我垂垂老矣，回顾以往在比较研究中产生的类似的自豪感，虽省之又省，沉淀再三，仍然常令人慷慨难抑。”“《思想通史》第四卷最末一个专章论述人物——方以智，是我们下了大力气发掘出来的唯物主义思想家。他的遗著中所表现出来的恢宏气度、高远理想，以及我们在发掘他思想的工作中所倾注的心血，都不由得使我对这个人物加倍重视。”①

此后，方以智的哲学思想日益受到学者重视。侯外庐学派继续深入地研究方氏思想，如侯外庐、邱汉生、张岂之主编的《宋明理学史（下卷）》专章论析了“方以智、‘易堂九子’与理学”，张岂之主编的《中国思想学说史·明清卷（上）》专节论析“方以智思想的哲学与科学精神”等。外老与侯外庐学派对方以智思想的研究在学术界产生了重大影响，肖萐父先生即从明清启蒙学术流变的视角考论方以智思想，认为“方以智虽然没有像徐光启那样突出地宣扬西方自然科学形式逻辑的公理化体系的优点，然而他之所谓‘质测即藏通几’‘通几护质测之穷’的思想中即包含着‘求所以然之理’‘缘数以寻理’的科学方法的内核”，称扬“在明清之际的学者中，方以智是最明显地摆脱伦理道德的束缚

① 侯外庐．韧的追求 [M]．北京：生活·读书·新知三联书店，1985：311-312、309-310.

而形成了比较纯粹的认知态度的学者”[①]。

尽管对于方以智思想的研究在不断深化，成果日多，但仍有一个重大问题存在，那就是侯外庐先生虽指出方氏哲学思想“始终利用了《易经》这一古代的思想材料加以改造，并增添了时代所允许增添的新内容”[②]，但并未对方氏易学展开研究。对方以智易学思想最早进行研究工作的，是我的老朋友、苏州大学哲学系的蒋国保教授。他的《方以智哲学思想研究》(安徽人民出版社1987年版）堪称融哲学史与易学史于一炉的学术专著，在这本著作中他从哲学史角度对方氏易学思想予以解读。国保兄曾指出：方以智“是以易学为核心，改铸老庄、援引佛道，从而构成了一个以儒学为重心的儒佛道‘三教合一’的哲学体系”[③]。他又曾对“方以智太极一元论的思辨逻辑”做过详尽论析。[④]近年，国保兄又全面探讨方以智的经学思想，以期揭示他在中国经学史和经学思想史上应有的地位。[⑤]

不仅因为桐城方氏本以易学传家，更因易学在方以智学说思想中具有特别重要的意义，所以，学者们对密之易学亦关注起来。1980年夏季，冒怀辛先生在国内首次发现了《周易时论合编》，并在当年的《中国哲学研究》创刊号上发表文章介绍该书的思想内容及学术价值。朱伯崑、罗炽、彭迎喜、郭彧等先生以不同方式、从不同角度对方以智的易学思想进行研究分析。方以智学说思想

① 萧萐父，许苏民．明清启蒙学术流变[M].沈阳：辽宁教育出版社，1995：468-469，461.

② 侯外庐，赵纪彬，杜国庠．中国思想通史（第四卷·下册）[M].北京：人民出版社，1960：1151.

③ 蒋国保．略论方以智哲学范畴的逻辑展开[G]//中国哲学编辑部．中国哲学（第十三辑）．北京：人民出版社，1985.

④ 王茂，蒋国保，余秉颐，陶清．清代哲学[M].合肥：安徽人民出版社，1992：500-550.

⑤ 蒋国保．卓然独之的解经者——方以智[G]//姜广辉．中国经学思想史（第三卷·下）．北京：中国社会科学出版社，2010：1179-1204.

研究在不断深化。

刘伟出自国保兄门下，好学善思，独立自得，是位极难得的学者。读书之余，他与我共同探索如何构建现代平民儒学，推陈出新，实现知识分子与劳工的二次结合。他精研方以智著作，在前贤时彦的研究基础上著成了这部《天下归仁：方以智易学思想研究》。这部论著既是对其师的继承和发展，更是对方以智学说思想研究的有力深化。我为此书行将问世而高兴，为国保兄学有传人而欣喜，更为学界出现了这样一位不可多得的后起之秀和这样一部好书而庆幸。可以说，这是一本继承了侯外庐学派治学精神的精良专著。

侯外庐先生曾指出：“方以智是以当时的圣人、集大成者、通人自居，是以大科学家和大哲学家自豪。他对于世界认识的唯物主义的态度，显然和中世纪宋、明的正宗道学家的态度相反。”刘伟博士在这部专著中从论析方氏易学入手，谓：作为明清之际极负盛名的思想界领袖人物，方以智具有非常强烈的担当意识，强调象数易学的积极作用，为寓义理于象数的易学诠释方式做出充分的论证。方以智指出：“文传四教，士首三民。生乎《图》《书》经史明备之后，简毕犹耒耜也。本于大一，协于分艺。不兴其艺，不能乐业。万物游心，一室自娱。鼓舞可群，万世相告。笔舌之缘，均无所避。有正用、通用之中道焉。有中理、旁通之发挥焉。有统类焉，有体裁焉，不可不知。”[①] 方以智对《河图》《洛书》所涉及的象数易学抱有浓厚的兴趣，同时又将《礼记·礼运》所谓“本于大一，协于分艺”设定为太极衍化万物的基本历程，以此推究“物理”，寻求自然界和人类社会的具体知识。与一般囿于门户偏见的儒者不同，方以智采取融通的方法，以“坐集千古之智”的魄力和远大抱负，力图吸纳当时的一切优秀学术成果。在他看来，

① 方以智 . 通雅 [M]. 上海：上海人民出版社，1985：65.

“气也、理也、太极也、自然也、心宗也，一也，皆不得已而立之名字也；圣人亲见天地未分前之理，而以文表之。尽两间，灰万古，乃文理名字海，无汝逃处也。”(《东西均·所以》）这样一来，不唯儒释道三家的学术观念可以达成统一，就连西方传教士带来的科学知识也能用易学的语言和思维方式加以解读。方以智对“两间”，也就是天地之间的事物，持有浓厚的认知兴趣，试图以象数易学作为认知方式，推动“两间质测”的进行。这正是他能够在著述中涉及当时科学界的重大问题并与西方传教士展开激烈辩论的原因。方以智的易学思想是支撑其科学思想的方法，而他所提倡的“《易》以象数为端几，而精至变至神在其中”（《青原愚者智禅师语录·卷三》）的观点标志着象数成为研究“物理”的重要方法。方以智对象数的处理也正是解读其易学思想的重要环节。我很赞同刘伟博士的这一论析。

儒家具有强烈的担当意识，而忧患精神则体现了这种意识，这在儒家易学思想传统中表现得最为充分。如果说“作《易》者其有忧患乎”是对圣王开创德业的理解，那么天崩地陷之后的“解《易》者”又如何看待忧患呢？刘伟博士在书中写道：方以智经历波折生死，目睹社稷倾覆，对孟子所说的“生于忧患，死于安乐”有着切身的体会。圣贤一生，颠沛流离，无论身处逆境还是罹患疾病，都不会放弃自己的信念。既然再三强调易学具有了脱生死的功用，那么“出忧患之道”是不是经受生死磨难的历程呢？方以智用自己的生命情趣向世人宣告：“人无奈死于安乐，不知心心无心之真心，故忧患、疾病为生死之药。生死不二，则荣辱得失何足以二？瞑眩之几，在乎终食，极乎颠沛，而造次为尤细，此圣人之勘生死也。”(《东西均·生死格》）在儒家看来，饮食是人的本能，但是“知味”则是少数人的事情。以此类推，大道就在天地之间。圣贤经历生死磨难，契合大道，而一般人却停留在“百姓日用而不知”的层面。生死是人的存在方式，“勘生死”是圣人指明的修养方法。当一切险恶与颠沛都不能使君子动心时，方以智又在思考什么问题呢？他讲道：“天下归仁，莫普于《礼运》之田。”（《周易时论合编·卷一》）仁是儒家的价值源泉，《礼运》揭示了“太一”如何为阴阳五行、人伦日用提供合理依据，以及儒家对“物理”“度数”的基本态度。方以智曾经对自己的易学思想进行简明扼要的概括，指出：“真天统天地，真阳统阴阳，大一统万一，至善统善恶，至理统理气，大无统有无。”（《易余·二虚一实》）这就是方以智易学思想的灵魂。像这样既依据翔实的思想资料，又会通社会史与思想史而从更宏阔的视角来论析，其所得出的结论显然是站得住的。刘伟博士在深入论析方以智易学思想的过程中，涉及方氏政治哲学，有些观点还进而与儒学及以之为核心的中国思想文化传统的评估相关，剖析解读，鞭辟入里，颇有可观之处。

总之，我深以为《天下归仁：方以智易学思想研究》是一部值得人们认真阅读的学术著作。

是为序。

陈寒鸣

2014 年 9 月 15 日于天津思古润今斋

目　录

绪　言

昔人有言："乾坤一场戏，人生一悲剧。"古往今来，天地之间有多少伤心人？伤心人有多少伤心事？在方以智看来，"作《易》者"是天地之间的"大伤心人"，历尽千辛万苦，满怀忧患意识，构建囊括一切具体事物的理论体系，为往圣前贤续慧命，为社会成员谋福利。这是儒者的分内之事。

每一个民族都有自己的先知文化。在传统社会中，精通易学的人被普通民众视为先知，他们的言行事迹带有浓厚的神秘色彩。当然，不排除"神道设教"的可能性。客观上讲，易学以阴阳作为基本的思维方式，对中华民族"人文化成""文明"和"天人合一"等重要观念的不断发展提供推动力。今天，我们回顾中华文明的发展史，不难发现它是农耕文明、游牧文明和航海文明的统一体。在方以智所处的时代，东南沿海地区与阿拉伯世界、基督教世界之间的交往非常密切，而建州女真的兴起直接威胁到农耕地区的安全。晚明皇室曾经大举引进基督教世界的历法、信仰和技术，企图摆脱日益严重的政治危机。然而事与愿违，那个弊病丛生的朝廷就像深陷泥淖的泥足巨人一样，无可救药。在普通民众看来，身处农耕文明占主导地位的江淮地区，精通易学、把握时令，有助于百姓安排农业生产，预防自然灾害。这与方以智秉承泰州学派的"百姓日用即道"的学术取向基本一致。方以智易学思想以太极作为开端，打破混沌，运用象数和义理解释自然界和人类社会的复杂现象。在与西方传教士进行学术交往的过程中，方以智学习新知识，掌握新工具，研究新问题，开启了易学领域的新局面。

一、方以智注重以象数来承载和阐发义理

仔细分析《图象几表》中的图象次序，会发现不落言诠与形状的太极是整个图象体系的开端，而后以“密衍”的方法构成《河图》《洛书》，囊括从汉代到明代的常见图象，统合中医、声韵、堪舆、天文、历法等领域的知识，成为名副其实的图象集大成者。在易学传统中，图象是承载义理的基本途径之一，图象、数理与寓言构成《周易》文本的主要内容。在许多前辈学者看来，方以智等人主张“以《庄》继《易》”，认为《庄子》与《周易》的共同之处就在于“取象”，《逍遥游》中的鲲鹏与《乾》中的龙都具有深刻的象征意义，而“环中”“弄丸”“曳尾”“豕”“鸿”等具体事物，也应作如是观。庞朴先生将宋儒的“画图法”与庄子的“寓其言”都视为“以象像道，引发觉悟”的基本途径，对二者的基本内容进行了详细的梳理，做出了公允的评价，指出：“画图法舍法求图，于论当属言不尽意派；寓言法则介于尽意不尽意派之间。”[①] 在方以智的易学著作中，“画图法”与“寓言法”紧密地结合在一起。如果说《图象几表》收集的方以智的著述侧重于“画图法”的话，那么《易余》则是以“寓言法”表达图象所蕴含的义理，即使不能完全揭示其中的奥妙，也能传达最基本的信息。在这部著作中，方以智设计了平公、当士等人的对话，用荒诞志怪的笔调铺陈复杂的义理与多变的象数，简明扼要地将《河图》《洛书》《先天八卦横图》《先天八卦圆图》《先天六十四卦圆

① 庞朴．一分为三 [M]. 深圳：海天出版社，1995：223-224.

图》《先天六十四卦方图》贯通起来，与《图象几表》互为表里。就语言风格而言，《易余》受《庄子》的影响比较大。特定人物之间的交谈，深化了对相关问题的认识。每一篇的题目都起到画龙点睛的作用。

从易学发展史的角度来看，以图象解释《周易》是宋元以降的学术风尚。这一历史时期，易图名目繁多，以至于无法统计其具体数目。清代学者王嗣槐在《太极图说论》一书中指出，“宋元人言《易》，辄自为一图，钩深抉隐，变怪百出。如蔡季通《自然图》，以迄刘长民《钩隐图》、黄季真《会通图》、王秋山《缉说图》、杨鼎卿《古注图》、胡玉斋《启蒙图》、洪容斋《两仪图》、张仲纯《易图》、闾丘逢辰图、熊任重《集成图》，李蒙斋、王湜各有《学易图》，吴草庐《纂言图》、鲍天章《发微图》，及胡云峰图，大都本阴阳，发明易理，不离《大传》，近是。”[①] 桐城方氏总结宋元以降象数易学，在编撰《周易时论合编》时，将《图象几表》置于开端，总共罗列一百余种易象图式，门类齐全，令人赞叹。这部鸿篇巨制可以算作明清之际的易学图象的集大成者，对清代学者李光地、江永等人产生了深远影响。

方以智用象数解释物理，构建一套庞大的理论体系，这无疑得益于其师王宣的教诲。在王宣看来，世界上的一切事物都可以概括为数字，而数字本身就蕴含物理。在王宣看来，圣人之所以伟大，就在于其能够顺承物理，钩沉索隐，觑破天地之间的奥秘。无论天文历法，还是礼乐条目，即便万物变化，都是数字的呈现，都能够从《河图》《洛书》中寻找到合理的依据。王宣将《河图》《洛书》与《九章算术》等量齐观，相信其中涉及的数理是对天道的反映。他讲道：“律历礼乐，即《河》《洛》之秩叙，不容思

① 王槐嗣. 太极图说论[M]//《续修四库全书》编委会. 续修四库全书（第933册）. 上海：上海古籍出版社，2001：625.

虑者也。物皆数也，数皆理也。圣人不违物理，故天不能违圣人。极数知来，如屈其指，然圣人至此罕言，因数付数，犹因物付物耳。一切物数，信其理自如此，岂遍数毛孔而知之乎？《河》《洛》百点，周公《九章》，实天之节度也。”[①] 人类的认知能力使人能够把握事物变化的规律。当然，这需要一个漫长过程，无法一蹴而就。圣人提纲挈领，不断摆脱主观臆断的干扰，逐渐认识和掌握深邃的道理，尽可能做到“因数付数”，这样才能进一步探究天道的基本内容。为什么要认识天道变化？目的在于改善人类社会的现状。就制作包括生产工具、生活用具在内的“器”而言，必要条件在于准确无误地“取象”。纵贯变化始终的就是象，寻求其本原，就是通达所谓“象先”。这似乎是对《老子》所谓“吾不知其谁之子，象帝之先”的创造性诠释。从究极层面来讲，“象”就是一切运动变化，就是混沌未开的“大一”，就是事物衍化的路径。只有善于“取象”，才能明白表法的含义。否则，就无法洞察变化的奥妙。

方以智易学思想带有明显的时代特色。明末清初，“三教合一”的观念已经贯穿于整个社会生活。以儒家经典中的名词概念解读佛教学说，是当时一般士子与僧尼的惯用手法。与《四书蕅益解》的主旨有所不同，方以智将三教、诸子百家与泰西学术糅杂在一起，用易学的方法加以统合，形成了别具一格的解释体系。方以智运用华严学的术语，但不能据此将方以智划入华严宗的后学。当时的禅宗僧侣善于以禅宗的思维方式驾驭华严学的部分名相，即便在“教乘法数”方面有所理解，也不过抽取华严宗的大致框架，尤其是法藏、李通玄、澄观等人的见解，而不是为了全面地阐发华严宗的观念。会通易学与华严学早已成为一种传统，这一

① 方孔炤．周易时论合编[M]//《续修四库全书》编委会．续修四库全书（第15册）．上海：上海古籍出版社，2001：163.

点在明代显得尤为突出。明代华严学已经丧失唐代华严宗的规模和气象，不仅缺乏像法藏、李通玄和澄观这样举足轻重的法界龙象，更没有产生像《华严疏钞》《新华严经论》这样卷帙浩繁的学术著作。

方以智以易学统摄佛教思想，而不是以佛教思想解释《周易》。方以智将华严宗的“一多相即”解释为儒家的“执其两端而用中”，将汉代以来关于易学中“三一”观念的讨论对应于《大乘起信论》中的“体大”“相大”“用大”，又以“绝待”“并待”“贯待”统摄禅宗的直觉思维，最终将理论追溯到《孟子》《中庸》和《易传》。这种逆推的思路足以说明：身在丛林中的方以智仍旧以儒家的道义作为自己信奉的准则，勇于担当儒家的历史重任。对比《一贯问答》《东西均》与《四书蕅益解》的思想内容，不难发现其具有许多共通之处。不过，方以智以易学作为基本框架，炮鼎百家，吞吐古今，会通中外，而蕅益大师继承了阳明后学的观念，将儒学与佛学融为一体，即便涉及西方传教士的学术观念，他也在其他著作中表达了“辟邪”的态度。蕅益大师的净土思想对后世产生了深远的影响，而方以智却以科学家、博物学家等形象出现在研究者的视野中。二者均在各自领域做出了巨大的贡献。

方以智将华严学所讲的“一多”对应于“体用”，并从“一贯”与“多识”的角度对其进行解释，认为二者构成相即不离的关系。然而方以智并没有停留在这个层面，而是主张以“绝待”的观念来解决由“一贯”和“多识”带来的诸多问题。在他看来，天地之间的一切事物都呈现为对待的样态，超越对待的本体存在于对待之中，而不是处于对待之外。万物都是运动变化的，而非静止不动的，因而必须善于把握变化的征兆，以提升人类认识世界和改造世界的能力。这就要求以“贯待”的方法来整合“并待”

与“绝待”，防止将本体误解为死寂不动的“一”。道学家深入释老堂奥，而后反戈一击，对儒学进行创造性转化，强调个体能够体认超越对待的本体，提出“理一分殊”这样极富建设意义的命题，但是在具体的阐发过程中，却将精力过多地放在了个体的道德体验方面，没有充分发掘这一命题对探究“物理”所能起到的推动作用。方以智看到了宋儒理论的优点与不足，以“贯几”作为学术研究的重点，在许多领域取得了举世瞩目的成就，推动了儒学的发展。

方以智紧扣象数的主题，发掘宋元以来的《河图》《洛书》学说的精蕴，旁征博引，触类旁通，对心学进行全面改造，重新构建“心”“物”之间的关系，为探索自然界和人类社会的运行轨迹提供了方法论层面的支持。方以智从物理的角度研究易学中所讲的“气”，积极吸纳西方传教士带来的科学思想，主张以象数作为工具，把握变化的细微之处，一方面纠正脱离具体事物（所谓“扫器言道”）的失误之处，另一方面突破缺乏实验基础的“离质穷隐”，将儒家理论从狭隘的心性体验中解放出来，重新关注自然界和人类社会的诸多变化，以全新的认识动力推动“合内外之道”的发展。

明代末年，西方传教士向中国输入异质文化，旨在传播基督教信仰。这在客观上刺激了方以智等人的理论创新。面对系统的自然科学理论，方以智梳理了中国的传统文化典籍，从中寻求能够与西方文化展开对话的资源，尤其是方法论层面的交流，于是象数与算学成为首选的工具。方以智不赞同故步自封，更反对盲目排斥泰西之学，主张借鉴西方传教士的科学理论，重新整合本民族固有的学术成果，突出系统性与理论性，扭转此前注重实际运用而忽略理论表述的实用取向。方以智从易学的角度出发，系统地学习、吸收和批评西方的科学思想。在他那里，易学所谓“藏往之智”与“知来之神”得到了全新的解释，他指出：“藏往之智，不假乎文献，而托乎文献，托则何者不文献乎？此无漏也。不碍乎托古人之所目之文献，此无漏也。知来之神，不假乎蓍策，而托乎蓍策，托则何者不蓍策乎？此无漏也。不碍乎托世人所目之蓍策，此无漏也。”（《易余·体为用本 用为体本》）方以智熟练驾驭“文献”与“筮策”，借以表达自己的学术思想，有意与一般的考证与术数保持距离，将易学研究引向了一个全新的领域，那就是如何回应西方科学的挑战，进一步推动自然科学与人文社会科学的前进。

鼎革之际，天崩地陷，暴雨狂风带血腥。剧烈的社会动荡考验了方以智的勇气，造就了他的君子人格。方以智秉承儒家“乐学”的优良传统，泰然自若，波澜不惊，大有“弦歌不辍”的风骨与节操。他吟唱道：“缁帷琴瑟不须终，又被风吹别调中，谩道渔郎能扣枻，船头血浪响叮东。听此者，莫朦胧，平调何如侧调工。龟文随水陆，鸟道破长空，石门荷蒉化身不能少，能龙能蛇者，毕竟是龙。”[①] 面对波谲云诡的社会现状，方以智就像《乾》中描述的“龙”一样，随机应变，力图实现自己的远大抱负，虽九死其犹未悔。

从个人的风骨来看，名士风流，铁骨铮铮，可谓方以智一生的缩影。他曾经纵情于秦淮风月，狎妓狂放，醉心艺术，以逍遥者的姿态出现在士人面前，后来继承了觉浪道盛的“庄子托孤论”，将庄子划为“子夏之儒”，推崇旷达杳渺的生命气象。方以智自比鹍鹏与鸿雁，讲道：“鹍鹏之南北乎？鸿雁之春秋乎？伦序往来固渐也。冥化培飞，亦渐也。入鸟不乱群，正其神于善俗也，岂以海凫毛惑乱者乎？”[②] 在封建士大夫的心目中，“鹍鹏”“鸿

① 方以智．药地炮庄[M]//《续修四库全书》编委会．续修四库全书（第957册）．上海：上海古籍出版社，2001：399.

② 方孔炤．周易时论合编[M]//《续修四库全书》编委会．续修四库全书（第15册）．上海：上海古籍出版社，2001：460.

雁”象征远大理想。方以智沿袭古人的说法，为二者赋予了“伦序”“善俗”等社会责任，将士人的担当意识提上日程，希望能够凭借自己的理论研究与社会实践扭转颓败的现状，指出：“四民首士，四教首文，天下风气必随诵读之士所转。革之以因，逆之以顺，直现南秘北之礼地，以穆其无南北之智天。通圆中，秉正中，而措其时中，是以寓罕于雅，无行不与，但系好学之铎，而道不容声矣。”（《东西均·道艺》）方以智目睹社会动荡带来的破坏力，将“退藏于密”奉为学术研究的圭臬。在这种学术观念下，“五常”与“五方”的对应关系得到新的解释，“藏智于礼”的主张力图为重建秩序提供一种全新的思路。再者，将易学作为探究“性与天道”的工具，原本在子贡看来是孔子“罕言”的内容，在方以智那里得到了较为深入的发掘。这就是所谓“寓罕于雅”。这里所说的“雅”不再局限于“雅言”或是文字、声韵和训诂之学，而是创造性地将西方科学思想转化之后的具有中华气派的学术典范。在这种综合创新的过程中，易学发挥着方法论的作用。方以智将《周易》的精髓概括为“时”，无论探究物理，还是砥砺身心，都应该体认“时中”的境界。

二、方以智易学思想的研究状况

方以智易学思想是方以智思想的重要组成部分。深入研究方以智易学思想，有助于全面考察方以智思想。从目前掌握的相关材料来看，国内外关于方以智思想的研究可以分为三个阶段：第一阶段是1949年以前，该阶段多数学者侧重于研究《通雅》《物理小识》等作品，涉及范围主要是声韵、文字、掌故等传统学问，此外还对“质测”与“通几”之学做出初步探究。第二阶段是从1949年到2007年，这一历史阶段是有关方以智思想研究的黄金阶段，产生了大量的优秀著作，揭示了许多深层次的问题，掀起了热烈的讨论，是以往任何时期都无法相比的。例如，侯外庐先生以科学与哲学的差异来解释“质测”与“通几”之学，杨献珍同志有关“合二为一”的论述，冒怀辛、仪真、任道斌等先生的著述相继问世。余英时先生对方以智晚节问题方面进行了较为全面的考察，朱伯崑先生在《易学哲学史》中花费大量篇幅论述方孔炤、方以智父子的象数易学思想，庞朴先生对《东西均》《一贯问答》《易余》等著述进行校释，为学界研究方以智易学思想提供了丰富的材料。蒋国保先生、郑万耕先生对方以智的“质测”与“通几”之学进行新的诠释，周勤勤先生对方以智的哲学思想以及象数学说进行深入剖析。罗炽先生撰写的《方以智年谱》可以视为第二阶段的殿军制作，内容翔实，思想深刻，其余学者的学术贡献也非常大。第三阶段是从2007年至今，其间的主要著作有彭迎喜先生的《方以智与〈周易时论合编〉考》、蒋国保先生的论文集《方以智与明清哲学》。此外，还有大量的博士和硕士毕业论文。

（一）1949年以前

方以智在世的时候，著述等身，死后却饱受非议。他的著作和思想在清代中期一直处于沉寂状态。即便出现些许赞美之词，也不过是针对他的考据功夫而发的。四库馆臣对方以智的评价甚高，着重强调他在考据学方面的建树，认为方以智开启了清代的考据风气，指出：“惟以智崛起崇祯中，考据精核，迥出其上。风气既开，国初顾炎武、阎若璩、朱彝尊等沿波而起，始一扫悬揣之空谈。虽其中千虑一失，或所不免，而穷源溯委，词必有征，在明代考证家中，可谓卓然独立矣。”（《四库全书总目·卷一百八十九·通雅五十二卷·提要》）方以智的著述，除了《通雅》和《物理小识》被收入四库全书以外，其余著作基本处于封存状态。个中缘由，甚为复杂。民国初年，梁启超结合《通雅》的主要内容，试图贞定方以智在学术上的历史地位，认为他开启了清代考据学的先河，在治学方法上实现了三个方面的突破：一是“尊疑”，强调怀疑精神在学术研究方面的积极作用；二是“尊证”，为学术观点寻求广泛的证据，或者说从充足的学术史料中总结出可靠的观点；三是“尊今”，在充分考察古人的学术贡献的基础上，提出自己的独到见解，避免出现一味疑古或盲目信古的情况。梁启超由此断定“密之学风，确与明季之空疏武断相反，而为清代考证学开其先河，则无可疑”①。不过，这一论述仅限于对方以智在雅学和物理方面所取得的成就，并不涉及桐城方氏易学的主要内容。桐城方氏从方学渐到方以智，四世传《易》，著述繁夥，思想精深，但并没有进入主流学者的研究视野，不过在书目版本学家那里稍有地位。即便李光地、江永等人受到了《周易时论合编》的影响，却也不能为这一宏大著作张目。清朝兴盛以后，桐城方氏的学术兴趣和致思重心由经学转向文学。对此，梁启超感叹道：“桐城方氏，在全清三百年间，代有闻人，最初贻谋之功，自然要推密之。但后来桐城学风并不循着密之的路走，而循着灵皋（方苞）的路走，我说这也是很可惜的事。”②倘若仅将方以智视为清代考据学的开风气者，那会进入学术的误区，因为这样很容易忽略方以智在其他领域，尤其是易学方面的建树。1930年，《中央研究院历史语言研究所集刊》收录罗培常的《耶稣会士在音韵学上的贡献》一文，其中涉及方以智的音韵学思想。1934年，《文艺丛刊》第一卷第二期刊登方竑的《方密之先生之科学精神及其〈物理小识〉》一文。1948年，《岭南学报》刊登容肇祖先生的《方以智和他的思想》一文。据目前所掌握的史料来看，熊十力在《答张东荪》中论及对方以智“通几”与“质测”思想的理解，“常

① 梁启超．中国近三百年学术史 [M]. 北京：东方出版社，2004：170-171.
② 梁启超．中国近三百年学术史 [M]. 北京：东方出版社，2004：172.

闻明季哲人方密之之遗书，谓中学长于通几，西学长于质测。通几由修养而及，质测乃知识所及。”[①] 熊十力先生给张东荪的这封书信发表于 1947 年。

（二）1949 年至 2007 年

方以智的学术著作，多数是以抄本的形式在其家族内部传承。方氏后人为保护这些文化遗产费尽心思。历经清代“文字狱”、日本侵华等劫难，否极泰来，新中国成立以后，方以智的遗著终于找到了安全稳妥的归宿。方以智的学术思想得到前所未有的重视。人民政府对其著作进行妥善保管，专家学者也开始整理点校、出版其主要著述。

这一时期，研究方以智哲学思想是学术界的大事。侯外庐先生为执牛耳者。侯外庐先生发表了大量关于方以智哲学思想研究的文章，主要有：1957 年《哲学研究》的第 6—7 期发表的《方以智——中国的百科全书派大哲学家》，1961 年 8 月 6 日《人民日报》刊登的《方以智〈东西均〉一书的哲学思想》，1961 年 9 月 28 日《光明日报》刊登的《方以智对遗产的批判继承态度》。1960 年 4 月出版的侯外庐先生主编的《中国思想史》第四卷下册专章讨论方以智的哲学思想和社会思想。1962 年，仪真、冒怀辛二位先生在《江淮学刊》（1962 年第 2 号）发表《方以智死难事迹考》一文，首次披露方以智死难真相；在侯外庐先生的关怀和支持下，李学勤先生根据安徽博物馆抄本点校的《东西均》也于同年 11 月在中华书局出版。可以说，《东西均》的出版为学术界研究方以智的哲学思想提供了丰富的素材，也为深入研究中国古代辩证法的发展进程提供了范例，其中涉及“合二而一”的思想更对当时的理论界产生了较大的影响。方以智提出的“合二而一”是对“大一”与“大二”之间关系的分析，是其易学思想的重要组成部分，而不能

① 熊十力．十力语要 [M]. 沈阳：辽宁教育出版社，1997：60.

完全代替其易学思想的全部内容。从今天的哲学解读来看，包括“合二而一”在内的有关“一”“二”的讨论具有相当丰富的辩证法含义，但在方以智那里，有关“一”“二”的讨论却属于易学问题。杨献珍同志在《关于“合二而一”问题的申诉》一文中指出：“‘合有无谓之元’‘不有两，则无一’‘合二而一’同‘任何事物都是由两个对立面构成的’，都是中国和外国的古代思想家关于对立统一思想的不同表达。这是我对于‘合有无谓之元’‘合二而一’的最原始的理解。”① 按照杨献珍同志的理解，方以智提出的“合二而一”强调对立统一，与“一分为二”共同构成辩证法的主要内容。只讲任何事物都是由两个对立面构成，统一事物是由两个对立面构成的，都是片面的、不完整的。只有将“一分为二”和“合二而一”统一起来，才能看到辩证法的全貌。再者，“合二而一”中的“合”可以解释为“构成”，就是说，统一事物是由对立的两个方面构成的。杨献珍同志对“合二而一”的阐发引起了一场旷日持久的争论。城门失火，殃及池鱼。方以智及其著作因此进入许多理论工作者的视野。艾思奇、王若水等理论作家对“合二而一”进行了旷日持久的批判。此后，一大批形式各异、内容统一的批判文章纷至沓来，令人眼花缭乱。理论批判有助于我们加深思想认识。不能否认，理论界对“合二而一”的深入批判，客观上加深了我们对方以智哲学思想的理解，为此后进一步发掘方以智易学思想创造了契机。无论批判研究，还是同情理解，我们都应该全面关注。

1972 年，余英时所著《方以智晚节考》出版，认为方以智自沉死节。1977 年，台湾大学历史研究所张永堂完成其博士论文《方以智的生平与思想》。1978 年，台湾大学中文研究所李素娓完成其硕士论文《方以智〈药地炮庄〉中儒道思想研究》。1980

① 杨献珍．我的哲学“罪案”[M]. 北京：人民出版社，1980：304-305.

年夏季，冒怀辛先生在国内首次发现《周易时论合编》，并在当年的《中国哲学研究》创刊号上发表文章介绍方以智的思想内容及学术价值。1983 年，任道斌先生所著《方以智年谱》由安徽教育出版社出版。1983 年，高阳所著《明末四公子》由皇冠出版社出版。1985 年，任道斌先生所著《方以智茅元仪著述知见录》由书目文献出版社出版。此外，任道斌先生还有《关于方以智的晚年活动——美国余英时教授〈晚节考〉〈新证〉〈新考〉读后》(刊登于 1980 年《清史论丛》第三辑)、《方以智简论》(刊登于《清史论丛》第四辑）等重要论文。1987 年，张永堂《明末方氏学派的研究》由文镜出版公司出版。然而这些学术著作都没有对桐城方氏“四世传《易》”的具体情况进行详细说明，尤其缺乏对方以智易学思想的专门研究。究其原因，最大的问题在于学术资料的不足，尤其是《易余》《周易时论合编》《一贯问答》等著作不易获见。

1987 年，蒋国保先生所著《方以智哲学思想研究》由安徽人民出版社出版。该书是一部融合哲学史与易学史的专著，或者说是从哲学史角度对方以智易学思想进行解读的学术作品。蒋国保先生用功颇深，令人叹服，通过抄录和阅读方以智的大量著述，认为“太极”是绝对的本体，进一步勾画“太极”自身逻辑运动的基本形式，将“所以”解释成“实现了本质的‘太极’”，“一而二”是“‘太极’的逻辑展开”，“二而一”是“‘太极’的逻辑回归”，指出：“‘太极’逻辑展开是为了最终达到逻辑回归，而最终的总回归，又是许多局部回归的必然结果，因此不论从总过程而言，还是从局部过程来看，‘太极’的‘自我运动’都是‘分即是合’(《东西均·三征》)。即是说‘太极’的逻辑展开同时就是逻辑回归，将这一基本特征进行概括，就叫作‘三即一’。”①

① 蒋国保 . 方以智哲学思想研究 [M]. 合肥：安徽人民出版社，1987：207.

蒋国保先生从逻辑展开与逻辑回归的角度解读方以智的“太极”学说，具有明显的时代色彩，与当时盛行的“螺旋式上升”的哲学观念有着密切的关系。方以智的“三即一”的观念究竟在多大程度上与“逻辑展开”“逻辑回归”有着相同之处，是一个非常值得研究的重要问题。

1988 年，刘君灿所著《方以智》由台北东大图书股份有限公司出版。1992 年，《清代哲学》由安徽人民出版社出版，其中第二编第十六章专门讨论“方以智一元论的思辨逻辑”。1995 年，庞朴先生的《一分为三：中国传统思想考释》由海天出版社出版，该书将方以智哲学思想作为“一分为三”的典范进行考察。1995 年，朱伯崑先生的《易学哲学史》由华夏出版社出版，该书设有专章对方以智的易学思想进行考察。1998 年，罗炽的《方以智评传》由南京大学出版社出版。1998 年，庞朴先生的《东西均注释》由中华书局出版。另外，庞朴先生所著《一贯问答注释》分别载于《儒林》第一辑（2005 年）、第二辑（2006 年）。

《周易时论合编》一书被重新发现之后，最早从易学史与哲学史角度对其进行系统研究的学者应当首推朱伯崑先生。朱伯崑先生对《周易时论合编》一书做出高度评价，认为：“《周易时论合编》在易学哲学史上有其重要的意义，它代表桐城方氏学派的易学观。此种易学始于方学渐，完成于方孔炤，而方孔炤又是此派易学的代表，方以智于此书中不过阐述其父的观点而已。由于后来方以智的影响较大，其父的影响往往被人忽视，或者将方氏家学的贡献皆归于方以智。此点应该加以澄清，以恢复历史的本来面目。”[①] 可见，必须从桐城方氏易学的传承与衍变的高度来阅读《周易时论合编》，不能将目光局限于对方以智易学思想的阐发。作为重要的学术史料，这部皇皇巨著涵盖众多学者的观

① 朱伯崑 . 易学哲学史（第 2 册）[M]. 北京：华夏出版社，1995：340.

点，与方孔炤、方以智父子的易学思想密切相关。朱伯崑先生为学界敲响了警钟——不能因为方以智的名望而忽略了《周易时论合编》中有关方孔炤的易学思想，更不能将二者混为一谈。因而，本书在处理相关概念与命题时，尽量以历史的眼光对思想史料进行梳理，力求突出桐城方氏四代学人的相关贡献。

罗炽先生非常重视对方以智象数易学的研究，以此作为解读“质测”与“通几”之学的切入点，结合方以智本人的论述，指出易学是方以智考察天地万物变化的总方法，而象数易学则是这一总方法的核心内容，或者说方以智的科学研究是通过象数易学这一重要环节展开的，因而断言“在方法论上，他更强调象数法解《易》，从而构成了他通几的一大特色。可以说，以方以智为代表的方氏易学，是自北宋以来象数易学发展的代表性结果，而他的质测通几之学，则是以象数易学为中心建立起来的”[①]。不仅如此，罗炽先生还从“三教合一”以及禅宗各派思想融合的角度对方以智贯通《易》、禅的学术风格进行深入研究，认为方以智的禅学思想有着鲜明的特色，那就是“以深厚的传统文化素养为根基，以易说禅，以阴阳五行、八卦说禅，以道说禅。这种说禅法，在明清之际，只有认识到生当今之世而折中其间的方以智才能做到”[②]。方以智会通易学与禅宗的做法是当时学风的生动写照。罗炽先生以充分的学术史料深化了学界对于相关问题的认识，为此后研究方以智易学思想扫清了许多障碍。

（三）2007 年至今

2007 年，彭迎喜先生的《方以智与〈周易时论合编〉》由中山大学出版社出版。2008 年，钱王刚的《方以智传》由安徽人民出版社出版。2009 年，蒋国保先生的《方以智与明清哲学》主要

① 罗炽．方以智评传 [M]. 南京：南京大学出版社，2001：133.

② 罗炽．方以智评传 [M]. 南京：南京大学出版社，2001：212.

汇集自20世纪80年代以来的部分论文，其中涉及方以智易学思想的主要有《方以智的“合二而一”新论》《方以智易学思想散论》《方以智的易学与医学》《方以智与〈周易图象几表〉》等论文。这些论文从文本考据、义理阐发和哲学解读方面对方以智易学思想做出深入研究，为本书的写作提供了许多可供参照的学术材料。

郭彧先生对《图象几表》做出高度评价，认为它是方以智遵照方孔炤的意愿而完成的易图书学著作，搜罗广泛，内容丰富，具有非常高的学术价值。不仅如此，他还将方氏父子撰述的《周易时论合编》与黄道周的《易象正》、倪元璐的《兒易外仪以》并称为明末清初易学领域的“三大奇书”。他指出：“从所集易图之多以及阐述之深刻来看，《图象几表》实是对汉唐以来易图书学的一次总结。从《周易时论合编》多引用卦气、河洛及先后天说释《周易》经传文字的内容来看，亦说明《图象几表》是阐述方氏象数易学必不可少的一部分内容。”[①]经过详细考察，郭彧先生断定包括《图象几表》在内的《周易时论合编》比另外两部“奇书”更有深远的影响力，尤其对清代易图书学的发展起到了推动作用。应当着重指出，郭彧先生将《图象几表》视为方以智的著作。

彭迎喜先生所作《方以智与〈周易时论合编〉考》一书具有非常重要的学术价值。李学勤先生在该书的序言中对彭迎喜先生的研究成果大加赞赏，认为这部学术著作具有划时代的意义，它的问世将掀起研究方以智学术思想的新一轮高潮。在这部学术专著中，彭先生断定《周易时论合编》是方孔炤、方以智父子共同完成的著作，以此反对将该书视为方孔炤或方以智独著的观点，他指出：

把它看作密之的作品，是因为密之很早就助其父编撰此书，

① 郭彧．易图讲座[M]. 北京：华夏出版社，2007：199.

又在庐墓其间，重编《时论》，于《时论》之定型成稿，起到他人无法替代的重要作用，这也是密之亲友和弟子都清楚的。说孔炤之《时论》或密之之《时论》，不过为笼统之词。同是一人，中通此处说先王父之《时论》，彼处又把它作为乃父之作，恰好说明《时论》为乃祖乃父共同之作。①

不仅《周易时论》是方孔炤、方以智父子合作的产物，就连《图象几表》也是二人的共同作品。彭迎喜先生反对这样一种学术观点，那就是现存《周易时论合编》其实是方以智的《图象几表》与方孔炤的《周易时论》的拼合本，而这种观点见于蒋国保先生《方以智与〈周易图象几表〉》一文，原文发表于《周易研究》1990 年第 2 期，后来收入《方以智与明清哲学》一书。蒋国保先生继承了冒怀辛先生的看法，认为存于《周易时论合编》之前的《图象几表》八卷就是方以智的作品《周易图象几表》，并指出："证明了《几表》内全部文字为方以智所写（包括其对别人的论述的摘抄）、大多数图表为方以智收集或绘制，则以智著《周易图象几表》就不证自明。这并不因为该书标有'方孔炤潜夫授编'字样就改变了问题的实质。"② 而关于《周易》经传的解释部分则是《周易时论》。《周易时论》部分涉及方学渐《易蠡》、方大镇《易意》与《野同录》、方孔炤《时论》、王宣《风姬易溯》，以及大量的"明善曰""先卿曰""潜老夫曰""智曰""以智曰"等内容。此外还涉及方以智后辈的大量论述。凡此种种，不胜枚举。

在蒋国保先生看来，现存《周易时论合编》应该是方以智的《图象几表》与方孔炤的《周易时论》两部书被合编为一部易学

① 彭迎喜. 方以智与《周易时论合编》考[M]. 广州：中山大学出版社，2007：226-227.

② 蒋国保. 方以智与《周易图象几表》[J]. 周易研究，1990（2）：35.

著作的结果。在这种意义上，“合编”的名义得以成立。彭迎喜先生反对这种观点，认为经过四次修订，《周易时论合编》最终成为一部完整的著作，从编撰的工作量与该书的主要思想来看，作者应当是方孔炤、方以智父子：“但首先，《时论》中大量引用《易蠡》《易意》的论述，我们也可以说《时论》一书不失为方氏四世《易学》研究成果的总汇；其次，孔炤的四个孙子中德、中通、中履、中泰（中发）也参与了《时论》的编录工作，还有方氏家族的鸦立、兆及，方氏亲属曹台岳、左国鼎，密之弟子游艺、左锐、揭暄、方兆兖，以及余飏之子余佺，也都参与其中，所以《时论》又是一部众人通力协作的产品。”[①] 由此，我们更能确信《周易时论合编》是研究桐城方氏易学的主要思想史料。彭迎喜先生的考证工作对于深入考察方以智易学思想创造了诸多便利条件。就此而言，《方以智与〈周易时论合编〉考》一书开启了研究方以智易学思想的新风，即将掀起研究方以智思想的高潮。正如李学勤先生所讲的那样，这部精良的学术著作“也可以说是这一高潮的前兆”。在充分研读彭迎喜先生的考证著述的基础上，本书试图对方以智易学思想进行深入研究。

此外，当前学术界研究方以智思想的著述不断涌现，令人目不暇接。其中最为精良的首推邢益海、张永义等先生的佳作。他们不仅系统地整理了方以智的作品，还以现代人的目光对这些作品加以阐发，钩沉索隐，发古人之幽思，成为启迪后学的致思路径。可以说，这些佳作为我们传递了这样一个好消息：有关方以智思想的研究工作，正在全面开展，未来必将引领风尚！

---

① 彭迎喜．方以智与《周易时论合编》考[M]．广州：中山大学出版社，2007：207.

第一章　方以智的易学著述及思想渊源

从存世书目来看，方以智的易学著述数量蔚为壮观。方以智后半生颠沛流离，其著作遗失散佚的部分为数不少，有些著作残缺不全。经过清代"文字狱"后，传世的易学著述更为稀少。目前常见的方以智易学著述首推《易余》。《周易时论合编》中保存了方以智的很多著述，分别列于《图象几表》的文字阐述部分以及《周易时论》中对经传的解释之中，作为解释说明的文字材料出现。此外，《物理小识》《东西均》《一贯问答》《性故》《药地炮庄》《青原愚者智禅师语录》《青原志略》等古籍包含丰富的易学成分，为今人研究方以智易学思想提供了重要的思想史料。

在传统社会中，乡贤是文教的重要载体，许多思想流派的形成都与乡贤的家学底蕴密切相关。从方学渐开始，经由方大镇、方孔炤等人，到方以智那里，桐城方氏易学最终具备集大成的品质。从学术派别所涉及的其他学者来看，吴观我、王宣、黄道周、方鲲、钱澄之等人对于桐城方氏易学的发展起到了非常大的推动作用。桐城方氏四代人物的名、字或号均源于《周易》，寄托了他们的人生志趣。方学渐驳斥王龙溪的"四无说"，力图彰显"性善"学说，"明善"成为其易学思想的代称；方大镇寻求"同人于野"的真切含义，和而不同，追求大同，"野同"成为其易学思想的代称；方孔炤参与"明末党社运动"，深受政治风波的滋扰，取法潜龙，积蓄实力，“潜”成为其易学思想的代称；方以智“坐集千古之智”，处在中西文化交流的前沿，历尽坎坷，薙染出家，将《系辞传》中的“卦之德，方以智”与“退藏于密”转化为学术研究与社会活动，承前启后，继往开来。

方以智的外祖父吴应宾是“三一教”的信徒，对方以智易学思想的形成发展起到深远的影响。“三一教主”林兆恩的著作以及使用的名词术语拓宽了方以智的思考范围，深化了方以智易学的理论水平。方以智多次引述吴应宾的观点。《周易时论合编》中经常出现的“宗一曰”“宗一公曰”“观我氏曰”“先外祖曰”等内容都是吴应宾的论述。方以智阅读过林兆恩的《先衍》，并对其主要内容进行概括，以此作为论证天人关系的依据。方以智洞察“三教合一”的奥妙，在此基础上“炮鼎百家”，满怀信心，“坐集千古之智”，囊括古今中外一切学术。

忧患是儒家善世情怀的突出表现。儒家的义理之学对于建立德业有着推动作用，而忧患在义理之学中占据相当重要的位置。在方以智的观念世界中，精研易学，追溯心源，有助于个体了脱生死。明代中后期的党社运动以及由此牵涉的君子与小人之辨也成为令方以智忧患的对象。此外，流民暴动、地方政权更替、辽东战事吃紧，一连串的变故促使方以智关注现实。明朝覆灭，方以智遁迹丛林，位卑不忘忧国，势衰未曾歇心，纠合同志，经营捭阖，直到殒命惶恐滩。

第一节　对方以智易学著述的处理方式

研究方以智易学思想，必须做好学术史料的筛选工作，以便获得有关方以智易学思想的第一手材料。本书对所收集的方以智易学著述做了如下细分。

（1）将《易余》视为方以智的易学专著。因为《易余》是现在能看到的方以智的著述中，唯一一篇以《易》作为核心内容的学术著作。方以智所著《易余》，现有抄本存于安徽博物馆。本书依据蒋国保先生的完整手抄本展开论述。从文本结构来看，该抄本分为上、下卷。卷之首是《易余小引》《三子记》。上卷的目次分别是《知言发凡》《善巧》《三冒五衍》《资格》《中告》《如之何》《太极不落有无》《一有无》《生死故》《反对六象十错综》《时义》《必余》《知由》《充类》《权衡经纬》《绝待 并待 贯待》《法能生道》《二虚一实》《体为用本 用为体本》《继善》《正身》，下卷的目次分别是《薪火》《礼乐》《孝觉》《知人》《世出世》《约药》《中正寂场劝》《旷说》《通塞》《天心》《性命质》《大常》《非喻可喻》。

（2）对《周易时论合编》中收集的方以智的易学著述重新进行整理，《图象几表》按照图象的历史次序和逻辑关联进行排列。在蒋国保先生看来，“现存于《周易时论》内的《图象几表》，虽然标为‘方孔炤授编’，但它实际上自始至终都是方以智所作。这同以智编《周易时论》不一样，以智在编《时论》时，虽然也附有自己的论述，但主要是将方孔炤写好和收集到的资料编次成秩”[①]。而《周易时论合编》中收集的方以智著述则按照《周易》经传的次序加以排列。在研究方以智易学思想的过程中，除了阅读方以智的易学专著《易余》之外，还要对散见于方以智本人其他著述之中的易学材料进行整理。同时对桐城方氏的集体著作《周易时论合编》中方以智的易学著述进行分类汇总，为研究方以智易学思想提供较为全面的思想史料。

一、《周易时论》中保存了方以智的大量著述

在《周易时论合编》中占有较大篇幅的“智曰”最能体现方以智易学思想的整体风貌。“智曰”所涉及的易学问题是对“《时

① 蒋国保. 方以智哲学思想研究 [M]. 合肥：安徽人民出版社，1987：99-100.

论》曰”的进一步说明，也就是说，方以智推动了方孔炤易学思想的发展。综观《周易时论合编》的总体内容，方以智的易学论著占有相当大的比重，分量足以与方孔炤的论著等量齐观。《浮山闻语》《闻语》《浮山语》、“浮山曰”等片段可以看作方以智的语录或者札记，并不是完整的学术著作。这些文字材料涉及易学、史学等相关内容，对深入研究方以智易学思想有着相当大的帮助。

方以智本人在参与《周易时论合编》的编撰过程中逐渐转变了人生观念，尤其在权衡世间诸法之后对“齐人之福”高度赞同。从目前所能掌握的材料来看，《一贯问答》与《周易时论合编》都涉及对“齐人之福”的评价。在儒家传统中，“齐人之福”一般被视为负面形象加以贬斥，而方以智却对其进行正面表述，认为孟子提到的那个齐人有着超乎常人的气节，他宁愿乞食于坟墓之间，也不愿意仰人鼻息、折节于达官贵人的颜面之下。与仰人鼻息、忍受颐指气使的羞辱相比，乞食于坟墓之间也是一种维持节操的方式。《周易时论合编》中有这样一段论述，涉及对“齐人之福”的看法，大致内容如下。

一一曰：观之而获，尚不足贵，况于徒观？虽自矜服气长久，自恃昭昭灵灵，君子以为不能养贤以及万民，犹之饮食之人耳。然籍口养之及民，而巧遂其温饱者，其去乞墦昏夜骄人白口者几许耶？齐人曰：我宁乞墦间之食，必难观显者之颐。[①]

方以智将“齐人之福”视为《庄子·人间世》的写照，将那个齐人比作后世的契此和尚，洞察世出世间法，具有超越世俗的智慧，指出“《齐人》一章，即是圈点《人间世》，须看齐人是一

① 方孔炤．周易时论合编[M]//《续修四库全书》编委会．续修四库全书（第15册）．上海：上海古籍出版社，2001：331.

尊布袋大菩萨，宁可乞蕃忍妻妾之辱，不肯向显者颔下讨生活。陶有《乞食诗》：‘扣门拙言词’，如此可怜，正见得腰硬如铁”（《一贯问答》），甚至援引陶渊明的诗歌，论证齐人是五浊恶世中非常有骨气的人。这样一来，原本夸口妄言的小人被解释成志士仁人。当然，这只是方以智的一家之言，与孟子的原意并不相同。

例如，方以智在论述“皇极”与“太极”关系时，强调“建用皇极”对于准确把握“太极”的具体含义有着非常重要的意义。箕子之所以没有像比干那样死谏，是为了传承《洪范》。文王演《周易》，箕子传《洪范》，都展示了圣人的德行与操守。《周易时论合编》在阐述《明夷》的含义时引用方以智的见解，大致内容是：

> 《浮山闻语》曰：箕子激而为比干，则《洪范》之学绝矣。皇极不建，则太极亦浑沦误人，谁明道法以证明《易》乎？古人云：“死易，立孤难；节烈以成艰贞难，而艰贞以明天人之学难。”此二、五为中，文、箕所以当之也。穷上而言明本不息，不明不晦，必至失则，而乾坤或几乎息矣。[①]

《明夷》中“六二”“六五”分别指代文王、箕子的苦心。明晦存身是方以智在鼎革之际的选择。这是一种退保其身的无奈抉择，客观上有助于传承圣人之学。在那个天崩地裂的年代，人命无常，慷慨赴死要比忍辱负重容易得多。方以智最不想看到的是“坐集千古之智”的大学问因为痛快一死而断绝。方以智披薙入山，阐扬妙义，又积极团结一切可以团结的社会力量，力图光复河山。此外，《周易时论合编》引用了方以智对女性参与政治生

① 方孔炤．周易时论合编[M]//《续修四库全书》编委会．续修四库全书（第15册）．上海：上海古籍出版社，2001：375.

活的基本看法，具体材料见于《浮山闻语》，例如：

《浮山闻语》曰：北齐娄后致位高演，而孝琬百年殄。宋杜后致位匡义，而延美、德昭歼。况唐之高、中、玄、肃乎？汉武云阳，似越高祖矣。然不以此许求将之吴起也。言莽、操女，有怜之者。言窦毅女，有愤者否？楚昭之母，孙翊之妻，从一而制艺者乎？为男子者当如何？[①]

方以智秉承“扶阳抑阴”的思想传统，对女性参与政治保持高度警惕。这是封建士大夫的通病，我们不能因此全盘否定方以智的易学思想。方以智参照刘向《列女传》的记述，全面考察女性对政治生活的影响，区别对待“母仪”“贤明”“仁智”“贞顺”“节义”“辩通”和“孽嬖”，以易学的语言进行褒贬赏罚，希望借此唤起男子的“大丈夫”情怀。这种做法有着明显的时代背景与个人体验，或者说是鼎革之际的特殊感悟。除此之外，《周易时论合编》中多处引用《浮山闻语》《浮山语》《闻语》等内容，例证甚多，兹不罗列。彭迎喜先生对这些内容的作者进行推测，认为：“从内容看，此书基本上属笔记性质，类似《浮山日袽》。但也许是孔炤的作品，现暂列为密之著作。”[②]与彭迎喜先生的观点有所不同，蒋国保先生断定《浮山闻语》《浮山语》《浮山日袽》等著述都是方以智的作品，很有可能是方以智平时所做的札记或者学术笔记，而不是大部头的学术著作。

① 方孔炤.周易时论合编[M]//《续修四库全书》编委会.续修四库全书（第15册）.上海：上海古籍出版社，2001：358.

② 彭迎喜.方以智与《周易时论合编》考[M].广州：中山大学出版社，2007：138.

二、《易余》《药地炮庄》和《周易时论》中相似的内容

在整理方以智遗著的过程中，经常会发现同一问题或观念在不同著作中都有所阐述，有些地方的文字几乎完全相同，有些地方或有文字差异。这些思想史料有助于深入了解方以智易学思想的来源，有利于今人深入理解方以智易学思想。对于《易余》《药地炮庄》和《周易时论合编》中相同以及相似的内容，必须加以仔细鉴别，弄清哪些是方以智本人的观点，哪些是方以智引述前辈学者或同时代易学家的著述，不能因为某些观点比较新颖，就以为是方以智本人的看法，进而盲目地进行阐发。

例如，方以智用"慎独空空之心法"解释《谦》所谓"劳谦"，认为"劳谦"是免除"亢悔"的有效途径，由此延伸到对《节》《解》两卦义理的解读。方以智在《庄子·大宗师》的眉批中指出，"子之所慎，斋、战、疾"（《论语·述而》）是孔门弟子对圣人生命境界的生动描述，用佛教的语言来讲，就是摹写所谓的"空空心法"，目的在于促成道德实践，避免消极懈怠，毕竟"常时戏怠，斋时则诚，然犹有懈；作战轮刀拼命，何有他心，然犹有脱者；疾则万念皆休"[①]。姑且不论孔子"所慎"是否蕴含以般若为根基的"空空心法"，就从个体与斋戒、战争与疾病之间的关系来看：斋戒必须以敬畏和虔诚作为根基，否则将会流于形式，但是出于各种原因仍然产生懈怠；临阵作战必须放下一切杂念，全身心投入格斗，否则很难取胜，有些人濒临绝境，也能侥幸逃脱；疾病对于每一个社会成员来说都是无法避免的，也是无法替代的，痼疾缠身，临命终时，如龟剥壳，个体的精神世界呈现出一片混乱，直到生命终结。

方以智在这里引用《谦》九三"劳谦，君子有终，吉"的说

① 方以智. 药地炮庄[M]//《续修四库全书》编委会. 续修四库全书（第957册）. 上海：上海古籍出版社，2001：284-285.

法，从象卦的角度来看，《谦》象坎，坎为劳，《谦》九三为坎体，故而称为“劳谦”。“劳谦”是政治家应当具备的美德。荀爽对《象》所谓“劳谦君子，万民服也”做出解释，认为：“阳当居五，自卑下众，降居下体，君有下国之意也。众阴皆欲拗阳上居五位，群阴顺阳，故‘万民服也’。”[①] 方以智将“子所慎，斋、战、疾”解释为“空空心法”，并非其首创。就目前的材料来看，这种观念在方以智的老师白瑜（号石塘子）那里已经出现。方以智曾经转述白瑜的原话作为论证自己观点的材料，大致内容如下：

石塘子曰：记者之记“斋、战、疾”，盖孔门空空慎独之心法也。昵常而戏渝矣。斋明承祭，何如漆漆也，心有不空者乎？然犹有懈也。战则轮刀突阵、肝脑涂地之时矣，心有不空者乎？然犹可逃也，疾则生死之介，终身缘饰揣摩，内键外韄，皆无所用之矣。心有不空者乎？无妄之疾喜者也，空室之榻卧也，老子病病也，皆乘此日乾乾而夕惕若之人龙者也。夕乃所以终其日也，夕可者，知人生之皆此惕海也，飞跃于惕海矣。(《易余·生死故》)

在白瑜看来，《论语》中提及的“斋、战、疾”是对孔子所传“空空慎独之心法”的形象表达。从“斋”经历“战”再到“疾”，其实是不断证得“空空”的过程。在斋戒与祭祀的活动中，为了向鬼神表达自己的虔诚，必须使自身进入心空的状态，然而其间仍旧会出现懈怠的情况。行军作战，刀轮剑海，随时都有生命危险，倘若不能心空，就会战栗怯场，很容易对整个战局产生负面影响。平心而论，《论语》的编撰者用最为简练的语言讲述了孔子对斋戒、战争与疾病的态度。三者顺序究竟有无轻重缓急？孔子如何对待三者的实际功用？孔子不能复生，后人的解释千差

① 张文智．周易集解导读 [M]. 济南：齐鲁书社，2005：167.

万别。方以智从修行次第的角度出发，畅谈自己的看法。在佛教的信仰体系中，维摩诘菩萨示现病相，救疗三苦，使利根众生当下觉悟，洞彻苦空无常无我，清净无染。方以智认为，《老子》中的“夫唯病病，是以不病”有着深刻的哲理，需要我们在人生旅途中悉心体会。方以智从易学角度对此加以解释，指出：“斋则洋洋格神而心空矣，然犹有懈者；战则轮刀上阵矣，犹有免者；疾则生死无回避处，百虑空矣。此门人所记，三形容其慎独空空之心法也。圣人将以‘劳谦’免‘亢悔’，而《节》《解》之先就荣辱咷笑，指其发机，此亦教天下之斋、战、疾也。”[①]这里所说的“洋洋格神”是指个体与神明之间存在某种神秘的交流，一般称为“感格”。对神明降临人类，称为“来格”。如舜时的庙堂之乐就能感召神明、化育民众，“戛击鸣球，搏拊琴瑟以咏，祖考来格”（《尚书·益稷》），古人在解释这段文字时指出：“此舜庙堂之乐，民悦其化，神歆其祀，礼备乐和，故以祖考来至明之。”[②]方以智沿用前人的说法，认为“感格”与“心空”之间存在某种必然的联系，但从目前所掌握的材料来看，并不能直接断定二者之间的先后次序。

方以智在《易余》中设计了当士、何生和平公之间的对话，巧妙地将许多易学问题穿插其中，不仅厘清了象数与义理之间的关系，而且为“会通三教，炮鼎百家”提供了典范。《易余》中假托的这三位人物在《药地炮庄》的眉批中，谈论的仍旧是易学问题，旨在消除庄子思想与其他学术之间的隔阂。这三位人物语言诙谐幽默，举重若轻，谈笑风生，许多义理问题迎刃而解。例如，下面的这段对话就涵盖了方以智易学思想的主要问题：

① 方孔炤．周易时论合编[M]//《续修四库全书》编委会．续修四库全书（第15册）．上海：上海古籍出版社，2001：534.

② 孔安国．尚书传[M]//中华书局编辑部．汉魏古注十三经．北京：中华书局，1996：13.

《羲图》对待，皆两所为也，一何在耶？或执后，或执先；或执有，或执无；或执一边，或执中央。何生曰："无费无隐，无中无边，超矣圆矣。"当士曰："执超为圆，而不明其中之秩序条理，是安能善吾生死之礼意耶？"平公曰："心、气、理，三耶一耶？道、善、性，三耶一耶？《信心铭》曰：'一有多种，二无两般。'信否？愚曰：遁不得。"①

这段文字的风格与《易余》的整体风貌完全一致，论及"两"与"一"、"先"与"后"、"有"与"无"、"费"与"隐"等问题，更为儒家的礼制提供合理性论证，进一步探寻"心""气"与"理"之间的统一性，将"道""善"与"性"纳入整体化进程。通过三者的对话与讨论，方以智易学思想的基本格调与大致内容已经得到全面展示。所谓"秩序条理"蕴藏于象数之中，充分说明在儒家的观念世界中，宇宙秩序与道德规则具有同构性。这些内容其实印证了方以智提倡的所谓"寓义理于象数"的观点。

在方以智易学思想中，"法能生道"是一个重要的命题。《易余》中就有一篇名为《法能生道》的文章。在中国哲学史上，"法"与"道"是两个重要的概念。与通常所谓"道生法"有所不同，方以智在赞成这个命题的基础上提出"法能生道"的观点，结合"夫天之所覆，地之所载，六合所包，阴阳所呴，雨露所濡，道德所扶，此皆生一父母而阅一和也"（《淮南子·俶真训》）的说法，指出："法生于道，而法能生道。《淮南》曰：'是皆生一父母。'仁破核而上生枝，下即生根，可悟圣人造造化之故。"② 方以智引述的前贤嘉言可以作为强有力的证据，在前人看来，"父母，天地。

① 方以智. 药地炮庄[M]//《续修四库全书》编委会. 续修四库全书（第957册）. 上海：上海古籍出版社，2001：283.

② 方孔炤. 周易时论合编[M]//《续修四库全书》编委会. 续修四库全书（第15册）. 上海：上海古籍出版社，2001：531.

阅，总也。和，气也，道所贯也”[1]。也就是说，天地犹如万物的父母，生养一切，又将道德准则寓于宇宙秩序之中，将生生之德化为万物的生命。这里所说的“道”其实是对至高无上的仁爱精神的概括，而“法”则是强调人对于这种至高无上的仁爱精神的效仿。方以智的这一看法在《法能生道》中得到全面论述，其间涉及许多生物的繁衍方式，如果从今天的生物学角度来看，方以智的说法颇有臆测的嫌疑，但其中蕴含的道德学说则属于儒家“诗教”的传统，大致内容如下：

法生于道，而法能生道，何也？曰：芝菌不根而成，蝤蛴不母而育。不死之榕，枝复生根，非独此也，稼也反生，仁先芽而后荄。实悬于枝，而为树本，此非枝之自生本乎？陶炼五行，命以志遂，至精所注，专气必成，于是乎知道术之可以下生子孙，而上生父母也。《鸿烈》曰：“是皆生一父母而阅一和也。”圣人逆以知之，而顺以理之，天地生圣人，而圣人之心生天生地。法生于道，而以法知道，以法理道，无法则道熄，是法之能生道也，明矣。（《易余·法能生道》）

很明显，方以智以菌类、天牛的幼虫、榕树的繁殖方式作为例证，揭示这些现象背后隐藏的“法能生道”的道理。此外，农作物反生，先发芽而后长根，似乎都说明了“法能生道”的普遍性。从自然界的变化延伸到对圣人境界的讨论，方以智认为，圣人能够逆推万物生成的原因，顺承伦物秩序，力求善世安民，促成儒家社会理想的实现。从三才之道的角度来看，圣人是天地的产物，圣人之心灵明清爽，能够洞察天地之道，因而可以断言天地与圣人之心是互生的。方以智进一步探讨法与道之间的关系：

① 刘文典．淮南鸿烈集解 [M]. 北京：中华书局，1989：55.

既然“道生法”是不容置疑的信条，那么人类能够通过把握法的基本内容进而勾勒道的基本框架。当然，从究极层面讲，道是无声无臭、不可捉摸的，所谓道的基本框架不过是人们凭借自身经验对道的揣测。如果失去了法，道就无法被人类认识和把握，或者说道就失去它存在的意义，由此可以断定“法能生道”具有充足的合理性。当然，这只是方以智的一家之言，并不能推广到一切领域。

三、《青原愚者智禅师语录》中涉及方以智易学思想的史料

从文本的结构来看，《青原愚者智禅师语录》是由方中通、山足斧记录整理而成的。该书分为四卷，“第一卷收语录及偈，第二卷为‘小参’，第三卷为‘法语’，第四卷记佛事，多为拈香上供唱偈”[①]。通过对这些文字材料分类整理，发现其中涉及方以智易学思想的书信和跋语主要有《示萧虎符学〈易〉》，涉及太极、《河图》《洛书》、“费”与“隐”等相关问题，强调象数易学的重要地位，阐发了易学与华严学之间的共通性；《示即几兴伟》阐发了易学所谓“深”“几”与“神”、华严学所谓“一多关系”的内在联系，将儒家圣人“立象以尽意、系词以尽情”的做法与佛教所谓“表法”进行对比，寻求二者的同异关系；《跋宙轮宇矩说示山足斧》与《图象几表》《物理小识》中论述宇宙问题的部分有着共同点，方以智从易学的角度对这一问题进行深入考察，并将其纳入所谓“法界”学说，作为“信解、行、证”的辅助手段。此外，方以智在给方中通、山足斧的其他书信中也阐发了自己的易学思想，值得令人加以探究。当然，这些材料只是对《易余》《图象几表》《周易时论》中有关材料的补充，而无法构成研究方以智思想的主要材料。

① 蒋国保．方以智哲学思想研究 [M]. 合肥：安徽人民出版社，1987：101.

在本书最终定稿的过程中，对于《东西均》《一贯问答》《性故》《易余》等著述的引用，采取兼容并蓄、择善而从的方式，直接将出处置于文中，而不是在脚注中援引当今学者公开出版的点校本。这一点要感谢蒋国保教授的谆谆教诲，他是国内少有的完整抄录方以智著述抄本的学者，对通行的点校本保留自己的看法。我生性愚钝，才疏学浅，却受到蒋国保教授的慷慨相助，尤其是学术资料、观点方法和行文布局等方面的提点，至今令人难忘。

以上例证可以支持这样的一种推测：方以智诸多著作中存在许多相同或相似的部分，其中与易学问题相关的材料有助于今人深入研究方以智易学思想。不过，应当注意的是，许多相同或相似的材料可能是方以智引述其他学者的论述，借以辅助自己的易学观点。因而不能盲目地将这些论述断定为方以智本人的作品，必须从学术著作的整体风貌与观念结构来审视这些论述，深化对文本解读与理论探索之间关系的认识。这也是哲学史料学所要解决的重要问题之一。质言之，在处理方以智易学著述时应该注重材料细分，至少从以下三个层面解决这个问题：系统阅读《易余》和《周易时论合编》，从整体方面把握方以智易学思想的基本结构，将这一基本结构纳入桐城方氏易学衍变的历程中加以考察，并从易学史角度对其加以准确定位；在准确把握方以智易学思想基本结构的基础上，深入阅读《东西均》《药地炮庄》《青原愚者智禅师语录》《通雅》《物理小识》《浮山文集前编》《浮山文集后编》等著作，提取其中的易学成分，将其作为辅助材料，与《周易时论合编》《易余》进行比较，进一步做好材料分类与整理的工作；遵循学术史料与思想结构之间互动的原则，解读学术史料的目的在于准确把握思想结构，由于文本阅读者的学术功底、认识水平以及精神状态存在许多不足，无法完全复原或重构古人的思想结构，因而必须不断阅读学术史料来尽量消除种种失误，尽最大可能推进对其思想结构的理解。

第二节　方以智家族易学的衍变历程

桐城方氏易学经历了四代学者的扩充，最终形成了自己独特的风格。每一代学者都有其特定的认识对象和生存境遇，故而各自所要阐发的理论问题也大不相同。按照这种阅读方式，桐城方氏易学可以分为四个阶段：明善；野同；潜；退藏于密。这四个阶段分别对应于方氏家族的四代杰出人物。现在若要全面解读桐城方氏易学，首要任务在于查察性善之旨。只有从源头上把握桐城方氏易学的慧命，才能真正地领会那隐藏在文字背后的理论架构。

一、明善

方学渐（1540—1615年），字达卿，号本庵，门人私谥明善先生，是桐城方氏易学的开创者。方学渐从少年时代起就好学覃思，到了中年以后，在桐城、无锡等地参加讲学活动。著述丰富，主旨在于阐发孟子的性善学说。从明代学术的传承关系来看，方学渐师从张甑山、耿楚倥等人，应当被划入泰州学派。从阳明后学的思想分野来评判，方学渐属于阳明后学中的左派人物。一般研究方学渐思想的学者都习惯于沿用黄宗羲《明儒学案》中的观点，将其列入“泰州学案”。不过，在吴震先生看来，这一划分方式有其偏颇之处，因为黄宗羲是从学术渊源或师承关系来处理方学渐的归属问题的。综观“泰州学案”的大致框架，大凡某位学者与泰州学派存在某种授受关系，即便学术观念存在明显的差异，也被列入所谓的“别派”，以区别于具有正统身份的“嫡派”。从观念与学术风格来看，“与其说方学渐是泰州学派的‘歧出’

者，还不如将他剔除在泰州学派之外”①。尽管方学渐与泰州学派的后学交往密切，但是他对同属阳明后学的王龙溪甚为不满，尤其对“四无说”展开激烈的批判。仔细分析研究存世的学术史料，如《东游纪》《心学宗》《性善绎》等，可知方学渐与当时的许多学者一起讨论了阳明学的宗旨问题。

从阳明后学的发展来看，王龙溪对禅学非常熟悉，借以修正阳明学。方学渐对王龙溪提倡的“心”“意”“知”“物”的“无善无恶”学说非常不满，主张以“易简”作为体认道德本体的途径，认为阳明学的宗旨就是“致良知”，其核心价值仍然是“性善”。从易道而言，对于“一阴一阳之谓道”的理解不能停留在气化的层面，而是将其提升到“理”的层面。方学渐将阴阳视为理，在宇宙衍化的历程中发掘理的价值，将理诠释为纯善。天道与人事是同一的，君子之道与生生之德是同一核心价值在不同领域的具体呈现。从终极价值来审视理，可以将理描述为至善。从理气关系的角度来考察道德理想与现实状态之间的关系，虽然气的差异性不能影响理的纯善，但个体的先天禀赋却千差万别，不可等量齐观。从究极层面讲，理既是纯善，又是大全，在圣不增，在凡不减，无处不在，无可言说。作为宇宙气化的产物，人虽然贵为天地之心，但是由于气质差异，个体在贤愚、美丑、善恶方面大相径庭。仁智互见，贤愚分明。即便那些气禀浑浊的人也只是“日用而不知”，并不能否认理的存在。

与禅宗的“因机设教”非常接近，王龙溪以为，王阳明根据受教者的境界和接引机缘设定，并不存在内容固定的体用关系。无论显明还是微细，都是机缘的表现形式，不能执为死理。钱德洪确信阳明学的核心观念是“良知”，极力推崇“四句教法”，即“无善无恶心之体，有善有恶意之动。知善知恶是良知，为善去

① 吴震．泰州学派研究 [M]. 北京：中国人民大学出版社，2009：18.

恶是格物”，认为这是王阳明接引后学的学书津梁，不能改动其中的任何条款。王龙溪在《天泉证道记》中明确反对这种说法，认为：“体用显微只是一机，心意知物只是一事，若悟得心是无善无恶之心，意即是无善无恶之意，知即是无善无恶之知，物即是无善无恶之物。”[①] 也就是说，《大学》中所讲的“心”“意”“知”“物”只不过是同一事物的不同表现罢了。从究极层面讲，四者的本质属性都是“无善无恶”。只有达到这一最高境界，才能领会阳明学的真谛。

方学渐将“性善”视为阳明学的宗旨，据此反对王龙溪的“四无说”。在他看来，“性善”是真真切切的实学，不是在空虚支配下的理论假设，认为当时的学者将“实”字看得过于浅薄，只知道有实际事物的“实”，不知道实际事物蕴含“实理之实”，在这种错误观念的支配下，认为真实不如虚空来得玄妙。破邪而后立正。从“本”与“迹”的分野来看，万事万物都是“迹”，实理属于“本”，“本”主宰“迹”，既然将“迹”视为实际事物，那么“本”却为什么被理解为虚空呢？再者，“实”不仅能够在事实中体现自身的价值，更应该以实理的形式支撑儒家的理论体系。自然界与人类社会中的实事必须以实理作为最高主宰。儒家注重人伦的真实不虚，只有将“性善”解释为“实理”，才能为儒家的道德学说构建坚实的基础，抵御来自各方面的攻击。既然“性善”是“实理”，那么体认“实理”的方法和途径也必然是实践。

南宋以来，“朱陆之辩”成为儒家内部的一大理论问题。在方学渐那里，“藏陆于朱”是处理朱子学与象山学之间关系的准则。陆九渊的“先立其大”被植入朱熹的理论框架之中，二者实现了会通。然而经过方学渐改造的朱子学，已经不再是原先的朱子学，而是带有浓重的心学色彩的新学说。这种处理方式早在王

① 王畿 . 王畿集 [M]. 南京：凤凰出版社，2007：1.

阳明那里已经萌芽，只不过假托陆九渊的理论格调罢了。陆九渊认为，“此理”流行于宇宙之间，未尝隐遁，不能间歇，学者应当“先立其大”，从大根大本处入手，以勇猛的精神推动道德实践，方能超凡入圣。这种观念深得方学渐的赞同，并以此作为契机，收集经传文本、前贤论述中有关“心”的内容，为自己的观点提供证据，于是就有《心学宗》一书的编撰计划。从学术观点来看，“顾、高二先生，决合朱、陆，有功于姚江乎？”[①] 其中的“顾”是指顾宪成，“高”是指高攀龙。方学渐与顾宪成、高攀龙等人有着密切的学术来往，甚至被视为东林学派在桐城一带的魁首。劳思光先生在评论高攀龙的哲学思想时，指出：“高氏虽力排阳明后学，但其理论则以阳明之说与程朱系统本可相容。此虽是一大误解，然在高氏本人，固确持此观点。因之，高与顾仍同可视为调和朱王者也。”[②] 方学渐将陆九渊的心学理论视为对“实理”的阐述，极力反对朱熹等人将陆九渊的心学理论视为禅学的做法。

现存于《周易时论合编》中的“明善公曰”“明善曰”、《易蠡》片段是研究方学渐易学思想的重要材料。这些丰富的思想史料有助于学界进一步加深对这位泰州学派“歧出者”的学术观念的研究。可以说，性善论是支撑方学渐易学思想的主干，其余的命题，如“性其情”“心统性情”“养夜气”，基本上属于“述而不作”的情况，没有非常明显的突破。但是，有一点不能忽视，那就是由方学渐提出的“以至善统摄善恶”的观念，一直贯穿于桐城方氏易学的发展过程中。方以智晚年仍然对这一命题进行全面的阐发，以此作为家族易学的价值诉求，力图会通古今中外一切学问。

① 方孔炤. 周易时论合编[M]//《续修四库全书》编委会. 续修四库全书（第15册）. 上海：上海古籍出版社，2001：406.

② 劳思光. 新编中国哲学史（第三卷·下）[M]. 桂林：广西师范大学出版社，2005：427.

二、野同

桐城方氏易学发展的第二个阶段，以“野同”作为主要特点。“野同”一语出自《同人》，《彖》曰：“同人于野，亨，利涉大川，乾行也。文明以健，中正而应，君子正也。唯君子为能通天下之志。”方大镇曾经筮得《同人》一卦，因而以“野同”为号。他在《野同录》中指出：“申以《同人》曰：‘珍重同人也’。吾筮得‘同人于野’，吾从野人，种文明之田而已。天下归志焉，通即应也，正即中也。知乾行之用柔，水火燥湿，亦各从其类耳。”[①] 宦海浮沉，目睹弊政，方大镇对民生艰难深表痛心，无奈同人难求，不免扼腕再三。以“珍重同人”作为“野同”的核心观念，是方大镇经历宦海沉浮之后的心得。

既然方大镇讲求“野同”，寻求和而不同的道理，那么异端之学在他那里又享有什么样的地位呢？方大镇稔熟宋代易学中的象数和义理，这与同时代的学者并没有太大出入。从交游情况来看，王宣在象数易学方面的造诣在很大程度上影响了方大镇。方以智撰有《虚舟先生传》一文，纪念方氏家族与王宣之间的交往，论及王宣在象数易学方面的造诣：“智十七八，即闻先生绪论，旷观千世，尝诗书歌咏间，引人闻道，深者征之象数，其所杂著，多言物理。是时先生年七十，益深于《河》《洛》，扬、京、关、邵，无有能出其宗者。”[②] 从学术渊源上讲，方以智编撰《物理小识》在很大程度上是受了王宣的影响。当王宣与方大铉、方大任等人探究学问时，方以智耳濡目染，吸收了许多极具创见性的成分。当然，这只是从方以智撰写的回

① 方孔炤．周易时论合编[M]//《续修四库全书》编委会．续修四库全书（第15册）．上海：上海古籍出版社，2001：259.

② 方以智．浮山文集后编[M]//《续修四库全书》编委会．续修四库全书（第1398册）．上海：上海古籍出版社，2001：368.

忆文字中看出的。从理学家的正统眼光来看，王宣是名副其实的“异端”。这不仅因为他“中年学道，屏绝室家”，更在于他所撰的《风姬易溯》等著述观点新颖，与通行的《程氏易传》《周易本义》大相径庭。但是，这并没有妨碍桐城方氏与王宣之间的交往。方以智薙染之后，依然怀念这段世谊，假托方大镇之口讲道：“我从不喜闻偏论，而虚舟能以偏论快我，偏而全矣。”（《象环寤记》）可以看出，王宣所作“偏论”对方大镇的思想发展产生过很大的影响。

从“至善”“公是”的高度来看，儒释道三家之间的理论差异不过是拘于一曲的偏论，只要善于协调，最终殊途同归：“孔皆孔也，佛皆佛也，老皆老也。老氏之道，无首迷之；佛之道，《震》《艮》《蒙》《困》迷之，要以一太极图相迷之矣，吾故呼为‘东西’。佛生西，孔生东，老生东而游西，而三姓为一人。人犹有疑者，谓东异于西、西异于东，人岂信乎？是谓大同。”（《象环寤记》）《乾》所谓“用九，见群龙无首”成为协调道家理论的突破口，而《震》标举“动”、《艮》标举“静”、《蒙》标举“童蒙”、《困》标举“遂志”可以概括佛教的基本精神。方大镇对道家思想有着浓厚的兴趣，不仅在著作中多次引述《阴符经》的观点，更在《易意》中直接阐述《老子》的主旨，指出：“言盈则藏虚矣。大人用天，天道忌盈。盈者，德之处于太进者也。‘上德不德，是以有德。下德不失德，是以无德。’进德而不知退德，是昂其首以惧人也。故总结之曰不可为首。”① 在方大镇看来，无论是《老子》还是《阴符经》，都可以用《谦》的基本精神来概括。这种处理方式类似于宋儒喜欢以《艮》的义理价值来评判佛教思想。“三教合一”观念由此成为桐城方氏易学的重要组成部分。

---

① 方孔炤．周易时论合编[M]//《续修四库全书》编委会．续修四库全书（第15册）．上海：上海古籍出版社，2001：186.

在方以智看来，“三教合一”不仅是理论层面的融合，更为一切学术的会通提供了一条可供借鉴的思路。方以智对方大镇提出的“公因”“反因”的概念非常赞同，认为准确地理解二者之间的关系有助于探究一切物理，指出：“知公因在反因中者，三教百家造化人事毕矣。”（《易余·反对六象十错综》）儒、释、道三家都有各自的善恶观念，方以智认为应当站在易学的角度加以重新解释。在他看来，乾坤交感，衍生万物，“两间”有阴阳、虚实，而没有善恶、真伪。善恶源于阴阳分立之后的末流，真伪源于虚实分别之后的杂处。

万法归一，一归何处？这不仅是禅侣的追问，更是易学所要解决的义理问题。

如果要探求善恶、真伪的终极道理，就必须从易学角度加以考察：最高的理是超越对待的一，统摄世间一切相对待的义理。各家在义理层面的争论，不过是仁智之言，都是在各自立场和角度对最高的理所做的推测。虽然孔子讲过“攻乎异端，斯害也已”（《论语·为政》），但这并不能说明与儒家立场相异的学派失去了存在的价值。在方以智看来，应该重新解释孔子的话，避免陷入武断与偏颇，即所谓“当听其同异，乃谓大同；攻之则害起耳。立教者惟在自强不息，强其元气而病自不能为害”（《东西均·容遁》）。可以看出，方以智并不赞同前贤消除“异端之学”的看法，而是将孔子的话解释为：攻击异端之学，就会产生危害。因而，主张和而不同，使得同异问题各从其便，避免诱发深层次的矛盾。方大镇以“野同”作为价值蕲向，和而不同，融通各家，推动了家族学术的发展。尽管当时的政治环境与社会生活已经出现相当严重的危机，方大镇被迫返乡，但他不主张退隐，身在江湖，心系朝堂，强调积极入世，希望能够改变周围的环境。

儒家传统非常注重学术在家族内部的传承。历史上泽被后世的学术派别，起初都是在家族内部传承，而后逐渐向全社会推及。嘉言懿事，层出不穷。前辈学者焚膏继晷，敦促后人继承遗志，将本门学术发扬光大。桐城方氏亦是如此。从家学渊源来看，从方学渐、方大镇到方孔炤、方以智，四代学者在易学方面有其突出建树。可以说，桐城方氏易学到了方以智那里已经完全走向成熟。方以智的子嗣所做的一系列补充工作完全是延续父辈的致思路径。

从亲缘关系来看，方大镇与吴应宾是儿女亲家，不仅“合两姓之好”，而且也经常在学术上互动。本来，方学渐是以正统儒家自居，驳斥佛老思想，抵制阳明后学中的“四无”学说。然而，随着方、吴两家不断深交，被道学家视为“异端邪说”的思想成分开始在方家后辈的理论著述中公然亮相。除此之外，王宣在河洛理数方面的研究心得也为桐城方氏易学的发展提供了丰富的养料。方以智曾经转述王宣在象数易学方面的心得，指出：“律历礼乐，即《河》《洛》之秩叙不容思虑者也。物皆数也，数皆理也，圣人不违物理，故天不能违圣人。极数知来，如屈其指。然圣人至此罕言，因数付数，犹因物付物耳。一切物数，信其理自如此，岂偏数毛孔而知之乎？”[①]明代中后期盛行的民间宗教“三一教”是衔接他们学术思想的纽带。左锐的记述可以算作方以智的行状，尤其指出方大镇给予方以智名字的深切含义。历数方以智一生所遭受的磨难，血雨腥风，九死一生，薙染出家，以《剥》《复》二卦象征修持路数，通达明了，最终以“易简”统摄一切法门。灵明之心，毫无尘染。万物皆备于我，洞察如来真我。善养生于五浊恶世，与时进退，在生活日用体察圣人之道。

① 方孔炤.周易时论合编[M]//《续修四库全书》编委会.续修四库全书（第15册）.上海：上海古籍出版社，2001：163.

三、潜

桐城方氏易学发展的第三个阶段以“潜”作为主要特征。从卦象来看，《乾》六爻为阳，象征六龙。方孔炤字号“潜夫”“潜老夫”就取于《乾》初九“潜龙勿用”，在儒家看来，圣人坚守道德理想，即使以天下作为交换条件，也无法诱使圣人放弃道德理想。圣人怀有经世致用的方略，却无法在现实中得到实施，只好“遁世无闷”。前人将“潜”解释为“逸民”，认为这是“无可无不可”的表现。儒家在落实社会理想时，强调学问、时机与地位的统一，反对任何形式的厌学、躁动与出格的行为，就是说：“君子大其学而后试，相其时而后动，得其位而后行，察其几而后谏。是故小学而大用，其用匮；违时而妄动，其动蹶；位卑而举重，则不胜；失几而强言，则不信。”[①]因而，“修身俟命”显得尤为重要。方孔炤体察“潜龙勿用”的真义，退居故乡，与儿孙朋友共同编撰《周易时论合编》，力求贯通天人，融通今古，成就一家学问。

方孔炤认真体会《系辞传》的基本精神，将《周易》的义理价值确定为仁义，而仁义属于“三极之道”中的人道。天道呈现为阴阳，地道呈现为刚柔。方孔炤以仁义主宰阴阳刚柔，其实就是以人道贯通天道与地道。在儒家的传统中，“人道，政为大”（《大戴礼记·哀公问于孔子》）的观念一直发挥着重要作用，方孔炤退而著述的时候也在寻求经世致用的常理，“政府既立，权统君民”就是方孔炤的一大理论发明。这对方以智的社会治理思想产生了深远的影响。在方大镇博采众家之长的精神感召下，方大镇与黄道周身陷囹圄，共同探究象数易学，这早已成为学界美谈。黄道周融通京房、邵雍的易学思想，将易学

① 吕楠.泾野先生周易说翼[M]//《续修四库全书》编委会.续修四库全书（第5册）.上海：上海古籍出版社，2001：639.

从玄远缥缈的空谈中解放出来，使其重新发挥经世致用的功能，无疑对方以智易学思想的发展起到了推动作用。

方孔炤取法“潜龙勿用”，并非消极隐遁，而是修身俟命，相时而动。易学中的“潜”，至少包括两种含义：一种是德性完善，机会不成熟，不能推行自己的主张；另一种是德性没有得到完善，不能推己及人。从字面意思来看，“潜”代指隐藏而不呈现。从卦象来看，《乾》六爻象征六龙，初九为“潜龙”，龙善于变化，无往而不利。君子的德行犹如龙，即使身处下位，无法施展抱负，也不会盲目冒进，也就是说：“君子虽贤，犹在民庶之位，未可有为，故曰勿用。勿者，禁止之辞，阳性躁，急于有为，故戒之，亦以畜其生机而厚发之也。”[①] 由此可以断定，“潜龙勿用”隐含戒骄戒躁的劝诫。但是在方鲲看来，“潜龙勿用”正好是“一阳来复”的基础，《乾》初爻为阳，可以视为“《乾》首”，从卦象来看，“乾象马，初拟龙，震为龙。乾道变换，龙亦变化，六爻皆称龙，从《复》初来也。《复》一阳为天地之心，先王闭关息物以养微阳，此《乾》初之所以称潜，而首不可见也”[②]。从《复》与《乾》之间的关系来看，“一阳来复”能够呈现“天地之心”，“潜龙勿用”却将“《乾》首”隐藏起来，一显一藏，形成鲜明对比。

方孔炤非常注重发掘“时”的含义，将其著述称为《周易时论合编》，意在强调要以集大成的态度囊括古今一切易学成就，最终用一个“时”字概括全篇。综观《周易》经传，“时”有不同的用法。依据李光地的研究成果，大致有以下几种情况：“消息盈虚之谓时，《泰》《否》《剥》《复》之类是也。又有指事言者，《讼》《师》《噬嗑》《颐》之类是也。又有以理言者，《履》《谦》

① 唐鹤征. 周易象义[M]//《四库全书存目丛书》编纂委员会. 四库全书存目丛书·经部（第 10 册）. 济南：齐鲁书社，1997：240.

② 方鲲. 易荡[M]//《四库全书存目丛书》编纂委员会. 四库全书存目丛书·经部（第 35 册）. 济南：齐鲁书社，1997：474.

《咸》《恒》之类是也。又有以象言者，《井》《鼎》之类是也。四者皆谓之时。”[①]不过必须指出，李光地只是根据重卦指代的内容进行分类的，并不能全面揭示“时”的含义。方以智依据经典文本的论述，做了进一步细分：在《周易》上经中，《彖》对《坎》的评论是“时用大矣哉”，《颐》是“颐之时大矣哉”，《大过》是“大过之时大矣哉”；在《周易》下经里面，《彖》对《遁》的评论是“之时义大矣哉”，《姤》是“姤之时义大矣哉”，《旅》是“旅之时义大矣哉”，而《睽》是“睽之时用大矣哉”，《蹇》是“蹇之时用大矣哉”，而《解》是“解之时大矣哉”，《革》是“革之时义大矣哉”，唯独《随》强调“随时之义大矣哉”。由此可以得出这样的见解：“圣人深心见乎词矣。六十四卦皆时，皆《乾》之时也。始终用坎，使乾乾其心随之，虽有治乱，大义中天，民心不死，孚维此四德矣。”[②]桐城方氏易学在处理阴阳关系时强调“扶阳抑阴”，表现在《周易》六十四卦的变化方面，就是《乾》衍生其余六十三卦。从重卦的角度来看，《乾》《坤》之后的六个重卦都有坎，《周易》下经以《未济》结尾，《未济》上离下坎，因而断言“始终用坎”。依据《说卦传》的观点，坎象征心，而《乾》九三“君子终日乾乾”则是心性修养的具体活动。圣人崇德致用，离不开民心。因而，对“元亨利贞”的解释，必须落实到如何赢得民心这一现实问题上。

四、退藏于密

桐城方氏易学发展的第四个阶段是“退藏于密”。明朝末年，社会矛盾达到了激化的程度。时势造英雄。一批仁人志士愤然而

① 李光地. 周易义例 [M]. 海口：海南出版社，2000：145.

② 方孔炤. 周易时论合编 [M]//《续修四库全书》编委会. 续修四库全书（第15册）. 上海：上海古籍出版社，2001：283-284.

起，力求改变颓败的局面。此时，中西文化交流十分频繁，以方以智为代表的封建士大夫博采众长，隐隐约约呼吸到了来自泰西的学术空气。他发出了“坐集千古之智”的豪言壮语，充分体现了一代学人的文化自信，与清末的被动学习有着巨大差异。从家学渊源来看，方以智的曾祖父方学渐开启的心学传统异军突起，别具一格，被视为泰州学派的“歧出”者。方以智继承了这一学术传统，以易学的叙述方式推动了这种学说的发展，将其拓展为能够汲取各家优点的开放式的学问。

方以智用“大密”解释“大潜”，将“退藏于密”视为积蓄实力的首要选择。在论述《乾》初九“潜龙勿用”的意蕴时，方以智指出“大潜，即大密也。就爻位而论之，初是入事之潜”[①]，结合卦爻的具体位置，《乾》初九居于五阳之下，蕴含着无穷的刚健精神。天道的精微之处在于气化，《乾》初九隐藏阳气，象征君子有所不为，积健为雄。钱澄之对“退藏于密”有着深刻的理解，在《庄子内诂》中指出：“学道者谓心息相依，使息常纳于踵，则心亦退藏于密，宜静而不宜动。此制心之说也。真人心本不起，故息自深深，动静如一，非导引家守中之谓。凡人屈之即争而不能忍，引之即动而不能制，天机浅也。”[②]也就是说，道家所谓的“纳息于踵”，其实也是“退藏于密”的一种表现形式，旨在调适心性，使其能够保持平静与稳定，最终达到动静自如的理想境界。当然，钱澄之反对将“纳息于踵”理解为导引之术。

从个体社会化的层面来看，方以智薙染出家也充分显示了“藏”的意蕴。如果从所谓“四种出家”（身心俱出家、心出家而

① 方孔炤.周易时论合编[M]//《续修四库全书》编委会.续修四库全书（第15册）.上海：上海古籍出版社，2001：181.

② 钱澄之.庄屈合诂[M].合肥：黄山书社，1998：95.

身不出家、身出家而心不出家、身心俱不出家）来考察方以智的出家生活，不难发现，号称融通世出世间法的方以智，属于身出家而心不出家的情况。尽管方以智深刻地领会到“出生死利害之家者，所以遂其无入不自得之坦行者也”（《易余·知由》），但民族国家的危亡时刻萦绕心头，故而混迹僧侣之中，以“托孤”的形式擘画大事。方以智以“能”“所”关系中的“所”作为解读《周易》的关键，将《庄子·大宗师》所谓“若夫藏天下于天下，而不得所遁，是恒物之大情也”中的“所”解释为“能”“所”关系中的“所”，并会通小乘四果之初果入流，指出：“须看庄子‘所遁’之‘所’字，与观音入流忘‘所’同。人执遁世，与执出世，皆有‘所’而昧遁者也。圣人游于物之所不得遁而皆存，即无闷、不遁之遁矣。”（《一贯问答》）道德主体意欲实现世间法与出世间法之间的圆融会通，就必须对治“所”的干扰，其中包含对“能”的消解。简而言之，只有彻底根除“根本二执”，即“我执”与“法执”，才能实现真正的解脱。

在方以智心目中，易学中的“遁”是不落有无的圆通之学，既能克服素隐行怪、荡弃伦常的缺陷，又能避免一味遵从名教而忽略变通的迂阔行径。按照方以智的理解，只有圣人才能真正地做到“遁”，而一般人很难理解“遁”的真实含义。方以智借用孟子所讲的“无可无不可”作为阐述“遁”的有效途径，指出：“隐怪是执无，遵道是执有。‘世自遁世’则不落有无，唯圣者能之。此乃剔出圣体，与人著眼，而无可无不可之庸用，则圆∴环中矣。龙德而隐，亦剔出费隐之体而言之。遁世岂隐士哉？乃藏天下于天下而不得所遁也。”（《一贯问答》）按照周勤勤教授的理解，这里所说的“圆∴”有着非常丰富的辩证法含义。在他看来，“‘上一点’是无对待、不落四句的太极。太极统两仪，而又在两仪之中。换言之，‘上一点’统‘下二点’，而‘上一点’又在

‘下二点’之中”[①]。这种解读方式充分揭示了体用之间的关系，对准确地理解方以智的易学思想有着非常重要的启示意义。在方以智那里，“圆∴”有效地将太极与两仪连接起来，从太极与两仪之间的关系延伸到对“统”与“公因”、“辨”与“反因”等问题的考察。方以智将《文言》对“龙德而隐”的解释视为讨论“费隐之体”的切入点，认为：“‘不易乎世’，言虽以天下，终不易也。乐行忧违，至人任性，天地覆坠，曾不变色。圣人之敝屣，不碍其为深山，为垂衣也，时乘皆确也。”[②]也就是说，无论是“乐行”还是“忧违”都是“无可无不可”的体现，都不能妨碍圣人经营天下的灵活性与主动性。

遗民是中国传统文化中的神来之笔。修身俟命，相时而动。退隐山林，心忧天下。方以智身上的遗民品质最为突出，他一边隐遁山林，开堂说法，一边与清廷高官进行周旋，捕捉政治风向，似乎有一种不甘沉沦的反抗，甚至在字里行间透露着人生志趣：“洗心退藏，而忽言神武不杀，非倚天之长剑乎？乾居天门，为大始，所以用专直之大勇也。神武不杀，明察斋戒，所以统仁、智之三达也。古云：‘放之则弥六合，卷之则退藏于密。’今曰：‘放之则退藏于密，卷之则弥六合。’”[③]在方以智看来，儒家的“三达德”是不容置疑的铁律，必须在社会生活中得到全面落实。对那些赞同“洗心退藏”的人来讲，保全自身德性，维护社会正义，是义不容辞的责任。

① 周勤勤. 方以智“∴说”解析[J]. 中国社会科学院研究生院学报，2005(5)：98.

② 方孔炤. 周易时论合编[M]//《续修四库全书》编委会. 续修四库全书（第15册）. 上海：上海古籍出版社，2001：188.

③ 方孔炤. 周易时论合编[M]//《续修四库全书》编委会. 续修四库全书（第15册）. 上海：上海古籍出版社，2001：548.

第三节 忧患是方以智解《易》的契机

当我们认真回顾传统文化中的“术”，就会发现任何学派都会深入思考“故”，也就是追根溯源，条分缕析，进而提出解决方案。方以智在“三一教”学说的影响下，对“故”产生了浓厚的兴趣。当方以智追问“所以”的时候，将问题的解决方法又一次投向了“故”，认为：“所以者，则故而已矣。知所以生，知所以死，随其生死，有何生死？正谓有不负天地者，方不虚生浪死耳。不忘沟壑，生于忧患，习坎困亨，惟日切切，砺此斋戒神武之剑，可也。”（《易余小引》）这里使用的“则”是动词，意思是取法，指代为某种事物或理论寻求合理性依据。当然，方以智将一切价值来源都追溯到天道，进而在人事中体现天道的义理价值。方以智认为，生死只是天道的特殊表现形式，不能因为贪生怕死而怀疑天道的有效性，更不能因为生死问题令人费解而自甘浑噩。天道有阴阳虚实，生死只不过是人生对阴阳虚实的展示，或者说是人心对阴阳虚实的感受。

一、解读“习坎”

在《周易》六十四卦中，唯独《习坎》一卦的命名直接取自“卦象”而不是“卦德”。从字义来看，“坎”的意思是陷，陷是指水停滞起来形成的水坑。如果水流不被阻断，就很难形成陷坑。当人们经过水流壅阻而形成的陷坑时，很有可能陷入其中，甚至会有性命之忧。从卦象来看，《习坎》象征“重险”，警示君子身陷险境时，不应该丧失戒慎恐惧之心，而应当以忧患作为契机，寻求新的突破口，直到实现儒家的“天下事无不可为”的远大理想。当方以智提到“不忘沟壑，生于忧患”时，孟子心目中那些经由忧患的圣贤们似乎也会赞叹这一说法。在孟子看来，“生于忧患，死于安乐”（《孟子·告子下》）似乎是成大事者必须汲取的经验教训。“《习坎》困亨”在一定程度上强调了个体的涵养情操在推行道义方面所发挥的积极作用。

从桐城方氏家族的历史来看，方大镇与吴应宾的学术交往有效地促成了方氏易学的发展。方以智曾经以忧患作为切入点，回顾了两位前辈的这一段学术交往，指出：“生于忧患，不忘沟壑，宗一先生与先廷尉所以合《习坎》之教也。教必有事，德行惟常，莫险于乡国之陷阱，莫险于人情之泆激，莫险于学术之鍒盗，莫险于文字之风波，谁非窞乎？谁非棘乎？安则自出，定则知牖，中则自平，惟有忠信蹈之而已。”[①]这里所说的“宗一先生”是指方以智的外祖父吴应宾，而“先廷尉”是指方以智的祖父方大镇。方以智所说的“教必有事”在方大镇那里有着经典方面的依据，那就是《野同录》中所讲的“《论语》不言性而首言‘时习’，《易》于二篇之中，著此《习坎》。盖谓性在习中，舍习无性，犹一在二中，舍二无一也。专言学修不及之性、无体之体，剔出形容之耳。莫险于有形有身之世，处此忧患，惟有孚而心亨，行贵有常，常习有事，以人事即天道也。不习之习，在此习教事之中矣”[②]。从《论语》的记载来看，“性与天道”的问题的确出现得很少。在方大镇看来，《论语》第一篇首章讲“学而时习之”，正是从实践角度体认“性”的义理价值。从“性”与“习”之间的关系来看，可以将形式各异的“习”视为“二”，以善作为内在生命的“性”则是“一”。这样一来，“性在习中”的含义就十分明确，那就是在具体实践中体验“无性之性，无体之体”的绝妙之处。

①② 方孔炤.周易时论合编[M]//《续修四库全书》编委会.续修四库全书（第15册）.上海：上海古籍出版社，2001：344.

二、解读“三陈九卦”

今天我们继承和弘扬中华民族优良道德传统，必须深入发掘“忧患”的时代价值。众所周知，孟子强调“生于忧患”的重要性，《系辞传》多次论述忧患，如“其出入以度外内，使知惧。又明于忧患与故”，“作《易》者，其有忧患乎”等论述，孔子告诫士人“仁者无忧”(《论语·子罕》)。想到这里，我们不免出现疑惑——“忧患”与“仁者无忧”之间是否存在冲突？如果存在冲突，儒家将会以什么样的方式加以协调？忧患并非圣人专有，即便一般人也有忧患，问题的关键是如何寻求所谓“出忧患之道”。孔子五十学《易》，乐天知命，已经能够从天人之际寻求对待忧患的方法。从《系辞传》的论述可以看出，“忧患”一词与文王演《易》有着密切的关系。文王心忧民众生计，而不是为自己的处境而担忧。在《系辞传》中存在所谓“三陈九卦”的现象，季本认为“三陈九卦”揭示了文王的“出忧患之道”。具体说来，“三陈九卦”是指《系辞传》的作者连续三次讲述九个重卦的义理价值。这九个重卦是指《履》《谦》《复》《恒》《损》《益》《困》《井》《巽》。

从卦象来看，《履》上天下泽，象征君子分辨上下等级，制定详细的公共生活规则，安顿民众心志，消除隐患，以此作为社会和谐的基础。《谦》地中有山，象征君子合理分配社会财富，避免出现贫富两极分化的惨剧，又象征君子谦虚谨慎，遵守公共生活规则，避免出现过失。《复》雷在地下，能够呈现所谓“天地之心”，一阳居于五阴之下，阳气开始萌动，阴气逐渐退去。如果以阴阳配比人心中的天理与私欲，那么一阳象征天理萌生，逐渐祛除私欲，以恻隐之心对待周围的一切事物，推己及人，以至于“天人归仁”。《恒》雷风交加，象征君子能够在纷繁复杂的社会生活中恪守职分，坚守圣贤的道德理想，毫无厌倦之情。《损》艮上兑下，兑为泽，又有喜悦的含义，艮为山，又有停止的意思，象征君子能够以喜悦的心情阻止自己的错误念头，并能惩戒自己的愤怒与怨恨。这就是儒家经常提到的“惩忿窒欲”的工夫。《益》巽上震下，巽为风，震为雷。结合孔子的言行来看，“迅雷烈风，必变”（《论语·乡党》），按照郑玄的理解，孔子“敬天之怒”①，以天象变化警示自己，必须提升道德情操。天人之际，关系微妙。君子善于从自然现象中获取改过自新的灵感。个体的德性不能囿于一己之私，必须日新又新，必须造福苍生。

既然《损》突出“惩忿窒欲”的重要性，《益》彰显“日进无疆”的客观效果，那么将二者结合起来，就能真正领略到儒家在促成个体社会化方面所具有的积极意义。贯通《损》《益》的义理价值，不难得出“毋以恶小而不去，毋以善小而不为”的道德启示。从卦象来看，《困》坎下兑上，象征泽中无水，君子身处困境，很有可能遭受名誉上的损害与事业上的困顿。从《象》对《困》的论述来看，九四具有“虽不当位，有与也”的刚健之德，九五揭示了“中直”“受福”的因果关系。君子身处困境，上不怨天，下不尤人，恪守本分，素位而行，修身养德，等待时机。这正好印证了《彖》所讲的“困而不失其所，亨，其惟君子乎”。在传统社会中，凿井而饮，聚族而居，人伦日用维系着百姓的情感。可以说，井的最大功用在于“养人”。水是生命的源泉，从井中取水是生活中的一件大事，从《井》能够得到君子施德于人的启示。君子施德，内心清明，随机应变，因而能够明辨多寡，各适其宜。从卦象来看，《巽》为风，风具有无孔不入的能力，因而《巽》

① 何晏．论语集解[M]// 中华书局编辑部．汉魏古注十三经．北京：中华书局，1998：46.

既有风化的含义，又有行权的意蕴。儒家非常重视“礼”在挺立人格方面发挥的积极作用，孔子就曾经讲过“不知礼，无以立也”（《论语·尧曰》）。然而“礼”并非不可调适的僵化教条，孔子对此也有论述，指出“可与立，未可与权”（《论语·子罕》），因而必须善于变通。变通也要遵循一定的原则，而不是肆意妄为。遵循一定原则，进行适度变通，就是“行权”。综合起来，就形成了“三陈九卦”的义理结构。

在易学发展史上，所谓“《易》之兴也，其于中古乎？作《易》者，其有忧患乎”应当是指文王演《易》。但是从忧患的角度来看，圣人之心与《易》相通，“三陈九卦”无法涵盖忧患的全部内容。

三、了脱生死

儒家对生死的看法，十分坦然。生，体现了天地之间的生生之德；死，就像水流分开，复归于自然。既然《习坎》强调“维心亨”，那么《系辞传》所谓“天地设位，而《易》行乎其中矣。成性存存，道义之门”应该从心学的角度加以重新解释。方以智就以“慎独”作为心性修养的具体方法。道德主体将“慎独”作为工夫的主要内容，必须正视“莽荡”，经受“事上磨炼”，方能涤除杂念。在方以智看来，莽荡在所难免，解决问题的途径依旧是“学《易》”。方以智着重论述易学在超越生死这一问题上的积极作用，指出：

今既学《易》，以《易》通之：如卦策图表，行列四布，有似乎死。其推行化裁，周流六虚，何其活也！曾知死不碍活、活不碍死乎？曾知为生法所生，亦为生法所死，为死法所死，亦为死法所生乎？曾知为无生死一句所缚，即死于无着之语下乎？

曾知出生死而入生死者，随生死而无生死者，犹夫“变易”“不易”者乎？迅不停几之人心，寂然不动之性体，果参验否？体本无体，出入以度。即感而寂，则三百八十四爻，皆一画也。无所不用其太极，皆勿用之潜也。此在变异之生死中，而贯其起灭者也。①

从“死法”与“活法”的分野来看，卦爻、蓍策、图象属于“死法”，而推演变化、拟议六虚属于“活法”。二者相互依存，不可离分。在阴阳观念中，生法为阳，死法为阴，阴阳更替，阳来则生，阳去则死。方以智秉承“尊阳”的传统，认为阴阳产生于纯阳，天地之间唯有阳气，阳气退却就表现为阴气，阴气只不过是阳气的特殊形式。按照这种思维方式，生法与死法并非机械地对应于生死，而是相互转化，变动更迭。生死是阴阳变化的表现形式。本心灵明不昧，观照生死，以勇猛刚毅的精神坦然处之，就可以摆脱生死问题的困扰，进而以“不易”与“变易”的关系解释本心观照生死的原理。方以智认为,《系辞传》所讲的“寂然不动，感而遂通”蕴含人心与性体之间的关系,“寂然不动”属于性体,“人心惟危”，必须善于体认性体，进而发明本心。在这一过程中,“人心”转化为“道心”。“寂”与“感”相即，为太极展现义理价值创造了条件。

综观易学发展史，以《乾》初九为太极，并不是方以智的首创。李兴业已经向梁武帝提及这种观点。从惠栋整理的史料来看，李兴业的大致观点是:“所传太极是有，愚谓太极即乾之初九，又谓之元，故不可言无。”② 太极是超越对待的一,《周易》六十四卦，共计三百八十四爻，构成多。多是一的表现形式。太极无所

① 方以智，施闰章 . 青原志略 [M]. 台北：台湾丹青图书公司，1985：188.
② 张涛，陈修亮 . 周易述导读 [M]. 济南：齐鲁书社，2007：498.

不在，却无具体的形象，这就像《乾》初九“潜龙勿用”。

四、直面鼎革之际的惨淡局面

从三皇五帝到明末清初，多少兴亡事都无法摆脱历史周期律的诅咒。方大镇对明代社会把脉，认为当时的老百姓生活在水深火热之中，连年战争致使民不聊生，而统治者对此却置若罔闻，就明朝与北方野蛮民族之间的关系而言，帝国的震慑力还没有完全丧失，传统意义上的天朝上国依然有着历史文化的优势。一切祸患的根源都在明代统治的内部，也就是说：“最可叹者，鬼在人心，贼藏城社。洛、闽之惧，上续邹县，而蔡、韩禁学，乱法诬天。今日之言互济者，何其惫耶？”[①] 从表面现象来看，党社之争造成了意识形态领域的混乱，不同权力派系之间的争权夺利和相互倾轧激化了统治者内部的矛盾。

从深层次权力观念来看，明代自朱元璋开国以来，用法家思想治国，驾驭群下，雄猜好杀，治理民众也多采用重典，弹压震慑，无所不用其极。此外，军队数量激增，不仅增加了农民的负担,而且存在欺压民众的现象。方孔炤认为,无论是汉代的南北军、唐代的府兵、宋代的厢兵，还是明代的京卫、外卫、边卫，都在某种程度上加重了农民的经济负担，即便有所谓屯田、军田，也不过是杯水车薪。官僚与豪绅巨贾狼狈为奸，欺诈农民。农民不堪重负，一旦遭遇天灾人祸，极易变为流民。流民与各种武装势力汇合，对朝廷的统治构成极大的威胁，甚至加快改朝换代的步伐。明代中后期社会动荡的最大原因就在于流民暴动。

晚明时期,政局混乱,百弊丛生。方孔炤对“貂珰”深恶痛绝。“貂珰”原本是指汉代侍中、常侍的冠饰，职位最初由士人、奄

① 方孔炤. 周易时论合编[M]//《续修四库全书》编委会. 续修四库全书（第15册）. 上海：上海古籍出版社，2001：512.

宦充任，光武以后专任奄宦。帝制时代，政治生活永远是亲疏远近的相互牵制和厮杀的大舞台。在这个大舞台上，宦官或以丑角亮相，或以净行出现，有时甚至上演全武行。从朱元璋开始，明代帝王对宦官持既防又用的态度，一方面坚决反对宦官干政，另一方面倚靠宦官对付文武百官，久而久之，宦官作为一股强大的政治力量活跃在政坛。朱永嘉先生指出：

明代宦官作为相对独立的政治力量的崛起，其标志是司礼监地位的上升。司礼监提督成为总领宦官群体的衙门，特别是秉笔太监拥有了“批红”的职务，宦官由此逐渐形成内朝。秉笔太监“批红”与内阁的“票拟”成为内朝与外朝对柄机要的局面，这样一个最高决策的公文历程，也促使两者可以公开地分庭抗礼。只要这两者之间充分默契的配合，按照规程运作，那么皇帝可以垂拱而治，有充分时间在宫廷内游耍戏乐了。明代中后期的帝王很少真正管理国事，而明代的统治却能延长那么长的时间，实际上得益于这套机构能正常地运转。[①]

九五之尊将部分大权授予宦官。宦官擅权，以极端严酷的手段整饬士大夫。部分阁老大臣也采取灵活的手段，与宦官勾结，共同分享政治资源。从桐城方氏家族的历史来看，方孔炤本人深受宦官干政的迫害。在《周礼》中,由天官冢宰管束的“阍人”“寺人”和“内竖”只能处理日常杂务，不得干预朝政。明代却经常出现宦官干政的现象，这与儒家经典文本中所设置的“度制”大相径庭，值得反思。

当方以智重温孟子讲的“生于忧患，死于安乐”的时候，大

① 朱永嘉．明代政治制度的源流与得失 [M]. 北京：中国长安出版社，2015：23-24.

明朝的统治已经走向尽头，大厦将倾，颓势难以挽回。士大夫忙着争权夺利，互相倾轧。朋党之争加速了王朝的覆灭。在这种政治气氛中，帖括制艺成为晋升阶梯。许多士大夫饱读诗书，却无政治节操，大量“贰臣”玩弄权术。“富润屋”远远胜过“德润身”。满清王朝，定鼎中原，理学继续发挥“显学”的作用。士人忙于时文，无暇顾及学术宗旨，早将“生死”和“忧患”抛到脑后。方以智却以“大伤心人”的身份广大圣人之学，指出：“人无奈死于安乐，不知心心无心之真心，故忧患疾病为生死之药。生死不二，则荣辱得失何足以二？瞑眩之几，在乎终食，极乎颠沛，而造次为尤细，此圣人之勘生死也。”（《东西均·生死格》）在方以智那里，易学承载着了脱生死的义理，能够使人满怀忧患意识，无论富贵通达，还是颠沛流离，都能契合圣贤之心，最终实现自我完善。

第二章　方以智的易学观及易学史观

在探讨方以智的易学观时，必须重视他对“周易”的理解。在他看来，“周”具有周遍、广博的含义，而不是通常所说的周朝。“周”的字形与占卜活动密切相关，充分说明易学是圣人教化民众的辅助手段。“易”至少包含简易、变易和不易这三层含义。古人所讲的“日月为易”“蜥蜴”都很难得到方以智的完全赞同。方以智将“易”解释为阳，就是统摄阴阳的纯阳，或者说是真阳。方以智将性善论的观念贯穿于对《周易》名义的解读。就文本解读而言，方以智将《周易》视为首龙尾狐之书，以果断克服疑惑，真正落实宋儒讲求的“心统心情”的观念，尤其强调“《周易》为尽情之书”，将传统的性情学说推向一个新的发展阶段。方以智将变化视为“学《易》之枢机”，反对朱熹区分“变”“化”的观点，以“变化→会通→拟议→悱竭”由表及里的探求过程，将考察外部世界与内心修养结合起来，有效地克服空谈心性的弊端。方以智全面考察《周易》六十四卦的名义，凭借自己在文字、声韵、训诂方面的优势，提出一些“非常异义可怪之论”，足以发人深思。

第一节　方以智的易学观

一、解读《周易》的名称

方以智在总结前人观点的基础上，对“周易”名义做出界定，认为不能简单地将“周”解释为周朝的代称，而应采取“普周”“周天”等含义，强调易道具有广大悉备、无所不包的特性。从字形来看，“周”与占卜有着密切的关系。按照《说文解字》的观点，“周”可以理解为“从用、口”，必须指出的是，“用”下之“口”应当读为“围”，而“用”可以进一步解作“从卜、中”，足以看出“用”与古代占卜有着密切的关系。

方以智非常重视发挥占筮在社会生活中的积极作用。在他看来，圣人以阴阳之理教化民众，尽管能够揭示得失的缘由，展示威权的震慑力，以专职人员推行教化，企图将天道的义理价值渗透到社会生活的每个角落，但是仍旧无法达到预期效果。任何强制手段都不如占筮具有警示作用，既能调节民众的生活方式，又能激发戒慎恐惧的意识，营造精诚的社会风气。

方以智赞成“天以周为用，用即其体”，认为郑玄《易赞》所倡导的“周易者，言易道周普无所不备”[①]准确地揭示了“周”的基本含义。而朱熹、朱升等人沿用《世谱》等书的观点，将“周易”视为“周文王名卦系彖辞、周公系爻辞之易书”[②]，这种观点无法得到方以智的赞同。在方以智看来，将“周”理解为“代名”很容易湮没“周易”应有的深广远大之义。这种担忧在前辈学者那里已经出现。许多易学家兼取“代名”与“普遍”的含义，希望调停二者之间的冲突，进一步丰富《周易》的历史文化内涵。

方以智反对将“易”解释为蜥蜴，更不赞同“日月为易”这一流行说法。方以智对《说文解字》的许多观点持否定态度，许多真知灼见收录在《通雅》之中。汉儒将“易”解释为蜥蜴，并引用所谓“秘书”的说法，认为“日月为易”。这种见解被《说

① 林忠军．周易郑氏学阐微[M]．济南：齐鲁书社，2005：439.

② 朱升．周易旁注[M]//《续修四库全书》编委会．续修四库全书（第4册）．上海：上海古籍出版社，2001：345.

文解字》收录，《周易参同契》也照单接受。在易学发展史上，虞翻等人力主此说。方以智认为，将“易”解释为蜥蜴的做法并不可取，怎能用微乎其微的变色龙来表示天道变化？再者，“日月为易”也不足以准确地勾勒易道的基本属性。从字形结构来看，日和月可以构成许多字义不同的文字。为了说明自己的看法，方以智转引罗泌的观点，“散于日下为易，日上为曶，相对为明，对亏为昒”[①]。按照“日”“月”上下左右位置不同组成的汉字，字义大相径庭，但这一切仅就汉字结构进行阐发，并不涉及义理。方以智不落窠臼，别出心裁地将“易”解释为“阳”（应当从繁体字“陽”的结构与读音出发，才能准确地理解方以智的观点），认为：“‘易’即‘阳’字，古四声通转，旁响亦通，如‘亨’‘享’，一字是也。阳自分为阴阳，而互用之，阳即一也，阳即至变易者也。易从日月，而一自统二，日自统月，且一之声，即易之声，则‘易’‘阳’通声明矣。后分别之，加阜为阳，加一为易。”[②]从声韵角度看，四声通转，“易”与“阳”属于旁响，因而相通。进一步讲，“侌易者，一易之音也”，一切都与天文变化中的“一”相关，字义起于字音，字形随之而变化，无论“侌易”还是“易”都源于“一”，因而可以断定“易也，侌易也。皆卷舌之喉音也，即音可以知其原矣。加阜为山之阴阳”[③]。从生化历程来看，万物生存的根本在于阳气，阳气是一切生命得以延续发展的基础。溯源而上，阴阳未分的一，其实就是阳，阳的根本属性在于变易。日月为易，亦即以一统二，或者从日上月下的结构来看，就是以日统月。日上月下，中间加一，就构成易。一的读音就是易的读音。从“阳”的篆体来看，“阜”“一”和“易”正好构成一个“阳”

①② 方孔炤．周易时论合编 [M]//《续修四库全书》编委会．续修四库全书（第 15 册）．上海：上海古籍出版社，2001：178.

③ 方以智．通雅 [M]．上海：上海古籍出版社，1985：455.

字。从二气交感的角度来看，“易”又是对变化的描述。

“易”至少包含三个层面的含义，一是“简易”，指易道在德性洁静、藏神通情、与天地合德等方面的独到作用；二是“变易”，是指易道将社会秩序、道德伦理与天道变化融为一体，从天道方面为社会变革与伦理调适提供充足的合法性论证；三是“不易”，强调与天上地下相比附的君臣、父子等伦常的不可动摇性。“易”有三义，并不妨碍其一元性。汉代儒家借助纬书的形式，假托孔子名义，对“易”的基本内涵进行了一番解说，指出：“易者，简易也，变易也，不易也，管三成为道德苞籥。”[①]这种观点赢得了后世易学家的普遍赞许，以至于郑玄的《易赞》、孔颖达的《周易正义》等相关著述也继承了这一观点。

二、解读“卦”“爻”的含义

易道源于卦画。卦画分判阴阳。伏羲体察万物之情，从混沌之中辟出阴阳，以阴爻、阳爻画卦。卦爻与远古的占卜密切相关。方以智从字形、字义和字声等角度分别探究“卦”“爻”和“象”的含义，指出：“圣人取象，二土为‘卦’，加卜焉；二乂为‘爻’，以其肴列，后加月焉。‘象’即豚，言全体；爻言分体也。”（《东西均·译诸名》）可以看出，“卦”与占卜活动有着密切的关系，“爻”是古“肴”字，是指切割过的肉食。古人陈列肉食，非常注重次序，由“肴”可以引申出肴列、肴陈等常用词语。方以智从“爻”的字形来解释其中的含义，指出：

爻即古肴字。

彖，豚也，全体也；爻，肴也，体解也。爻从二乂。“乂”古“五”字。《说文》曰：“象《易》六爻头交也。”按《易》因文以

① 林忠军．易纬导读 [M]．济南：齐鲁书社，2002：77.

名书，书初不因书以立名，叔重支矣。亦通作“殽”“淆”。[1]

可见，“爻”与“彖”都与豚有关。“彖”是整体的豚，而“爻”是切割之后的豚肉。“爻”的字形不是从二乂，而是从二㐅。㐅是古文“五”字。由“爻”滋生出“崤”“淆”等字，这些字的最基本的含义都与陈列有关。至于许慎《说文解字》将“爻”解释为重卦六爻相交的样子，这种观点不能准确地揭示字形蕴含的字义，显得支离破碎，无法得到方以智的赞同。作为《周易》的专有名词，“爻”的特殊含义源于生活，而后与原本的含义逐渐分离，最终成为易学专有名词。从较为原始的字形到书面的一般使用是一个跨越式的发展，字形的不断改良与订正最终确立了较为固定的使用方法。《周易》六十四卦都是重卦，重卦有六爻，爻的功用在于明确九六之变。品味爻辞，可以把握变化之几。

方以智之前的许多儒家对于“卦”字的理解，几乎都在沿用孔颖达的说法，认为“卦”其实就是“挂”。古人习惯于将物品挂在墙壁上，墙壁上被钉上小木橛，也就是“悬物之杙”，以承受物品的重量。问题在于，将“卦”解释为“挂”，又与特指的小木橛联系在一起，究竟是想说明“卦”是专用的小木橛，还是想说明“卦”是指悬挂物品的这个行为过程？这些都无法得到满意的答复。孔颖达之后的儒家几乎都转述了这种解释，仅有少数学者能够提出较有说服力的别解。方以智将这些观点整理出来，并援引其他学者的看法，试图对孔颖达的解释进行全面修正。历数众家观点，方以智觉得董守谕的见解最具说服力，因为后者针锋相对地指出孔颖达的失误，认为作为小木橛的“杙”可以悬挂在墙壁上，而揭示变化之道的“易”怎能挂在墙壁上呢？因而，以“杙”解释“卦”并不能令人信服。董守谕主张从“卦”字的

① 方以智 . 通雅 [M]. 上海：上海古籍出版社，1985：120.

字形入手解释特殊的字义，既然“卦”字是由“圭”和“卜”构成，“卜”的意思很明白，毋庸赘述，“圭”应该理解为古代的计量单位，是由六十四黍积成，正好符合《周易》六十四卦的数目。这个发现似乎给予董守谕充分的证据，他以此对孔颖达的观点展开全面的批评，指出：

孔颖达曰：“卦者，挂也。”挂之于壁也。盖悬物之杙也。诸儒皆用其说，无有他解。予以为非。杙可以挂于壁，易岂可挂于壁乎？卦者，圭也。古者造律制量，六十四黍为一圭，则六十四象总名为卦可也。应劭曰：“圭者，自然之形，阴阳之始。”卦者，亦自然之形，阴阳之象其为字也，从卜为义，从圭为声，亦兼义也。古文“圭”亦音“卦”，今“挂”字从手为义，从圭为声，则“圭”即音“卦”可证矣。[①]

其实，董守谕对孔颖达的批评有失偏颇，后者自有学术渊源。大致来说，将“卦”解释为“挂”的说法来源于《易纬》，孔颖达不过沿袭旧说罢了。董守谕从古代的计量单位出发，将“卦”解释为“圭”，不仅有字义方面的依据，更强调二者具有相同的读音，也就是将“圭”读作“卦”。就“圭”的字义而言，应劭所谓“自然之形，阴阳之始”是从玉制品圭的形状来讲的。作为古代的礼器，圭被视为瑞玉，上圆下方，正好象征古人心目中的天地形状。天为阳，地为阴。圭与天地同形，故而兼备阴阳。圭又是较小的计量单位的名称。综合起来，就形成了应劭的观点。这样一来，“圭”字就成为“卦”字的字音和字义的来源，而古文中的“圭”字就读作“卦”。

① 董守谕．读易一钞易余 [M]// 商务印书馆．丛书集成续编·经部（第 2 册）．上海：上海书店，1994：289.

三、《周易》是“首龙尾狐”之书

在中国儒学发展史上，凡是经过深思熟虑的正式著作，都非常重视作品的开端与结尾。例如，在儒家经典体系中，《春秋》号称“始元终麟”，按照公羊家的说法，《春秋》经文开端于“隐公元年王正月”，结尾于“哀公十四年西狩获麟”，孔子变“一”为“元”，有着深刻的含义。“元”的意思是气，表明对开端的重视。麟是瑞兽，是天下太平的象征。这里的“始”是“五始之学”的简称，所谓“五始”是指“元年、春、王、正月、公即位”。何休注解《春秋公羊传》时，阐述“五始之学”，认为《春秋》变“一”为“元”，有其深意，即所谓“元者，气也。无形以起，有形以分。造化天地，天地以分”[①]。这种以气化来解说“元”的观点，与《九家易》注“元者，气之始也”有着内在的一致性。[②]元是气化的开端，这牵涉对天道的理解。春是四季之始；王是人道之始，与儒家的圣王观念有着密切的关系；正月是一年十二月的开始，颁布政令，万象更新；公即位是一国政事的开始，关乎一国的兴衰存亡。“始元终麟”象征圣人为万世立法，寄托王道理想。孔子面对礼崩乐坏的惨淡局面，空负才智，无从施展，不得不对“获麟”产生悲伤，后人假托孔子之名发出感慨，唱道：“唐虞之世兮麟凤游，今非其时来何求，麟兮麟兮我心忧。”[③]孔子心忧万古，不能舒展志气，只有通过“删述”“笔削”的方式寄托王道理想。后世儒家尊奉的经典文本就这样诞生了。如果深入考察经典文本的结构，就会发现它直接影响了汉代儒家的著述风格，“始终”成为那个时代的学者追求学术统绪与义理贯通的标志。许慎的《说

① 何休．春秋公羊传解诂 [M]. 北京：中华书局，1996：5.

② 张文智．周易集解导读 [M]. 济南：齐鲁书社，2005：91.

③ 蔡邕．琴操[M]//商务印书馆．丛书集成初编（第1671册）. 上海：商务印书馆，1936：1.

文解字》是“始一终亥”之书。在这部著作中，“一”表示“惟初太始，道立于一，造分天地，化成万物”。从生成论的角度来看，“一”是指天地未分、万物未生的混沌状态。“一”能够衍生天地万物。以“一”作为开端，经由天干地支，万物变化被囊括无遗。因而，作为地支最后一位的“亥”被设定为这部鸿篇巨著的结尾。

相比之下，《周易》可以看作“首龙尾狐”之书。在《周易》六十四卦中，《乾》盛赞龙德。在中国传统的阴阳观念中，万物都是阴阳变化的产物，都以不同形式体现阴阳变化的道理。龙是能够变化的阳物，因而可以用来象征《乾》。苏轼对此有着深刻的认识，他说:“《乾》之所以取于龙者，以其能飞能潜也。飞者，其正也。不得其正而能潜，非天下之至健，孰能之？”[①] 在《乾》的六爻中，初九“潜龙勿用”，象征阳气微弱，处于下位，必须静养，不宜宣泄，所以戒之以“勿用”。九二“见龙在田”，象征君子能够坚守中正之道，谨小慎微，杜绝邪念，存养诚意，善行润泽天下，德业感召世人，却不居功。九三“终日乾乾”，着重指出君子依凭忠信达到增进德行的目的，借由修辞确立道德理性，最终实现建立德业的理想。然而，在现实社会中，德性与权位往往不能兼得。君子有时能够占据上位，却不会因为执掌权柄而骄奢淫逸。君子有时身处下位，但不会因为时运不佳而忧心忡忡。九四“或跃于渊”，意指对于君子来说，权位有升降，事业有进退，这些都是不可避免的。即便人生遭遇困顿，也不能自暴自弃，更不能一蹶不振。只要善于把握时机，根据条件变化而采取相应对策，就能把握主动权。九五“飞龙在天”，象征德业昌盛。君子能够感化群萌，感召同道，即所谓“同声相应，同类相求”，成就伟业。上九“亢龙有悔”，意指身居高位，脱离众人，虽有贤士而不加

① 苏轼. 苏氏易传 [M]// 商务印书馆. 丛书集成初编 (第 392 册). 上海：商务印书馆，1936：1.

任用，失去了辅佐良弼，最终丧失德业。

从气化流行而言，《乾》纯阳之卦，六爻皆为阳，比作六龙，圣人进退不失其时，所以称为“时乘六龙”。如果不能随时而动，就会沦为《未济》所讲的濡尾小狐，不能顺利过河。古人认为龙性善断，狐性多疑。《周易》文本，首尾呼应，《乾》标举龙断，《未济》剖析狐疑，构成《周易》文本的开端与结尾。《未济》上离下坎，可以看作《否》二之五形成的别卦。在《否》中取互体，从六二到九五，正好形成艮，而古人也有“艮为狐”的说法。

方以智论述“龙首狐尾”在一定程度上受到了倪元璐的影响，后者以“环”比喻周而复始的大道，这与方以智采用的“轮”有着异曲同工之妙。倪元璐认为，《周易》六十四卦如同圆环一样没有开端，权且将《乾》提到的龙与《未济》讨论的狐视为首尾，“天兽之大莫如龙，地兽之小莫如狐。龙在天，忌见首；狐涉水，忌济尾。龙见首定为龙，狐见尾则定为狐。龙不能为狐，狐不能为龙，皆非《易》之德也”[①]。龙与狐能够相互转化，这是对其象征意义的解读。易道以太极作为变化的开端，而文本的编集者运用象征的手法将变化寓于具体的事物之中，以龙、狐代表开端与结尾，突出“断”与“疑”之间的关系。方孔炤对《周易》文本中所涉及的“龙”“狐”的象征意义有着深刻的认识，在他看来：“太极之变龙首而化狐尾也。龙阳而狐阴，龙大而狐小，龙御而狐疑，龙得天一之水为潜为跃，狐得地六之水为濡为汔，龙以无首而用神，狐以濡首而失节也。圣人类物之情，滔滔皆是矣。城社间，尽狐属也。西伯序卦于龙狐，尼山阁笔于麟狩，患而慎之极矣。”[②]就宇宙生成而言，太极是万物的本原。《周易》运用象征

① 倪元璐．兒易内仪以[M]// 商务印书馆．丛书集成初编（第 427 册）．上海：商务印书馆，1936：75.

② 方孔炤．周易时论合编[M]//《续修四库全书》编委会．续修四库全书（第15册）．上海：上海古籍出版社，2001：519.

的手法来表述阴阳变化，以此创建包罗万象的理论架构，龙与狐构成首尾一贯、周而复始的变化之道。除了论述龙与狐的阴阳、大小、御疑等属性以外，方孔炤结合传统观念中所谓的“天一生水，地六成之”，将二者对应于生数一和成数五。无论是“潜龙勿用”还是“或跃于渊”，都是“天一之水”的表现形式。与此相仿，不管是“小狐汔济，濡其尾”还是君子“饮酒濡首”，都是“地六成之”的例证。待人接物的最佳状态莫过于善始善终，而现实情况总与人们的美好愿望相去甚远。龙首狐尾，文本于此惨淡收场。变化却永远不会停息，所以用“未济”作为六十四卦的最后一卦的名称。

四、变化是学《易》之枢机

在方以智看来，洞察变化之几是领略易学神韵的关键，万象变化都呈现于人心，只有历练心神，才能准确地把握变化的轨迹。从易学的角度来看，宇宙万物，变化纷纭，并不妨碍人类对天道的体认。即便卦爻蓍策，不过是认识义理的辅助工具。道义是对乾坤交感的德性解读。倘若抛弃道义，只讲变化，将会偏离儒学正轨，陷于迷途。这是儒家无法容忍的。《周易》是圣人运用卦象、言辞等方式对天道变化的模拟与勾勒，其关节肯綮在于变化。方以智认为：“变化是学《易》之枢机，会通是变化之枢机，拟议正以会通，悱竭所以拟议，其曰不容拟议者，乃巧通其拟议会通者也。秉物游心，即多是一，则任天下之动赜拟议，而不容拟议者，正存存于其中。”[①] 在讨论变化时，方以智采取不断追问的方式从外围出发层层进逼问题的核心，其大致路径是：变化→会通→拟议→悱竭。反过来看，悱竭构成体认万物之理的开端，也

① 方孔炤. 周易时论合编[M]//《续修四库全书》编委会. 续修四库全书（第15册）. 上海：上海古籍出版社，2001：534.

就是以灵明不昧的心洞察一切变化，从中获取事物变化的道理。既然变化构成体认的对象，这就促使学者探讨易学所谓的变化究竟具有什么样的特殊含义，在方以智易学思想中占据什么样的位置，进而完整地把握方以智勾勒的体认路径。

在易学传统中，“变化”一词有着特定的指向，“变”侧重于阳，“化”侧重于阴。就阴阳二气而言，阳为变，阴为化。以乾坤为例，乾为阳，坤为阴，所以称之为“乾变坤化”。方以智对于易学中的“变化”有着深刻的认识，认为“变化”不仅是对事物衍变过程的摹勒，更是对象征意义的解读。在这个以“取象”为基本体认途径的参与活动中，道德主体对于体认对象有着不同的感受，这些感受与心灵世界的德性信条产生交叉，就形成了具体条件下的道德感悟、情感抉择或良知呈现。体认对象是否真的具有启发德性感悟的功能，抑或道德主体在外部条件的刺激下产生的自我肯定，都是不能以客观标准加以衡量的。当然，这仅仅是对方以智易学思想中的道德学说的陈述，潜藏在外部事物中的客观道理也得到了重视，尤其是被冠以“物理”的名义加以考察。不过应该指出，方以智所要探寻的“物理”与道德主体的“心”有着密切的联系。“物理”不是脱离于德性信条而独立存在的客观事物之理，而是气化流行的特殊道理。一般人只是浸淫其中，而不知道气化的道理；只有少数学者，借用特定的认识工具和实验工具，覃思熟虑，才能深入研究作为客观对象的“物理”。尽管延续陆九渊的传统，秉持所谓“吾心便是宇宙，宇宙便是吾心”的思想，但这仅仅是一种乐观主义的态度，它的重要性在于强调“先立其大”的优先位置，显示挺立道德主体的紧迫性。毕竟作为道德存在的人生活在宇宙中，有着各自的差异性。德性不能替代“物理”。如果象数易学不能顺利地开发出具有工具意义的数学，那么道德说教仍旧占据了“物理”应有的位置。

阳明后学有一个重要的特征，那就是将“格物”解释为“格心中之物”，甚至衍生出一套极富宗教色彩的理论。当我们讨论“变化”时，必须分清它在“物理”层面和“德性”层面的差异，这样才能充分领略方以智的学术贡献。总体而言，方以智对外部世界的变化充满兴趣，认为易学的理论形态是对现实世界的模拟和勾勒，以此作为图象衍变的前提条件，指出：“‘《易》奇而法’，谓因物之天然而衍之者也。方圆显密，同时变化，人能读此书者尠矣。龙马狐豕，杞瓜葛藟，圭绂黄矢，跻陵涉川，有谓无谓乎？无谓有谓乎？沧瀣宝珠，随人变色。扬眉举步，何非雷雨日风？”[①]在方以智那里，“物之天然”是演《易》的客观基础和前提条件，即便有“心《易》”或“心为太极”的说法，那也不过是强调“心”对易学纲领的统摄能力，不能就此断定“心”是演《易》的先决条件。

从易学的起源来看，“仰观俯察”象征人类对自然世界和人类社会的探索能力。然而“天文”“地文”具有客观实在性。当学《易》者着眼于知识理性和道德理性分野之际，就会发现“方以智”和“圆而神”分别代表两种致思路径，而明显的变化与暗含的义理之间也构成融通关系。通常情况下，易象中的动物、植物、礼仪道具和历史事件具有特定的道德意蕴。个体的生存境遇不同，阅读经典文本之后得到的启示也不尽相同，就像佛经中经常提到的摩尼宝珠一样，随着看客的变化而呈现不同的颜色，或者这也是对象征主义的一种形象说明吧！当然，这种建立在变化基础上的象征主义具有超越具体时空限制的潜能，因而能够保持理论的生机，或者说是将古老的学说传承至今。

学《易》有助于认识和把握变化之道。面对纷繁复杂的外部世界，体验瞬息万变的内心世界，儒者相时而动，随机应变，反

① 方以智 . 通雅 [M]. 上海：上海古籍出版社，1985：66.

对执着死理、不求变通。儒者不是满怀“出离心”的僧侣。儒者以“大伤心人”的身份目睹社会成员的生活现状，希望统治者能够采纳自己的主张，推行一套切实可行的救治方案。不过，历史总是以悲剧的面目出现。统治者汲汲于江山永固，不顾百姓是否身陷水深火热。于是乎，儒者力推的救治方案就变成了海市蜃楼。历代儒者设计的救治方案都有一定的理想主义色彩——它谴责由于分配不均而导致的两极分化。当极度豪奢与极度贫困同时存在于封建王朝的疆域内部时，各种暴乱与灾祸就会纷至沓来，直接冲击正常的统治秩序。此时如有外敌入侵，那么王朝覆灭指日可待。儒者本来是这样设想的：先富而后教。在物质财富总量持续增加的前提下，妥善解决好分配问题，进而营造一种谦和礼让的社会氛围。这样一来，普通民众就能在“均”（合理分配而非均产主义）和“安”（安定团结而非暂时服从高压统治）等方面获得实际好处。可以说，儒家赞成以差等的方式处理社会财富的分配，但极力反对两极分化。

在儒家的境界论中，圣人具有王者之德，关注民生，心忧天下，以公共生活规则调节社会成员的日常行为，以情理交融的道德文明作为提升生命境界的动力。在这种圣王治世的观念形态中，天下不是一家一姓的私有物品，而是全体社会成员共有的生存空间，任何毁弃人伦、企图以私利替代公理的做法必然招致群体的抗击。因而可以说：“《易》无典要，不可执一，与民同患，故尽情伪，《咸》《恒》《遁》《壮》之情，正叹此一贪根，而鄙夫据之位，但护大同之皮，昧治教之实，周旋卦名，不达反因，则后世之乡愿与无忌惮合而为一，尽世皆狼鼠矣。失得勿恤，君道也，即本体也。然不碍有摧愁上行伐邑之事，正所以自昭也。”[①] 可以看出，“《易》

① 方孔炤．周易时论合编[M]//《续修四库全书》编委会．续修四库全书（第15册）．上海：上海古籍出版社，2001：371.

不可为典要”之所以成立，就在于儒者必须关注社会变化，体察群情，把握民心所向，紧随时代步伐，用切合实际的方法处理具体事务，而不能墨守成规，凭借陈规陋俗来迎接新生事物。

第二节　方以智的易学史观

方以智非常重视易学史料的收集和整理工作，他涉猎广泛，在同时代学者中首屈一指。方以智不仅爬梳纬书中的易学部分，而且甄别当时流行的术数类的著述，石中选玉，精雕细琢，足以显示其深厚的学术功底。方以智沿用李本固的说法，以方圆图解释《连山》《归藏》和《周易》之间的内在联系，将其纳入象数衍变的过程中。不唯如此，更以佛教的圆顿思想对“先天”“后天”“中天”进行细分，将一切变化回归到邵雍所谓“心为太极”的观念领域。在讨论《周易》的“四圣一心”这一说法时，方以智继承了前人的观点，将伏羲、文王、周公、孔子视为“四圣”。在论述《周易》与《洪范》相通的问题时，方以智又将伏羲、文王、箕子、孔子列为“四圣”。在觉浪道盛的影响下，方以智鼓吹“托孤论”，将庄子视为孔门后学，主张“以《庄》继《易》”，盛赞屈原的忠义，强调“以屈继《诗》”，在孟子、庄子和屈原的思想中寻求共同点，为山野遗民提供精神层面的抚慰。

从易学的话语世界中，伏羲画卦是开天辟地的大事件。最初的卦画就是阴阳，二者构成对待关系。从混沌向对待的转变，标志着人类开始告别蒙昧。一画分判天地，人立于天地之间，三才之道的雏形已经形成。世间万物，纷繁复杂。任何繁复的现象都可以被概括为阴阳。一旦把握了阴阳的微妙变化，就能做到有纲可循。方孔炤指出：“绝对待者，在反对中。羲止画其对待之阴阳，而皆乾皆坤藏之矣。”[①] 前此论及方以智的观点，认为“易”的最初含义就是阳，与之相对待的就是阴阳。从生成的角度来看，阳是最初的“大一”，由阳产生阴阳，阴阳交感，衍生万物，万物就是“大两”，“大一”与“大两”构成相对待的关系。无论变化历程如何复杂，都能归结于“大一”。伏羲画卦就是勘破“大一”的第一步。

（一）统合“三《易》说”

在讨论单卦与重卦之间的关系时，方以智没有陷入有关何人重卦的争论之中，而是采用宋儒的图式衍变，将变化的开端追溯到太极，由太极的动静阴阳开出《河图》《洛书》，再推演出八卦与六十四卦。毕竟有关重卦作者的争论往往都流于凿空，并没有坚实的历史依据。再者，方以智并没有将画卦的目的局限为占筮，而是强调卦画中的义理价值以及卦画作为古文字的使用情况。即便论及“三代之易”的相关问题，也仅仅描述次序和用法的差异，并不做过分的穿凿附会。方以智采取《周礼》的说法，认为太卜执掌“三易”，经卦都是八卦，别卦都是六十四卦，按照分别以《艮》《坤》《乾》建首的原则，夏代称为《连山》，商代称为《归藏》，周代称为《周易》。此外，涉及“三易”的八卦次序，也不过援引前人观点，认为《连山》的八卦次序是艮、离、坎、坤、震、巽、乾、兑，《归藏》的八卦次序是坤、巽、离、兑、艮、坎、震、乾，但是并没有做过多的阐发。方以智从《周易》六十四卦开端的《乾》《坤》之间的关系入手，探讨《连山》《归藏》和《周易》的内在联系，指出：

《乾》系四词，藏一而已；《坤》系西南、东北，足耳，何

① 方孔炤．周易时论合编[M]//《续修四库全书》编委会．续修四库全书（第15册）．上海：上海古籍出版社，2001：179.

长言耶？曰先、后矣，曰得、丧矣，重列两利两贞，而以安为吉矣。有知安之道者乎？天地主矣，是六十四卦之通理，而于坤中畅发之者也。天自凝地，以凝诸法象，而自为之用焉。乾自为坤以立体，而自为之用焉。坤皆乾也，乾岂能一息离坤哉？“天尊地卑”，而即曰“卑高以陈”，此以《归藏》为藏知崇于礼卑之易用也。动静有常，此藏时止、时行之《连山》于《归藏》者也。[①]

方以智所说的“四词”是指“元亨利贞”，也可以成为《乾》之“四德”，而“藏一”则是强调四者内在的“一贯”属性。在方以智看来，“四德”是灵活多变的，不能将其局限在某一个方面或层次，指出：“以元亨为利贞，即以利贞为元亨。体贞而用三，即体《乾》而用四，即体四而用《乾》矣。有元之四，有亨之四，有利之四，有贞之四。大元会，小呼吸，皆此交轮几而一贯者也。”[②]又以孔子所谓“四时行焉，百物生焉，天何言哉”（《论语·阳货》）作为例证，证明“四德”具有内在一致性。在《周易时论合编》中，卦辞的句读是桐城方氏易学区别于其他学者的明显标志。以《坤》的卦辞为例，“元亨利牝马之贞君子有攸往先迷后得主利西南得朋东北丧朋安贞吉”，王弼、朱熹将“元亨利”与下文连读，程颐将“元亨利”断为一句，虞翻、王安石、吴澄、俞琰、郝敬、王宣将“后得主”断为一句。在前一问题上，桐城方氏采用王弼、朱熹的观点。在后一问题上，桐城方氏赞同将“后得主”断为一句。从阴阳角度来看，天为阳，地为阴，超越阴阳对待的是纯阳，阴是阳退化的表现形态，地是由天凝聚而成的。从直观方面讲，

① 方孔炤.周易时论合编[M]//《续修四库全书》编委会.续修四库全书（第15册）.上海：上海古籍出版社，2001：207.

② 方孔炤.周易时论合编[M]//《续修四库全书》编委会.续修四库全书（第15册）.上海：上海古籍出版社，2001：180.

天高地下，从中能够引申出伦常方面的启示，就是方以智所说的“妙以卑高，为旋转天地之宰；妙以有常，当分别伦序之纲”[①]，将自然现象与人类社会的公共生活规则对应起来，形成一套较为完整的观念形态。从《周易》的结构来看，《乾》《坤》构成门户，以《乾》统《坤》，成为“卑高以陈”的依据。反过来讲，《乾》贯于《坤》，也包含以《坤》藏《乾》的意味，这也就为《归藏》的建首提供了论据。再者，从后天八卦的卦位来看，坤、艮为土，分别居于西南方与东北方。依据《彖》对《艮》的论述可以看出，“时止则止，时行则行，动静不失其时”是《艮》的义理价值。从自然现象来看，山为高，地为卑，二者都属土，《归藏》以《坤》为首，就意味着藏山于地，即所谓“藏时止、时行之《连山》于《归藏》者也”。方以智又从“一”与“二”之间的关系入手，对《连山》《归藏》和《周易》的内在一致性进行考察，指出：

天地大数，出三入一，一之谓专，二之谓偶，三之谓化，才也、干也、神也。凡精气以三成义，轩之柄也，出于一，立于两，《连山》《归藏》《大易》，愚所谓一天而用二地者也，言不顿彰，非三不显，显如斯者，安得不冒，安得而不三乎？兼三为六，各三为九，四分用三，以三用一，以一用三，十二用九，六十四用四十八，皆所以藏无体之一，即用无体之一也。《易》之示也，随处可股较而掌指矣，费中自具三，冒隐中亦具三，冒费法详明，以费知隐，本无费隐，而有费隐，隐汁乎费，有何费隐，然非先分费隐，辨其结角，则遮表舍肢，易于巧窃，安能解数千年之惑？开此时之风，申明天地，托易之思，以宜民正路，各安生理耶？直下是一开辟之费天地，标后天妙有之极，人所共睹闻者也。（《易

① 方孔炤.周易时论合编[M]//《续修四库全书》编委会.续修四库全书（第15册）.上海：上海古籍出版社，2001：522.

余·三冒五衍》)

方以智在论述《周易》《归藏》《连山》之间的关系时，采用了李本固区分“三《易》说”与“四《易》说”的观点。其中所谓“三《易》说”是指《连山》《归藏》和《周易》，这是通常所能看到的说法，而所谓“四《易》说”则是指《先天》《连山》《归藏》《后天》。以一般的观点来看，《周易》倾向于天事，《归藏》偏向于地事，《连山》侧重于人事。这种观点其实是从《三统历》推演出来的，其经典依据在于《周礼》所谓“三《易》并占”。在李本固那里，“四《易》说”也可以解释为“三《易》说”，他指出：

《先天》也，《连山》也，《归藏》也，《后天》也。《后天》，文王之《易》，而实宗《连山》者，故止谓之“三《易》”耳。令升称“《易》有《中天》”，今不言《中天》，何也？《中天》即《连山》也，以文王宗之，又在三皇之后，故世但谓之《后天》，而不知有《中天》矣、《归藏》《后天》矣。文王曷亦云乎？《归藏》后羲、农者也，文王后黄帝者也。羲画文词未闻有此称者，则谁名之？《翼》云：“先天而天弗违，后天而奉天时。”易道即天道也，而先天、后天之名昉此矣。希夷以四图授学者，谓之先天，而《归藏》之《方图》亦在其中。盖《易》虽有三，其卦一也。卦始于羲、农、黄，文王但改置其位次，而未尝改其卦也。改置者，变易也。未改者，不易也。邵子受之为《后天图》，而《连山》原未有图也。①

在李本固看来，按照一般的观念，文王之《易》可以称为《后天》，其实文王之《易》脱胎于《连山》，而《连山》就是所谓的

① 李本固.周易古本全书汇编[M]//《续修四库全书》编委会.续修四库全书（第12册）.上海：上海古籍出版社，2001：658.

《中天》。确切地说，不能将文王之《易》称为《后天》，因为《归藏》才是真正的《后天》。结合卦图来讲，《先天八卦圆图》被称为《伏羲先天小成圆图》，而《先天六十四卦圆图》代表的是《先天》，就是伏羲之《易》，而《先天六十四卦方图》代表的是《后天》，也就是黄帝的《归藏》，被李本固称为《黄帝归藏大成方图》。而以《说卦传》所谓“帝出乎震，齐乎巽，相见乎离，致役乎坤，说言乎兑，战乎乾，劳乎坎，成言乎艮”作为纲领，将《先天六十四卦方图》中的八行重卦重新排列，构成一幅新的六十四卦圆图，这幅图就是李本固所说的《神农连山中成圆图》，就是所谓《连山》的图象，或者说是《中天》的图象。这样一来，伏羲《先天》、神农《中天》、黄帝《后天》的次序就得到贯通。而文王在黄帝之后，取法神农《中天》，但是文王在时间上晚于黄帝，所以顺带称之为后天之学。李本固从陈抟传授图象的历史传说作为佐证，阐述自己的观点，认为《先天六十四卦方图》就是《黄帝归藏大成方图》，而邵雍《后天八卦图》就是依据《连山》的意思绘制出来的，而《连山》本来是没有图象的。方以智依据《天门据始图说》，认为后天八卦中的乾“开天门”，艮“开人统”，从后天八卦的卦位来看，坤居于西南方，也就是申方，艮居于东北方，也就是寅方。这两卦都对应于五行中的土。坤、艮成为“天门”的两翼。巽位于东南方，与西北方的乾相对，巽为风，又有制权的意味，因而可以视为“天门”之用。方以智指出：“《归藏》《连山》，二土也，《周易》以乾立天门，而用寅、申之二土，艮为人，而震出开巳者也。《坤》行地，《艮》行庭，皆健行之不息也。”[①] 而所谓“震出”是指《说卦传》所谓“帝出乎震”，从《象》对《坤》的论述可以看出，“牝马地类，行地无疆，柔顺利贞，

① 方孔炤．周易时论合编[M]//《续修四库全书》编委会．续修四库全书（第15册）．上海：上海古籍出版社，2001：456.

君子攸行”象征君子承载道义、任重道远的德性。从卦辞来看，“艮其背，不获其身；行其庭，不见其人”强调抛却人、我之见，力行儒家的“素位”观念。

（二）《周易》的基本结构

通行本《周易》，分为上、下经，上经三十卦，下经三十四卦。上经以《乾》《坤》为首，《坎》《离》为尾；下经以《咸》《恒》为首，《既济》《未济》为尾。《周易》分上、下经的根本原因在于体现阴阳之道。阳为奇数，所以上经有三十卦；阴为偶数，所以下经有三十四卦。《乾》《坤》交感，产生万物，故而位列上经之首。日月运行是阴阳最为显著的表现，《坎》《离》分别象征日月，故而位列上经之终。《咸》《恒》是夫妇之道的开端，故而位列下经的开端。就阴阳而论，离坎最为明显，二者相交就构成《既济》《未济》。万物变化必须防微杜渐，以戒慎的态度面对一切困难，即便有所成就也不能盲目懈怠，因而《既济》《未济》构成下经的结尾。但是这种观点并没有得到所有学者的认同，在方以智之后出现了许多质疑。方以智解读《周易》的核心内容，包括卦名、卦序，甚至义理方面的阐发与会通。方以智对卦名的理解，在很大程度上受到《乾凿度》的影响。

在讨论卦辞、爻辞的作者这一基本问题上，方以智依然沿用前人观点，认为《周易》分为上、下经，每一卦都有伏羲重卦、文王创建的卦名和卦辞、周公所作的爻辞，而孔子所作的“十翼”散布于文本，“上下《彖》传、《象传》为四翼，上《系》五翼，下《系》六翼，《文言》七翼，《说卦》八翼，《序》九翼，《杂》十也。田何所分也。文周系词，孔子传之”[①]。也就是说，文王以六十四卦分为上、下两篇，每卦有伏羲之画、文王之卦名彖辞、

[①] 方孔炤.周易时论合编[M]//《续修四库全书》编委会.续修四库全书（第15册）.上海：上海古籍出版社，2001：521.

周公之爻辞，是为《周易》之经，孔子之《彖传》《象传》《系辞传》《文言》《说卦》《序卦》《杂卦》,则《周易》之传也。经二篇，传十篇，凡十二篇。因为，司马迁师从杨何学习《周易》，杨何自己又作《易传》，为了与孔子所作《易传》有所区别，因而称后者为《大传》。回顾《周易》文本的形成过程，经传之间的关系经历了几次衍变，最终成为今本的大致规模。

自田何将孔子所作《易传》分为“十翼”之后，费直将传文附于经文之下,王弼延续了这种做法。即便有所谓区别经传的“古本”，也不过是后世学者的猜测。方以智认为这种复原古本的做法并没有太大的价值。在《周易》经传的传承过程中，王弼《周易注》、李鼎祚《周易集解》、朱熹《周易本义》等易学名著都沿用经传一体的底本，并没有分割经传，以期发明所谓失传已久的古义。

（三）阐述“四圣一心”

前此论及方以智确立“周易”名义，强调周流普遍、变化运动的含义。这区别于前人将“周”限定为朝代名称，将“易”视为著述名称。方以智之前的易学家有这样的观点：卦画为伏羲所画，变化有“交易”“变易”等形式。卦辞、爻辞的著作者分别是文王、周公，故而在《周易》文本形成过程中，有所谓“三圣”“四圣”的说法。黄俊曾经整理前人说法,分述有关“三圣”“四圣”的不同说法，指出：“三圣者，伏羲一，文王一，孔子一；四圣：伏羲、文王、周公、孔子也。又云：‘三圣者，周公不与，盖文王、周公，父子一道，序父不序子也。’”[①]可以看出，黄俊认为“三圣”与“四圣”的区别是有无周公，倘若以子嗣追述父道的角度来审视这两种观念，没有必要将周公另立一尊。文王、周公是父子，子述父志，合称一圣。孔子为《周易》作传，为一圣。大禹治水

① 黄俊．周易通略[M]//《续修四库全书》编委会．续修四库全书（第5册）．上海：上海古籍出版社，2001：318.

遵循《洪范》九畴，为一圣。箕子传承《洪范》，为武王讲述治国大法，为一圣。儒家强调“父子一道”，“慎终追远”是人伦之大，周公在《周易》文本形成过程中发挥的重要作用应当归功于文王。

从邵雍的“心为太极”的观念衍生出“心《易》”的观念。在这种观念的笼罩下，“学《易》”就变成了学圣人之心，乾坤交感就变成内心活动。动静始终，也无法干扰心性。方以智以“心”作为论题，阐明“四圣一心”与《复》提到的“天地之心”的关系，认为人心之中蕴含着“所以为心者”，也就是天道的义理价值。《复》提到的“至日闭关”“天地之心”正是对这一观念的解读，也就是说“四圣人于《易》之冬至见天地之心，此推论、呼心之始矣。则谓未有天地，先有此‘心’可也，谓先有此‘所以’者也”（《东西均·所以》）。以《复》所谓“天地之心”来论述“四圣人”的学问，有其特指的对象。这里所说的“四圣人”应该是指伏羲、文王、周公、孔子。

与《周易》文本形成的“作者”有关的“三圣”“四圣”有所不同，方以智又将伏羲、文王、箕子、孔子列为“四圣”。在方以智看来，《乾凿度》中记载孔子所说的“吾得《坤》《乾》焉”就是讨论《归藏》的证据。结合《明夷》引述文王、箕子的事迹来看，二者同为“大苦心人”。文王拘于羑里，身心遭受磨难，借助衍卦来寄托忧思；箕子目睹殷商社稷倾覆，悲苦坚贞，仍然不忘传承“九畴”。此外，《革》盛赞“汤武革命”，强调天人之际的变化，为世人敲响王朝兴替的警钟。《周易》文本列举的这些史实无一例外都是德性与教化的例证。教化的对象不仅是普通民众，更包括君主与官员。天道与人事构成统一体，伦理道德与自然秩序不可分割。六十四卦的卦爻既可以用来揭示天道变化的轨迹，又可以用来阐发人道的价值。

方以智从历史人物的经历与儒家的义理两方面出发，追加

《明夷》六爻的道德含义，试图强化对于“四圣一心”的认识，认为《明夷》六爻蕴含的义理价值能够从文王、箕子、周公、孔子的学问中找到依据，或者可以用“四圣”的学问对其进行解读：

初则砺志集义，愤竭忘食，不顾主人之言者；二则拯马顺则，欲用而伤心者；三则大得，游南用北之权，而不以迅疾自矜也；四则出门庭而变通者，两言左，左藏右用，屈即是伸也；五则建《范》以用变易不息之明；上则不落明晦矣，然终以建《范》为用中之极则，而太上单言不落者，反执一而失则矣。向上一路，千圣不传，千圣不然。[①]

《明夷》一卦，意味深长。结合历史来看，它向世人传达了这样一种信息：君子身处逆境，必须坚守王道，修身俟命。大致来说，初九象征孔子“发愤忘食，乐以忘忧，不知老之将至”（《论语·述而》）的生命精神；六二象征文王能够忍受商纣的暴虐，为武王吊民伐罪积蓄实力；九三象征周公辅佐成王，制礼作乐；六四象征箕子佯狂，使得《洪范》能够得到传承，又象征孔子周游列国，推行自己的政治主张；六五象征箕子向武王传授《洪范》，为大禹之学寻找到了明君；上六象征《周易》与《洪范》之间的会通。在桐城方氏易学中，不仅《洪范》与《周易》能够在文本与图象方面实现会通，就连蔡沈的“《洪范》数”也能与象数易学实现会通。方以智指出：“《明夷》与《无妄》介于冬春，此帝出之关也，即忧惕之场也，惟危乃微，而无妄日新矣。《易》与《洪范》，并明于商、周患难之中，非天地所以造中土之心学乎？《彖》曰‘文明’，《象》曰‘莅众’，知在患难无所苟避，惟以斯

① 方孔炤．周易时论合编[M]//《续修四库全书》编委会．续修四库全书（第15册）．上海：上海古籍出版社，2001：373.

世自炼其生死而已。”[①] 如果将邵雍《先天六十四卦圆图》按照冬至、夏至、春分、秋分、立春、立秋、立夏、立冬分为八等分，构成《八际峙壁中分互取图》的大致轮廓。在《八际峙壁中分互取图》中，《无妄》与《明夷》介于冬春之交，二者之间是立春。这个位置正好是后天八卦中的艮，即《说卦传》所谓的“帝出乎震”。

人生在世，犹如白驹过隙。从阴阳消长来看，个体的生命微不足道；从担荷圣贤家业的角度来看，个体的生命又有相当重要的价值。圣人以道济天下，身是行道的凭依。当险境迫使个体不得不以舍弃生命来维持尊严时，应该考虑自己是否准备以忍受逼迫与羞辱来换取时间，为道的传承赢得最后的机会。文王与箕子的历史选择正是出于传道的高度，而不是苟延残喘，更不是恬不知耻。与文王、箕子的历史境遇有着相似之处，方以智也面临身重于道、道重于身的问题，在他看来：

> 圣人视道与天下一也，以身肩之，有时道重于身，有时身重于道，而天下不与焉。人知舜、禹有天下而不与，孰知汤、武有天下而不与乎？泰伯之与文王，其道均也，丹渊、商均隐忍以成父让，庸讵非至德乎？天生瞽叟，以伤舜之心，而成其大孝；尧特用鲧，以伤禹之心，而成其无间，可不知乎？佯狂于纣，授畴于武，始终视道重于身；初不受土，卒于有宋，始终视其身重于道。微、箕与干，同一伤心，三仁与五帝、三王亦同一伤心也。自此以降，心预之伤矣。(《易余·知人》)

圣人必须担当天下的道义，身与道孰轻孰重的问题需要具体

① 方孔炤.周易时论合编[M]//《续修四库全书》编委会.续修四库全书（第15册）.上海：上海古籍出版社，2001：376-377.

而论。从表面来看，尧舜禅让，天下为公；汤武革命，天下为家，有着不同的权力更迭方式，但是二者有着共同之处，那就是承载天下的道义，因而断言“唐虞禅，夏后、殷周继，其义一也”（《孟子·万章上》）。泰伯奔吴，文王即位，都是仁者的作为。丹渊是尧的子嗣丹朱的封地，在这里代指丹朱，商均是舜的子嗣，二者最终没能世袭天子之位，在客观上促成了父亲禅位的行为。大舜孝顺，父母凶顽，上天以种种艰难磨炼大舜，使其善于脱离险境，保全自身，最后成就德业。尧任命鲧，舜诛杀鲧，大禹并没有因为父亲被杀而愤恨，而是采取隐忍不发的态度，换来自身的生存空间，最终完成治水的事业，登上天子之位。商纣暴虐，微子出奔，箕子佯狂为奴，都是为了天下大道而采取的权宜之计。武王吊民伐罪之后，向箕子请教《洪范》九畴，意欲分封微子，微子并没有接受。周公诛管、蔡，杀禄父，将微子封于宋。方以智由此断定，箕子、微子的事例显示了身重于道的义理。无论身重于道，还是道重于身，都是圣贤担当天下大义的不同方式，其本质都是相同的。微子、箕子与比干被孔子誉为“殷有三仁焉”（《论语·微子》），他们与三王、五帝具有同样的品质，都是“伤心”之人。“伤心”之人，心忧天下。方以智是天地之间的“大伤心人”，炮鼎百家，归结于《易》，万古忧患，于斯为盛。

必须指出的是，会通《周易》与《洪范》并非方以智首创。早在汉儒那里，《洪范》与《周易》就已经被用来解释自然界和人类社会的诸多现象，二者在义理层面实现了会通。宋代象数易学的繁荣促使许多易学家尝试采用扬雄“拟《玄》”的方式构建自己的象数体系，司马光的《潜虚》、蔡沈的《洪范数》等著作都属于易学的旁枝。这些内容在《图象几表》中都有所体现。易学中所谓“龟”“马”指代《河图》《洛书》问世的因缘，而“西狩获麟”则是孔子作《春秋》的祥瑞。象征意义非常丰富，龟、马与麒麟都是圣人德性的写照，三者具有同等价值。虽然孔子叹息“凤鸟不至，河不出图，洛不出书”（《论语·子罕》），但是“西狩获麟”就是龟、马，也就是《河图》《洛书》。孔子以匹夫之身，行天子之事，自谦也是理所应当。从圣人善世的角度来看，《周易》《洪范》与《春秋》都承载着经世之道。当然，不能将龟、马和麒麟等同于《周易》《洪范》和《春秋》，因为三者只是圣人“制作”的契机，而不能替代圣人的“大正本子”。

方以智身处“天崩地陷”的年代，战乱频仍，陷阱丛生，以“四世传《易》”著称于世，薙染出家，仍旧阐发易学精蕴，《仁树楼别录》记述了方以智借助论述孔子与《周易》之间关系阐述自己的易学观念，大致内容如下：

问曰：尼山不轻与门人言《易》，而今每言学《易》，何也？

曰：《易》本不可须臾离也。贤者执见难化，惟以《易》与造化亲，久之乃自平其一切见耳。[①]

从《周易》的文本和义理来看，有关“性与天道”的论述占据相当重要的位置。不过，从《论语》的记载来看，孔子很少与弟子门人讨论易学问题。子贡讲的“夫子之言性与天道，不可得而闻也”（《论语·公冶长》）具有代表性。方以智借用《中庸》所谓“道也者，不可须臾离也，可离非道也”，称赞“《易》本不可须臾离也”，足见《周易》是名副其实的载道之书。既然如此，那么学《易》究竟有什么显著的功效呢？在方以智看来，《周易》揭示了造化的奥秘，坚持学《易》能够消除人的偏见，最终使人达到中正平和的状态。

① 方以智，施闰章．青原志略 [M]. 台北：台湾丹青图书公司，1985：183–184.

（四）以《庄》继《易》

“以《庄》继《易》”是觉浪道盛的思想，而非方以智的独创。方以智、钱澄之等人对它进行了诠释与发挥。这为后世研究明末清初的学术动态提供了丰富的史料。方以智在回顾自己大半生的学术成果时，曾经指出：“烹雪炮漆，以供鼎薪，偏教医活死麒麟，却问龙无首、狐濡尾，在元会呼吸中，三五错综，点点皆触几之龟马。”（《易余·附录》）其中涉及的“漆”是指《庄子》，“麒麟”是指《春秋》，“龙”“狐”是《周易》的开端与结尾，因而代指《周易》，“龟”“马”则代指《河图》《洛书》。方以智这一番简短的论述概括了方氏家族在学术方面的成就，至少包括以下三个方面：“以《庄》继《易》”；融通京房与邵雍的易学思想；沿用宋儒有关“太极”、《河图》《洛书》的基本学说，并改造王宣“密衍”的思想，以此作为基本路数，会通汉宋易学。再者，既然《周易》是“首龙尾狐之书”，那么这里所说的“龙”与孔子赞美老子为“龙”又有什么区别呢？方以智指出：“尼山闻讥议近死之论，叹以为龙，而归即笔削无所避，此弗用其潜遁之迹，而善用其潜遁之神也。住于守雌，蟠泥栖巢耳。”[①]

从表面来看，“以《庄》继《易》”几乎颠覆了对《庄子》文本与思想的传统定位，然而隐藏在这些貌似荒诞的论证背后的却是对自身处境的焦虑，试图弥合尴尬身份与文化信仰之间的裂痕。觉浪道盛和方以智都现清净相，跻身于僧伽之列，以忠义做佛事，秉承儒家社会理想，担荷如来家业反而成为迹象。这样一来，儒学不再是人天乘，而是“三教合一”之后的“空空心法”“空空慎独心法”或“慎独心法”。觉浪道盛、方以智在这种理论的支

① 方孔炤.周易时论合编[M]//《续修四库全书》编委会.续修四库全书（第15册）.上海：上海古籍出版社，2001：476.

撑下展开各自的社会活动，而钱澄之在国破家亡之际饱尝辛酸，痛定思痛，潜心玩《易》，与禅宗语录形成鲜明的对比。一般来说，庄子属于老子的后学，而觉浪道盛的“托孤说”却将庄子比作孤儿，原本出身于孔子之家，由于特殊原因被寄托于老子名下，久而久之，与老子有了许多相同之处，令人匪夷所思。钱澄之认为，“托孤说”是觉浪道盛匠心独运的产物，在《与俍亭禅师论庄子书》一文指出：“夫庄子，固老子之徒也。天界浪杖人以庄子之孤而托诸老子，作‘托孤说’甚奇，此巧于发明孔子，而借庄子为孤，以传孔子之真者也。”[①] 钱澄之本人比较认可庄子是老子后学，而“天界浪杖人”（觉浪道盛）将庄子比作“传孔子之真”的孤儿，收养孤儿的是老子。

“托孤论”的核心观念无外乎庄子是“尧、舜真孤”，尽管被托付给老子，但从来没有忘记自己的真正出处。最明显的证据就是《大宗师》《应帝王》中表达的社会理想。再者，孔子问学于老聃，在儒家那里并没有讳言。孔子精通“六艺”，学无常师，以经营天下作为人生理想，具有非常开阔的理论视野，从来没有故步自封，更不会停止学习。就孔子本人的思想来源而言，“孔、老通家”是成立的。与孔子的务实精神相比，庄子似乎显得有些闳肆，惯于用寓言阐述自己的思想。寓言的最大特色是“相似而非真”，但有其真正的出处。庄子的寓言是对孔子思想的变相诠释。方以智提到的孔子常说的“吾闻诸老聃”在《礼记·曾子问》等史料中经常出现，生动地展示了孔子尊师的品德。

在孔门所谓“四科”之中，子夏属于“文学”一科。孔子后学曾经记述“德行：颜渊、闵子骞、冉伯牛、仲弓。言语：宰我、子贡。政事：冉有、季路。文学：子游、子夏”（《论语·先进》），“四科”之中最引人注目的是“德行”一科，为首的便是颜渊。按照“托

① 钱澄之．田间文集 [M]. 合肥：黄山书社，1998：71.

孤说”的大致内容，庄子应该被列为“文学”一科；而有些学者主张将庄子列入“德行”一科，与觉浪道盛、方以智、钱澄之等人的观点形成鲜明的对比。可见，无论是“托孤说”还是“德行科嫡派”都是一种假托，其目的在于阐述解释者自己的观点，与历史文本的历史定位没有太大的关联。如果将孔子之道视为广大悉备、圆融会通的生命学问，并以此作为评判诸子学说的准则，那么诸子只能算作各得一偏，缺乏全面的体认能力。从对待中体认绝待是阅读《庄子》文本的有效方法，以仁义和嗜欲之间的关系为例，倘若只看到贬斥现实社会中的虚假仁义，而不能信守真正的仁义，就无异于鼓吹放纵嗜欲，将人引入歧途，与禽兽为伍。福寿康宁是人的普遍追求，但是自古难全。历史总是显得那么光怪陆离。颜回品学兼优，却身遭贫困，短命早死；彭祖碌碌无为，纵欲享乐，却能福寿延绵。儒家并没有继承彭祖的养生学说，而是强调君子的社会责任，力图改变险象丛生的现实处境。

第三章　方以智对《周易》六十四卦名义的重新厘定

在易学传统中，八纯卦都是古字，篆文始于伏羲画卦，仓颉延续伏羲画卦的传统作“六书”。方以智总结前人的说法，尤其是罗泌的观点，认为：“古有仓帝作书，颉特黄帝史耳。《凿度》泝古画不始羲。羲时著此六十四也。荒古无稽，此贵自信，一有俱有。”[①] 可以看出，这种观点充分吸收了纬书的合理成分。现存的《乾凿度》等文献是纬书的重要组成部分，因而权且以文字、声韵、训诂之学来解释六十四卦。

（一）《乾》《坤》

探究“乾”与“天”的关系，必须消除后世“一大为天”的错误观念。古文中的天字是由三个向下弯的弧线构成，形象地描述了先民对天的直观感受。用一竖将三个向下的弧线连接起来，上下并不出头，表示以人指其中。由于传写习惯不同，将古文天字讹误为“一大为天”。从乾字的结构来看，左边表示“日行一度，适得上下之中”，右边的⌒表示“旁⌒天半体，乃日行⌒过天一度之形也，乙即一也，曲其笔耳”[②]。可见，乾字与太阳运行度数有着密切的关联。在古音里面，天乾通声，只不过后人将二者

①② 方孔炤．周易时论合编[M]//《续修四库全书》编委会．续修四库全书（第15册）．上海：上海古籍出版社，2001：179.

区分开来。就观察天道运行而言，乾字比天字更能揭示其间的道理。方以智并不赞成《说文解字》将“乾”解释为“上出”的说法，因为延续后者的观念，不难得出这样的看法：“草木冤曲而出，无取天义，字从倝声，当读为倝。倝，日始出，光倝倝也。语转为皓、暤、昦。暤者，皓旰也，旰乃倝字。昦者，元气昦昦，春为昦天。称天者多言昦，故以声转谓之倝。其言健者，象声而为训也。”[①] 乾坤交感，衍生万物。《说文解字》认为“坤，从土从申”，地支阴阳五行相配，寅为阳土，申为阴土。万物生于寅，也就是出于阳土。有生有成，万物成于申，也就是入于阴土。阴气生于午，午、未、申，三阴具足，故而断定万物成于申。古人象声而训，通常将坤直接训读为顺。方以智进一步指出，乾坤与天地在声律方面有所不同，“乾坤皆角声，天地皆徵声”[②]。

（二）《屯》《蒙》

在了解方以智对“屯”的理解之前，先回顾此前学者的观点。《说文解字》认为“屯，难也，象草出地”，而“屮”读若彻。无论“混沌”“浑敦”还是“昆仑”，尽管有“徒昏切”“专真切”之不同，但其音相通。方以智援引《礼》“春之为言蠢也，产万物者圣也”、《法言》“春者，木之芚，古以音通相训”、《淮南子》“坤屯”、张衡《灵宪注》“坤屯不分”、《尔雅》“子曰困敦”、《韵书》作“倱伅”即“混沌”等说法，力图说明古人“以《坤》《屯》二卦连呼之而转变耳”。[③]《蒙》坎下艮上，从易象角度做直观解释，山耸于上，水流于下，有洞达之象。后人由篆文水字衍生出永，以至于创造出鸿字，于是作为上艮下坎的《蒙》便失去其卦

① 章太炎．太炎文录初编 [M]// 章太炎．章太炎全集（第 4 卷）．上海：上海人民出版社，1985：15.

② 方孔炤．周易时论合编 [M]//《续修四库全书》编委会．续修四库全书（第 15 册）．上海：上海古籍出版社，2001：196.

③ 方孔炤．周易时论合编 [M]//《续修四库全书》编委会．续修四库全书（第 15 册）．上海：上海古籍出版社，2001：208.

象的本意。方以智认为，“蒙”与“冡”是一个字。《蒙》的卦画就是“鸿”“蒙”二字篆体的源头。从古双声分合的角度来揭示“鸿蒙”“庙貌”“矗犅”等字的使用规律，合用则构成双声，分用则可以通用。古人认为豕为无知之物，冂就是蒙字，里面再加一，将豕置于其中，就构成一个冡。以“家”为例，“豕与亥近，亥属豕，孩提从亥，其义也。家当从豕转声”[①]，而不是指豕在“宀”内便是家。由此可以延伸到其余的字例，“锺”“鐘”“種”“穜”四个字声通，而作为关隘的“潼關”就是“衝關”。

（三）《需》《讼》

《需》乾下坎上，从卦象来看，坎为水，乾为天，水在天上，象征着雨水。在比较许慎和徐铉对“需”的不同解释之后，方以智指出：“需为遇雨不进止须者，许慎说耳。徐铉从雨从天，乃李阳冰之说也。古染、擩、撊、耎通声，考《归藏》以《需》为《溽》，可证音转。濡、需为一，明矣。今音须，以需、须皆撮唇也，儒从之，以舒徐序为声义，以迟缓须待为需。”[②]其实，方以智将“需”读作“濡”，不过是转述前人的观点。因为“需”“襦”“溽”“秀”音近相通的使用情况在前人的著述中已经出现。例如，郑玄将“需”读为“秀”，与“濡”音相近，将构成《需》的坎视为艰难险阻，乾身处下位，蕴含生机，积极进取，慑于坎险，不敢上升。在方以智看来，古人造字遵循形声相因的原则，六十四卦的卦名也多源于含义，从卦名能够推测该卦的大致意思。前此论及《屯》《蒙》侧重于教养，教是指教化，养则偏重于饮食。饮食极易引起争端，讼事由此而兴。方以智指出：“惟论此饮食、言语之生事耳。饮食必讼，惟口起羞。故圣人以公言

① 方孔炤.周易时论合编[M]//《续修四库全书》编委会.续修四库全书（第15册）.上海：上海古籍出版社，2001：208.

② 方孔炤.周易时论合编[M]//《续修四库全书》编委会.续修四库全书（第15册）.上海：上海古籍出版社，2001：219.

名卦，使自讼焉。”[1] 从讼字的结构来看，以“言”配“公”，就是将隐情诉之于公。公与私相对，“从八从厶”意指“反私为公”。听讼的目的在于止讼，情理兼顾，以德性感召处理讼事。

（四）《师》《比》

儒家从未放弃改良世道人心、促进政治进步的努力。“托古改制”在儒学传统中占据着相当重要的位置。在一些儒者看来，“兵民一道”“寓兵于农”似乎是最佳的社会形态。承平之时，民众从事各自的产业；一旦出现战事，聚集民众，随即作战。教化民众，遵循“虽有文事，必有武备”的原则，不教而战，无异于驱民送死。方以智引述前人说法，认为古人使用的“帅”本字为“率”，后世写作“帅”，“帅”讹作“帀”，以至于《说文解字》将其解作“匝”。方以智推崇古篆、贬斥许慎，认为：“古篆师即狮形，石鼓具在也，借为威众也，齿声。”[2] 这种解说可谓独步千古，认为作为武力的“师”来源于动物狮子，以笔画描摹狮子的轮廓，狮子勇猛奋迅，威震群兽，是武力的象征。从小篆的结构来看，二人背对面朝相反方向构成一个“北”字，一人面朝另一人背后构成一个“比”字，方以智认为这种区分完全是后世的做法。犹如“离”是“南”的篆字讹误之后的结果，在“离”旁边加“隹”，也就是鸟，形成“離”字。方以智将先天八卦与后天八卦按照方位套在一起，发现正南方是先天八卦的乾与后天八卦的离，二者组成《同人》与《大有》，正北方是先天八卦的坤与后天八卦的坎，二者组成《师》与《比》。“卦名字名，有以形取、声取者，有直以义取者”[3]，而《比》的卦名属于取义的情况，也

① 方孔炤．周易时论合编[M]//《续修四库全书》编委会．续修四库全书（第15册）．上海：上海古籍出版社，2001：224.

② 方孔炤．周易时论合编[M]//《续修四库全书》编委会．续修四库全书（第15册）．上海：上海古籍出版社，2001：229.

③ 方孔炤．周易时论合编[M]//《续修四库全书》编委会．续修四库全书（第15册）．上海：上海古籍出版社，2001：234.

就是二人相从的意思。

（五）《小畜》《履》

在《周易》六十四卦中，《小畜》与《大畜》都以“畜”为名，这里的“畜”不是指牲畜，而是指滋养生息、聚养，就是我们日常使用的“蓄”字。《小畜》中的“小”是指从中间划分。巽上乾下为《小畜》，六爻之中，除六四之外，其余全部是阳爻。《周易》六十四卦自《乾》《坤》以降，《屯》《蒙》为二阳之卦，《需》《讼》为二阴之卦，《师》《比》为一阳之卦，《小畜》《履》为一阴之卦。尊阳美阴，于此始见。古人经常转引淮南王“玄田为畜”的说法。方以智指出，“畜为舌上穿齿，或取玄声”[①]，将“畜”解释为畜养、育也有其根据，古人著述通用“育”“孝”，从引用《归藏》的情况来看，“畜”对应于“育”。再者，古人所谓的“孝”以“畜”为基础，也就是从“养”开始，儒家主张在全社会范围内实行孝道。孝道始于养亲，在家庭经济能够承受的限度内给予亲人充足的物质保证，尽量减少亲人在衣、食、住、用、行等方面存在的顾虑。回顾“畜”与“孝”之间的关系，“孝者，畜也。顺于道，不逆于伦，是之谓畜”（《礼记·祭统》）。当然这区别于以社会等级限定的“孝”，在后者的框架中，“庶人之孝曰畜”（《孝经援神契》），与其他社会阶层在名分和经济等方面存在明显的差异。自然界和人类社会都有蓄养的功能，这充分体现了儒家推崇的“生生之德”。

从卦象来看，上天下泽为《履》。从卦变来看，上天下水为《讼》，变初六为初九，则构成《履》。《履》与《谦》旁通。上地下山为《谦》。就《谦》而言，坤在坎上，坤象征民众，坎象征志向，再者坎为中子，得乾之体，故而《谦》可以看作坤在乾上。

① 方孔炤．周易时论合编[M]//《续修四库全书》编委会．续修四库全书（第15册）．上海：上海古籍出版社，2001：238-239.

《谦》变初六为初九,则构成《履》。可以看出,《履》与名分有关。对比前人对“履”的解释，倘若将“履”视为“从尸，音致，从复，复行必进也”，则与《说文解字》所谓“从舟彳尸声”不合，而“礼”与“履”之间可以互训，方以智进一步指出：“礼古文礼，本于大一也。盖理、礼、体、履，声义本通，来母喉舌，豜宾之用也。尸者，象所依也。孔子特曰：‘物畜然后有履’，因其伏谦，曰谦以制礼，非礼勿动。故于《乾》盪之中，可以《大壮》著‘非礼弗履’之象焉。”[①]贯通刘熙、许慎对“履”“礼”的不同理解，可以看出二者与祭祀有着密切的关系。自古人的社会生活中，祭祀占据重要的位置，盛装丰器，慎终追远，可以追溯到“大一”。再者，从字义起于字声的原则来看，“理”“礼”“体”“履”，字声相同，字义相通。从“履”的结构来看，“尸”是行为的载体，为践履提供保障。方以智坚信《序卦》是孔子的作品，赞同“物畜然后有礼”，只不过将其写作“物畜然后有履”。从飞伏之例来看，《履》飞《谦》伏，《谦》德宜于制礼。君子从容周旋，不违于礼。孔子对颜回所讲的“非礼勿视，非礼勿听，非礼勿言，非礼勿动”(《论语·颜渊》)在这里也有充分体现。《乾》《坤》摩盪，乾下震上，构成《大壮》。《大壮》本《坤》。从卦象来看，天尊处下，雷卑处下，可以说是尊卑失当，故而“君子以非礼弗履”。

（六）《泰》《否》

从卦象来看，天在地下，为《泰》。《泰》本来是《坤》，阳息之卦。《泰》象征天地相交，万物生长，因而具有流通无滞的意思。《说文解字》将“泰”解释为“滑”，而“滑”的意思是“利”。段玉裁认为，将“泰”解释为“滑”，“此以叠韵为训字，

① 方孔炤. 周易时论合编[M]//《续修四库全书》编委会. 续修四库全书（第15册）. 上海：上海古籍出版社，2001：244.

从共水，水在手中，下溜甚利也”。[①]再者“泰”与“汰”相通，“伯棼射王，汏辀”（《左传·宣公四年》）中的“汰”就是例证，杜预将这句解为“伯棼，越椒也。辀，车辕。汰，过也。箭过车辕上”[②]，可见“汰”具有“滑”的意思。方以智在此基础上继续讨论“泰”具有“大”的含义，指出：“又与夳、太同，史籀复篆，作夵，因而作夳，本同大音。《汉书》‘横泰河’，即大河也。‘秦收泰半之赋’，大半也。后加水作‘泰’别之耳。舌徵送气声。故天地交而以通《泰》《否》。”[③]“泰”的古文写作“夳”，与“大”同音。古人经常将“大”写作“泰”，如“大河”写作“泰河”，“大半”写作“泰半”。此外，“大山”写作“泰山”已经成为习惯用语。从发音来看，“泰”属于舌徵送气声。天地相交的条件是“天下地”，倘若天地相隔，则不能达到通泰的效果。与《泰》相反，地在天下，为《否》。《否》本来是《乾》，阳消阴长之卦。从卦象来看，天上地下，如同君臣不接。结合政治生活，乱臣贼子萌动于下，日益危及君主权位，潜伏着严重的政治危机。

（七）《同人》《大有》

从卦象来看，火在天下，为《同人》。从六二至九四取互体，则为巽。这样一来，火在天下，气焰炎上，而风处于二者之间，更能增加火势。在自然界，风无所不在，能够会通一切事物。从旁通来看，《同人》旁通《师》。水在地下，为《师》。在《师》中，坎为“险”“志”，“坤”为“顺”，九二至六四，取互体为震。再从乾坤六子来看，巽为长女，震为长男，二者可以结成夫妇，同心同德。再者，将《同人》九四变为六四，从六二至六四取互体，

---

① 段玉裁. 说文解字注[M]// 中华书局编辑部. 说文解字四种. 北京：中华书局，1998：406.

② 杜预. 春秋经传集解[M]// 中华书局编辑部. 汉魏古注十三经. 北京：中华书局，1998：163.

③ 方孔炤. 周易时论合编[M]//《续修四库全书》编委会. 续修四库全书（第15册）. 上海：上海古籍出版社，2001：249.

为坎，坎为“志”，同时具有“通”的意思。从卦变来看，《同人》本来是《夬》。泽在天上，为《夬》。《夬》九二上升到上爻，上六下降到二爻，就变成《同人》。回顾“同人”的字面含义，“同”字可以分解为三个字，外部的“冂”象征天，里面的“口”象征地。需要指出的是，作为地的“口”应该读作“围”，中间的“一”象征人，或者说是“人”的省笔。方以智列举《说文解字》的观点，“一”在“冂”之内，表示重复，再与“口”合会，就构成“同”。再审视徐铉对许慎观点的补充说明，“徐铉引‘太保受同’为爵名，汉人分调，此古徵送气也。人象形，半喉舌，日母也，‘同’‘通’一声，‘人’‘仁’一声。天地既交之后，以‘同人’名卦”[①]，“同”是会意字，而徐铉引用“太保受同”(《尚书·顾命》)将“同”解释为爵名的做法并没有得到段玉裁、桂馥等人的赞同，而方以智更侧重于从“同”“通”同声的角度寻求意义。探寻“同人”的含义还要从《同人》的卦象来考察，天在上，象征君主实施政教，六二至九四的巽表示会通，而火居天下，炎上之性与天相同，从中可以引申出相同和相通的意思。火在天下，为《同人》；火在天上，为《大有》。《大有》六五为主爻，以阴爻居于阳位，从九三至六五取互体，则为兑。兑为泽，对应于秋季。乾主升，离为繁茂，兑为成熟，因而有“大有”之象。再考察“有”的字义，在篆体中，“有”从“右”，与月轮从无到有相关，方以智指出：“月以有无变化，故以从右见月为有，表用也，大有则有而无有矣。有属深喉宫声。”[②]易道与日月运行紧密相关，从体用关系看，日为体，月为用，而“有”则是对月相变化的全程追踪。再者，从《大有》与《比》的关系更能看出日月运行之间的关联。《大有》

① 方孔炤．周易时论合编[M]//《续修四库全书》编委会．续修四库全书（第15册）．上海：上海古籍出版社，2001：258.

② 方孔炤．周易时论合编[M]//《续修四库全书》编委会．续修四库全书（第15册）．上海：上海古籍出版社，2001：263.

初九对应于《比》六四，以此类推，九二对应于六五，九三对应于上六，九四对应于初六。《大有》之悔为离，是日的象征；《比》之贞为坎，是月的象征。月本无光，借用日光才有明朗。

（八）《谦》《豫》

从卦象来看，山在地下，为《谦》。从卦变来看，《乾》上九之《坤》三，构成《谦》。《剥》上九降至三，构成《谦》。山为崇高，坤为地下，山在地下，象征君子能够屈尊向贤，成就德业。《谦》与《履》旁通。《谦》六二至六四，取互体为坎，坎为“志”；《谦》九二至九四，取互体为离，离为德业。离为日，坎为月，日月为明。《谦》是德业昭明的象征。再从字义考察，方以智认为：“‘谦’‘兼’‘嗛’‘歉’‘慊’，古皆通用。盖从‘兼’得声，腭之发送也。用中贵乎两端，兼者用两也，古今也，阴阳也，费隐也，人我、生死也，能兼则能平矣。《泰》《否》著君子、小人，《同》《有》类辨善恶，而恐其角争矜饰，故《谦》以制礼，归于平称。”[①]方以智遵循字义起于字音的原则，认为“谦”从“兼”得声，而字义也应该取“兼”。“兼”有用两执中的意思，也就是善于处理对立统一之间的关系。在方以智看来，一切对立面，如古今、阴阳、费隐、人我、生死等，都可以用“兼”的方法促成统一。“兼”的目的在于维持平衡与公允。从《周易》六十四卦的卦序来看，《谦》前的《泰》《否》区别“君子之道”与“小人之道”，《同人》《大有》分辨善恶。既要标举君子的德业，又要防止争端与矜持，因而以“谦”作为制礼原则，用明确的公共生活规则来维持公正与稳定。儒家制礼遵循“礼时为大，顺次之，体次之，宜次之，称次之”（《礼记·礼器》）的先后次序。结合客观条件制定相应的礼制，既要符合时宜，更要切合日用，以公平作为核心价值，这

① 方孔炤．周易时论合编[M]//《续修四库全书》编委会．续修四库全书（第15册）．上海：上海古籍出版社，2001：268.

样有助于敦促道德主体自觉地进行“克己复礼”的实践活动。在这个过程中，“时”为开端，“称”为终结，“称”本身就代表着“平”，也就是平常所说的公正、公允或平允。再者，《系辞传》“三陈九卦”，也就是再三诠释《履》《谦》《复》《恒》《损》《益》《困》《井》《巽》的道德意蕴，“上经”诸卦中取《履》《谦》《复》，有其必然性。

依据古人的观念，将《履》解释成“礼”，那么《豫》就对应于“乐”。方以智对贾逵、许慎对“豫”的解释并没有什么意见。按照《说文解字》的说法，“豫”的本义是大象，而许慎的老师贾逵（通常所谓贾侍中）进一步阐述“豫”的含义——“不害于物，常行安舒”。段玉裁将贾逵、许慎师徒的说法连接起来，认为：“象虽大而不害于物，故宽大舒缓之义取此字。”[①] 从《禹贡》九州的分布情况来看，豫州居于中央。后人认为豫州禀受天地中和之气，从义理上应该具有“安舒”的品质。《尔雅·释诂》直接将“豫”解释为“乐”，也解释为“叙”。

方以智将“乐”“叙”统合起来，并从卦象中发掘这两种含义。雷在地上，为《豫》。从卦象来看，震为诸侯之象，坤为众人之象。封建诸侯，维持天下安定。《豫》动初爻至四爻，其体为兑，兑为金，象征刑。《豫》六三至六五取互体，为坎，象征罚。因而，《豫》有刑罚之象。再者，坤下震上，《系辞传》所谓“帝出于震”，因而具有圣人之象。坤象征民众。圣人在民众之上，更是理所当然，这是儒家理想中的社会秩序的写照。再者，从卦变角度来看，《豫》可以看作《复》初九上升至四的结果；或者将《谦》转过来就变成《谦》。这就是方以智所说的“叠《复》而《谦》转”。从京房八宫来看，《豫》为《震》宫一世，就是方以智提到的“《震》宫

① 段玉裁．说文解字注[M]//中华书局编辑部．说文解字四种．北京：中华书局，1998：332.

第一变也”。倘若按照错综原则，遵循《序卦》的次序，将《周易》六十四卦两两相对，就会得出三十六卦，将三十六卦按照每九对分为一组的方式加以平分，就会得到四组九个相对的卦象：①《乾》，《乾》；《坤》，《坤》；《屯》，《蒙》；《需》，《讼》；《师》，《比》；《小畜》，《履》；《泰》，《否》；《同人》，《大有》；《谦》，《豫》。②《随》，《蛊》；《临》，《观》；《噬嗑》，《贲》；《剥》，《复》；《无妄》，《大畜》；《颐》，《颐》；《大过》，《大过》；《坎》，《坎》；《离》，《离》。③《咸》，《恒》；《遁》，《大壮》；《晋》，《明夷》；《家人》，《睽》；《蹇》，《解》；《损》，《益》；《夬》，《姤》；《萃》，《升》；《困》，《井》。④《革》，《鼎》；《震》，《艮》；《渐》，《归妹》；《丰》，《履》；《巽》，《兑》；《涣》，《节》；《萃》，《中孚》；《小过》，《小过》；《既济》，《未济》。《周易》分上、下经，上经结尾于《离》，正好是第二组的结尾，而作为第一组结尾的《豫》正好是上经的中间，所以方以智说：“上经之中也，四九之首一终也。”纲常名分，礼乐刑政，都能在《豫》中找到依据。

（九）《随》《蛊》

倘若以阴阳平分的标准来看《周易》六十四卦，就会发现《泰》《否》两卦最为均平。倘若从十二辟卦的结构来看，一阳之《复》对应于十一月，二阳之《临》对应于十二月，三阳之《泰》对应于正月，四阳之《大壮》对应于二月，五阳之《夬》对应于三月，六阳之《乾》对应于四月，一阴之《姤》对应于五月，二阴之《遁》对应于六月，三阴之《否》对应于七月，四阴之《观》对应于八月，五阴之《剥》对应于九月，六阴之《坤》对应于十月。将十二辟卦排成横图，然后对折，就会发现《泰》《否》分别构成两个六卦的正中间，方以智由此展开论述：

> 《易》以三阳三阴为中，故《泰》《否》为纲领，而《随》《蛊》

寓《咸》《恒》《损》《益》之消息焉，上下相易，《随》则上刚来《随》初也。故以随名之。《说文》"随从辵，隋声，而惰从陊省"，裂肉音隋，一曰随古作夊，履后復麦从之，一曰从髓省声，随人身骨血而来者也。今为商齐齿声。[①]

倘若以《泰》《否》作为三阴三阳之卦的纲领，从卦变的角度来看，《随》可以看作《否》乾上爻下降至坤初爻的结果，《蛊》可以看作《泰》乾初爻上升到坤之上爻的结果。《咸》可以看作《否》乾之上爻下降至坤之三爻、坤之三爻上升至乾之上爻的结果。《恒》可以看作《泰》乾之初爻上升至坤之初爻、六四下降至初的结果。《损》可以看作《泰》乾之初九上升至坤上、坤之上六下降至乾三的结果。《益》可以看作《否》坤之初六上升至乾四、乾之上九下降至坤初的结果。再者，从贞悔的角度来看，《随》之贞为《恒》之悔，《随》之悔为《咸》之悔，《蛊》之贞为《恒》之贞，《蛊》之《悔》为《咸》之贞。从错综的角度来看，《随》错《蛊》、杂综《蛊》，反之亦然。在古人的日常生活中，谷物生虫属于正常现象，因而"蛊"是由"皿""虫"构成。此外，在巫术中将毒虫聚在一起，让它们互相蚕食，最终战胜的那只被称为"蛊"。古人认为，虫豸的生长与风力有关，而"蛊"也有风力旋转的意思。方以智综合前几种观点，指出："蛊以风化，地犯风则多蛊，虫木则易坏，蛊鼓同音，牙喉满唇之声气也。故具败坏淫惑之意。"[②]倘若从清净无事的角度来看，事情繁杂无异于惑乱，所以又有蛊惑的说法。古人对"蛊"有着深刻的认识，认为："淫溺惑乱之所生也。于文，皿虫为蛊。谷之飞亦为蛊。在《周

① 方孔炤．周易时论合编[M]//《续修四库全书》编委会．续修四库全书（第15册）．上海：上海古籍出版社，2001：279.

② 方孔炤．周易时论合编[M]//《续修四库全书》编委会．续修四库全书（第15册）．上海：上海古籍出版社，2001：284.

易》，女惑男，风落山，谓之《蛊》。”（《左传·昭公元年》）《蛊》九三至六五取互体，为震，而《蛊》内卦为巽，一为长男，一为长女，长男在上，长女在下。在古人的观念中，男下女，为夫妇伦理的正轨，而《蛊》则是女下男，所以说是“女惑男”之象。《蛊》巽下艮上，所以说是“风落山”。

（十）《临》《观》

从卦象来看，泽在地下为《临》。《临》本为《坤》，动初爻、二爻为《临》。在十二辟卦中，《临》是阳息之卦，初爻、二爻为阳，为十二月之卦。从旁通角度来看，《临》旁通《遁》，《遁》为六月之卦，天在山上，有莅临之象。古人以“卧”“品”为“临”，由“品”得声，而“品”又是“厓”字。再者，泽在地下有崖岸之象，可以引申出监临的意思。方以智指出，“临，令闭口来母矣，以上涖下，因转为‘监临’‘交接’‘亲至’诸义”[①]，《临》九二至六四取互体为震，震有言说之象，而《临》内卦为兑，兑为口，震在兑上，所以是言语相交的意思。坤有众人之象，兑在坤下，象征君子教民不厌其烦。再者，坤亦有致思之象，兑为口，讲习道理，阳气渐长，最终有所成就。《临》正综为《观》。从卦象来看，坤下巽上，坤既可以看作地，也可以看作众人；巽既可以看作木，也可以看作风，象征王者巡查万民之情。《观》六三至九五，取互体为艮，艮有宫阙之象，且九五为天子之爻，义取《乾》九五“飞龙在天”。从十二辟卦来看，《观》为八月之卦。《观》本来是《乾》，阳消之卦。再从字义来看，方以智引述前人的说法，指出：

“观从雚，大鸟击啄有声，高巢知阴晴，大风大水，土人以其望，及其居徙，占灾，加目或见，为观察之义”，许慎曰：“观，

① 方孔炤．周易时论合编[M]//《续修四库全书》编委会．续修四库全书（第15册）．上海：上海古籍出版社，2001：290.

谛视也。"《穀梁》曰："常事曰视，非常曰观。"本去声，后转平，且古"见""看""观"通转，皆牙音也。远视、上视曰观，近视、下视曰临，又有形而质象以相见曰临，无形而意象若见之曰观，通言之则"临汝"亦"神道"也。[①]

考察字音，"观"从"雚"，源于大鸟啄击之声。在自然界，许多鸟类对于天气变化有着本能的反应，远古生民观察鸟类活动，从而预知天气变化。因而在"雚"的旁边加上"见"，就构成"观"字。在先民的日常中，"观"字最终被赋予了观察的意思。方以智引用"常事曰视，非常曰观"(《穀梁传·隐公五年》)，在训诂方面存在争议，范宁认为"视"是指遵循礼法的行为，"视朔之类是"，而鲁隐公"观鱼于棠"则是琐碎小事，应属非礼之事[②]，《左传》所依据的经文作"矢鱼于棠"，并将此事解释为"陈鱼而观"，章太炎断言"矢鱼"就是"射鱼"，指出：

射亦得训陈。《礼记·射义》"射者，绎也"。《周礼·春官·龟人》"地龟曰绎属"。《释鱼》作"仰者射"，众家本《尔雅》作"射"。是绎、射通。《尔雅》《诗毛传》并云"绎，陈也"。然则不射即不绎，不绎即不陈，正谏陈鱼也。且《公》《穀》经"矢"皆作"观"，即《左传》所谓"陈鱼而观之"也，与以弓矢射何涉乎？[③]

也就是说，不能回避"射"有观看的意思。动词的"观"读为平声，名词的"观"读为去声。方以智认为"观"最初只有去

① 方孔炤．周易时论合编[M]//《续修四库全书》编委会．续修四库全书（第15册）．上海：上海古籍出版社，2001：295.

② 范宁．春秋穀梁传集解[M]//中华书局编辑部．汉魏古注十三经．北京：中华书局，1998：12.

③ 章太炎．春秋左传读[M]//章太炎．章太炎全集（第2卷）．上海：上海人民出版社，1982：98-99.

声，后来逐渐转出平声，在古人那里，“见”“看”“观”字音通转，都是牙音。从视觉效果来看，远视、上视属于观，近视、下视属于临。再者，从有形与无形来判别，具体的事物呈现在视野之中，可以称之为临；无有形质的观念活动，可以称之为观。这样一来，《临》《观》都被统摄起来。《观》九五为圣人，内卦为坤，有民众之象，外卦为巽，有风化之义。按照虞翻的解释，“‘圣人’谓乾，‘退藏于密’，而‘齐于巽’，以神明其德教，故‘圣人设教’，坤民顺从，‘而天下服矣’”[①]，一语道破“神道设教”的奥妙，故而方以智认为“上帝临汝，无贰尔心”（《毛诗·大雅·大明》）也属于“神道设教”的情况。

（十一）《噬嗑》《贲》

从卦变角度来看，《噬嗑》是《否》九五下降到坤初、坤初六上升到乾五的结果。《噬嗑》震上离下，九五象征口中之物，故而以“噬嗑”命名。“噬”的字形最初就是上下齿的样子，后来加上“止”才构成“齿”字。“盍”的意思就是“合”，加上“口”，就构成“嗑”，与咀嚼食物有关。“噬嗑”的意思就是“噬”，也就是吃。方以智从字音方面对“噬嗑”的意思进行考察，指出：“噬今读商齿忽收声，嗑进读浅喉声，《临》《观》与求之后，继以明刑，可观而后有所合，以人必观，感于教法，而后合节也。全属阳仪小阴之卦。”[②]《噬嗑》六三至六五取互体为坎，坎为刑狱，又有律法之象，《噬嗑》又在《临》《观》之后，所以说是“继以明刑”。从邵雍《六十四卦横图》来看，《噬嗑》对应于第二层的阳仪、第三层的少阴，所以方以智称之为“阳仪小阴之卦”。

《噬嗑》正综为《贲》。从卦变来看，《贲》是《泰》上爻下

① 张文智．周易集解导读 [M]. 济南：齐鲁书社，2005：183.

② 方孔炤．周易时论合编 [M]//《续修四库全书》编委会．续修四库全书（第15册）．上海：上海古籍出版社，2001：299.

降到乾二爻、乾九二上升到坤上爻的结果。从字形来看，“贲”与“贝”相关，也就是古人所说的“水虫”，并且色彩斑斓，文理细密。方以智对“贲”进行深入考察，说道：“智《通雅》考‘贲’有十四音，而此为彼义切，发唇声，古‘三坟’与“文”通转,《古文尚书》‘黑坟’作‘黑贲’,《穀梁》‘地坟’作‘地贲’是也。文随分声，因备诸义，故得音备，莫备于费而隐藏之。”[①]方以智所谓“贲字有十四音”分别是“彼伪切”“甫寄切”“府瓫切”“古斑字”“符文切”“父吻切”“方问切”“音肥”“音奔”“音潘”“孚袁切”“音陆”“与濆通”（濆、喷、溢相通）、“音孛”[②]，而《周易》六十四卦中的《贲》应该读作“彼义切”，并且援引“三坟”作“文”，而“黑坟”作“黑贲”，“地坟”作“地贲”，力图证明“贲”有“文”义。既然“贲”与“文”义相通，那么“贲”囊括了“文”所具有的含义。《贲》内卦为离，为天文，外卦为艮，为地文。《贲》自《泰》变化来，《泰》九二至六四取互体为兑，兑为秋，九三至六五取互体为震，震为春；《贲》内卦为离，离为夏，六二至六四取互体为坎，坎为冬。四季之象，于此具备。再者，《泰》乾下坤上，九三为人，与此相应，《贲》九三也就涉及“人文”。这样一来，《贲》就足以概括天文与人文，同时具备，相容无碍，幽暗与显明都能在《贲》中寻到踪迹。倘若从爻位的角度来看，《既济》是最完美的卦象。《既济》离下坎上，《贲》离下艮上。《贲》已经得到《既济》之体，只要将上九与六五调换位置，就能变成《既济》。《既济》外卦为坎，坎为志，《贲》上九为《既济》九五，因而可以看作“上得志”。再从旁通的角度来看，《贲》与《困》旁通。《困》坎下兑上，六二至九五取互体为巽，巽为白。

① 方孔炤．周易时论合编[M]//《续修四库全书》编委会．续修四库全书（第15册）．上海：上海古籍出版社，2001：303.

② 方以智．通雅[M]．上海：上海古籍出版社，1985：107.

《贲》上九在巽上，故而有“白贲”的说法。“白贲”色纯，不受装饰，象征圣人有德无位。但是现实政治需要润饰，儒家的德性往往成为君主的装饰品。

（十二）《剥》《复》

《剥》坤下艮上，五阴陵逼一阳，君子道消，小人道长。《剥》本来是《乾》，阴消众阳，九五之尊已经完全淹没于群阴，时机甚为不妙。从字形来看，“剥”由“录”“刀”构成，即所谓“录录割割”，在古人的日常生活中，祭祀占据着重要的位置。祭祀必然要向神祇奉献牺牲，宰割牲畜在所难免。《剥》是群阴变《乾》之卦，变《乾》第一爻为《姤》。《姤》巽下乾上，巽为木，《剥》初六有“剥床以足”的说法，依据在于巽为木，而床也是木制品。必须指出的是，这里所谓的“床”是指几案，而不是指现代生活中的卧具。从卦象来看，《剥》不利于君子施展政治才能，最佳的选择应该是适时而止，而且要善于应对群小侵剥。君子虽然身处逆境，也不会感到失落，因为《剥》极《复》反，等到“一阳来复”的时候，生机盎然，天地之心，确然可见。方以智指出：“《剥》烂然后《复》反，仁烂乃生，天行九月，万物剥落，成《坤》而《复》，震艮合离又合坤，火转土中，全妙《坤》藏。”[①]在十二辟卦中，《剥》为九月之卦，只有剥尽最后一阳，变为《坤》，厚德载物，而后才有“一阳来复”。在自然界寻找例证，果核蕴含生机，方以智借用古人的观念，认为果核中的果仁就是生生之德的体现，也就是“仁”的具体化进程，只有果仁转化为芽，才能生长出果苗。《剥》坤下艮上，《复》震下坤上，从《剥》中取艮，从《复》中取震，构成《颐》。从卦象角度来看，《颐》象离。《颐》六二至六四、六三至六五取互体皆为坤，所以方以智断定“震艮

① 方孔炤. 周易时论合编[M]//《续修四库全书》编委会. 续修四库全书（第15册）. 上海：上海古籍出版社，2001：308.

合离又合坤”。从包卦的角度来看,《颐》属于离包坤的情况。《复》为阳气之始，在十二辟卦中,《复》为十一月之卦。方以智援引《说文解字》所说的“复，往来也”，兼取何安主张的“归本曰回”，追述“复”的字音，“复之为声，羽风旋宫之转入也”。[①] 从旁通来看,《复》与《姤》旁通,《复》震下坤上,《姤》巽下乾上。震得乾初爻，巽得坤初爻。《姤》积变，经过《坤》，变成《复》，其数为七，故而有“七日来复”。

（十三）《无妄》《大畜》

在儒家经典中,《周易》不用“無”而用“无”。《说文解字》专门区分“無”“无”:“無”在林部，是草木繁茂的意思;“无”在亡部，专指有无之无。方以智从字音出发，认为二者无非一声之转，进一步指出:“無通为无、亡、毋、末、没、毛、耗、蔑、微、靡、不、曼、瞀,盖一声之转也。”[②] 就《周易》经传中通作“无”而言，一般所说的“天炁虚无”似乎也只是一家之言，并没有较强的说服力。“无”与“元”的历史渊源甚为悠远，字形与字义之间的关系更是扑朔迷离。对“无”是“古文奇字”的说法必须加以辨析，按照这种观点,“无”通“元”，而“上通無莫”(《孝经纬》)与“是谓合莫”(《礼记·礼运》)似乎应该存在一定关联。在儒家看来，养生送死是人类社会的常道，慎终追远，祭祀祖先，牺献上帝，也能起到维护社会秩序的作用。从宗教层面讲，祭祀活动能够感格鬼神,通达上帝,甚至能够与虚无之道融为一体。《说文解字》转引王育（王述）的说法“天屈西北为无”，段玉裁有着明确的辩驳，指出:“此称王育说，又‘无’之别一义也，亦说其义，非说其形。屈犹倾也。‘天倾西北，地不满东南’，见《列

① 方孔炤.周易时论合编[M]//《续修四库全书》编委会.续修四库全书（第15册）.上海：上海古籍出版社，2001：312.

② 方以智.通雅[M].上海：上海古籍出版社，1985：95.

子》及《素问》。‘天倾西北’者，谓天体不能正圜也。”[①] 方以智试图通过解读“无妄”的含义来消弭由《周易》经传和《说文解字》等古籍带来的争论，首先援引扬时乔的说法，认为“妄”字“从亡团”，“团”是“女”字，贯通起来就是说人心被女色诱惑而神不守舍，进一步指出：

> 亡，古庑字，通为有无之无，存亡之亡，其义则传舍之舍也。心动而交物则妄生，故莫妄于见女，此固铅汞阴阳之物理，而天人《剥》《复》之危微见于此矣。震艮从地而必从天者,《剥》《复》皆天行也。所贵处乎《剥》《复》之中者,《无妄》而《大畜》也。天人本无妄也，所贵适乎天人之间者，正用之而无眚也。[②]

“庑”的本来意思是“堂下周屋”，方以智认为“亡”是“庑”的古字，同时又可以与有无之“无”、存亡之“亡”通用。再者，从心物之间的关系来看，外物呈现于人心，人心随之而动，妄念趁机产生。欲望是人的存在状态，男女之欲最为强烈，而最大的妄念莫过于面对女色萌动淫欲。《无妄》震下乾上，六二至九四取互体为艮，艮为少男，六三至九五取互体为巽，巽为长女，少男与长女相遇，妄念自然而生。必须指出，丹道认为女子外阴而内阳，故而以坎作为象征；男子外阳而内阴，故而以离作为象征。从丹道来讲，离为汞，坎为铅，而所谓“抽铅添汞”就是“抽坎填离”的另一种表达方式。按照“乾坤六子”的常识来讲，离为中女，坎为中男，但是丹道却将二者颠倒，以离代指我，以坎代指彼，经由“取坎填离”，将坎中一阳纳入离中，使离变成

① 段玉裁. 说文解字注[M]//中华书局编辑部. 说文解字四种. 北京：中华书局，1998：456.

② 方孔炤. 周易时论合编[M]//《续修四库全书》编委会. 续修四库全书（第15册）. 上海：上海古籍出版社，2001：318.

乾。方以智借用明代人熟知的“铅汞阴阳”来指代“物理”，也是其易学思想的一大特色。方以智本人对此也不讳言，讲述自己深受阴阳派的“颠倒”观念的影响，“少学阴阳家诀曰：‘阴阳阳阴，颠倒倒颠，体用用体，是地皆天’”（《东西均·颠倒》），这里所说的“阴阳家”并不是先秦所谓的阴阳家，而是明代盛传的阴阳派。当然仅凭这四句口诀还不能断定方以智深受阴阳派的影响，必须进一步阅读他以坎离解读“颠倒”的论述，“日太阳属火，而离为阴；月太阴属水，而坎为阳。水、木、土属阳，而有阴柔之性；火、金属阴，而有阳刚之性。可见处处有交互，则处处可颠倒也”（《东西均·颠倒》）。在讨论离坎的阴阳属性时，应当将方以智的论述纳入后天八卦的方位中，就会发现它和阴阳派的观念如出一辙。方以智本人也认为这种铅汞之术有助于理解《既济》的基本精神，指出：“道家取坎填离，非表法乎？”[①] 在讨论五行的阴阳属性时，应当结合《河图》的数字与方位来分析方以智的论述，就会发现方以智是从数字的阴阳属性和内外位置来确定五行的阴阳属性。在《河图》中，天一生水，地六成之，一在内，六在外，一为阳数，六为阴数；天三生木，地八成之，三在内，八在外，三为阳数，八为阴数；天五生土，地十成之，五在内，十在外，五为阳数，十为阴数。从生数来看，水、木、土都属阳；从成数来看，三者都有阴柔之性，即所谓内阳而外阴。地二生火，天七成之，二在内，七在外，二为阴数，七为阳数；地四生金，天九成之，四在内，九在外，四为阴数，九为阳数。从生数来看，火、金都属阴；从成数来看，二者都有阳刚之性。生数属阳，成数属阴，则以阳为体，以阴为用；生数属阴，成数属阳，则以阴为体，以阳为用。这样一来，所谓“阴阳阳阴，颠倒倒颠，体用

① 方孔炤.周易时论合编[M]//《续修四库全书》编委会.续修四库全书（第15册）.上海：上海古籍出版社，2001：514.

用体，是地皆天”就在对待中形成。再者，从十二辟卦来看，《剥》《复》都是《乾》变化的结果，所以方以智断定“《剥》《复》皆天行也”。无论是“震下坤上”还是“坤下艮上”，从中抽出震、艮，就会发现前者是长男，后者是少男，分别对应于坤得乾初爻、上爻，即所谓“震艮从地而必从天”。倘若去掉《剥》《复》中的坤，去掉《无妄》《大畜》中的乾，就会发现剩下的就是震、艮。震为动，艮为止，也就是不动。方以智指出：“动即妄矣，竟不许动，亦妄也，反复其《无妄》之震，而正用于动中，则耕菑之牛，牧放随时，食在天下，无所非药，此畜天于山中之大学问，所以荷天之衢乎？”[①]《大畜》乾下艮上，乾为天，艮为山，即所谓“畜天于山中”。再者，坤为牛，艮为止，《艮·象》讲到“时止则止，时行则行”，方以智因此得出“牧放随时”的说法。再者，《大畜》九二至六四取互体为兑，兑为口，有饮食之象，故而“食在天下”。此外，《大畜》九三至六五，取互体为震，震为动，乾为天道，“四达谓之衢”（《尔雅·释宫》），所以说“荷天之衢”。尽管深受阴阳派的影响，方以智还是多次强调孔子所讲的“三无”，即“无声之乐，无体之礼，无服之丧，此之谓三无”（《礼记·孔子闲居》），以此作为判别儒学与老氏之学的标准。

（十四）《颐》《大过》

《颐》震下艮上，从卦象来看，《颐》象征着需要饮食的嘴巴，因为初九、上九夹着四阴，就像嘴唇张开，露出牙齿。尽管在《说卦》中“兑”为口，那也不过是因为“兑为说，口所以言说”[②]，而与饮食没有太大的关联。就字形而言，最早的“颐”字并没有“页”，作为象形字，它生动形象地将口中含有食物的情形摹勒出

① 方孔炤．周易时论合编[M]//《续修四库全书》编委会．续修四库全书（第15册）．上海：上海古籍出版社，2001：323.

② 张文智．周易集解导读[M]．济南：齐鲁书社，2005：435.

来。从“颐”的最早形态来看，可以理解为“侧口”，也可以理解为“笑口”，“其声开口穿齿，凡阴阳颐养，同为深喉。故曰颐者，时宜其养也。《尔雅》东北隅谓之宧，李巡谓东北阳气所生，育养万物，艮震相连，可证古人声义合取之故”[①]。艮为时，所以称之为“时宜其养”。在传统建筑中，“东北隅谓之宧”（《尔雅·释宫》），后人以先天八卦对这个方位加以评价，东北方为艮，东方为震，阴气极盛于北方，阳气一丝潜藏，至东北露出端倪，即所谓“东北阳气所生”。以东北方的艮为内卦、东方的震为外卦，正好构成《颐》，这样一来，作为东北隅的“宧”与后天八卦中艮震相连的《颐》同音同义。再者，从象卦的角度来看，《颐》象离，离为目，故有“观颐”之象。从错卦的角度来看，《颐》错为《大过》。《大过》巽下兑上，初六、上六夹四阳，取象卦为坎，坎为栋，所以称之为“栋桡”。再来讨论“过”的字义，方以智认为“过”与割皮剔骨有关，指出：

过，从冎从辵，骨之历历，皮里见冎，从个转声，冎乃从骨省耳，加辵以经过为义，因以此历彼，生过不及之差，因有过差之义。智按：过历过差，皆以天度表法。人生之事，人心之机，皆过也。邵子六爻用四爻，收上下经皆四阳四阴，而《颐》《大过》尤为四阴四阳之在中者，养生归于送死为大事，过历过差，莫著于此矣，故名“大过”。[②]

进一步推敲，“冎”加“刀”则为“剐”，更能表达割皮剔骨的意思。“冎”是“骨”省篆，旁边加上“辵”，就有“经过”的

① 方孔炤.周易时论合编[M]//《续修四库全书》编委会.续修四库全书（第15册）.上海：上海古籍出版社，2001：330.

② 方孔炤.周易时论合编[M]//《续修四库全书》编委会.续修四库全书（第15册）.上海：上海古籍出版社，2001：335.

意思。在具体的人事中，时常出现“过犹不及”的情况，因而就给“过”字增加“过差”“过错”等含义。在传统的天文历法中，“过历过差”在所难免。就人类社会的交往实践而言，人心萌动，机巧揣度，积伪丛生，也属于过差。结合邵雍所绘方圆图，回顾邵雍以四爻摄六爻的做法，就会发现重新排列的六十四卦被分为对等的两半，而上下经都摄于四阴四阳。倘若将四阴四阳视为互体所得别卦，就能再次领略“乾坤为易之门户”的说法。在四阴四阳之卦中，《颐》《大过》分别将四阴四阳置于中间，造化之妙，不必安排。再者，从卦象来看，《大过》巽下兑上，巽为木，兑为口，九二至九四、九三至九五取互体皆为乾，乾为人，木有口，人入其中，有棺椁之象。按照虞翻的说法，将《大过》来源于《中孚》上下易象，《中孚》兑下巽上，六三至九五取互体为艮，艮为山丘，“《中孚》艮为山丘，巽木在里，棺藏山陵，椁之象也”[①]，也就是说《大过》的内卦巽在《中孚》互体艮之中，就具备了棺椁之象。这样一来，《颐》养生，《大过》送死，二者构成礼制的大体轮廓。

（十五）《坎》《离》

在《周易》六十四卦中，直接由经卦与自身组成的重卦一共有八个，即所谓八纯卦，除了《习坎》名称变化之外，其余七卦的名称并没有发生变化。历来对于《习坎》名义成立的缘由多有推测，但莫衷一是。虞翻将“习坎”的“习”解释为“常”，李道平对这种观点做进一步阐发，认为：“八纯卦唯《坎》加‘习’者，嫌阳陷险非正，故明之。言阳息阴中，是其常也。重亦常义，故云‘习，常也’，《彖》曰‘重险’是也。”[②] 阳象征君子之德，阳时常陷于阴中，特指君子时常身处险恶之境，只有习以为常，才能摆脱焦虑，全身心投入修己治人的德业中去。至于王弼

① 张文智．周易集解导读 [M]. 济南：齐鲁书社，2005：435.
② 李道平．周易集解纂疏 [M]. 北京：中华书局，1994：296.

将“习坎”的“习”字解释为“便习”，理由在于“坎以险为用，故特名曰重险，言习坎者，习乎重险也”[①]。王弼的说法与虞翻的见解并没有太大的差异，都强调君子坦然面对艰难险阻，坚定信心，不改其志。方以智认为，“坎”“坑”“欠”都属于“闭口腭声，旋韵适转北方”的情况，而邓绮主张“习”的结构应该是两个“月”字置于“日”上，后来将上面的两个“月”讹写成“羽”似乎也引起了方以智的注意。此外，方以智还罗列了项安世、王宣等人的解释。项安世认为，乾坤六子之中，坎与自身构成的重卦在《周易》六十四卦的卦序中第一个出现，因而称之为“习坎”。王宣也持有类似的观点，认为《周易》尊崇中道，坎属于一阳位列二阴之中，深得中道，最适宜立为嫡子。

在《周易》文本盛传于学界之后，比拟经典的学者大有人在。如扬雄效仿《周易》“建立《太玄》”，司马光又仿照《太玄》编撰《潜虚》，又作《太玄集注》来对比《太玄》与《周易》之间的异同。扬雄在编撰《太玄》时非常重视卦气说，以《中》肇始，对应于《中孚》。倘若以《周易》中元亨利贞分别对应于东南西北与春夏秋冬，那么《太玄》中罔、直、蒙、酋、冥也与四方、四季对应。“罔，北方也，冬也，未有形也。直，东方也，春也，质而未有文也。蒙，南方也，夏也，物之修长也。酋，西方也，秋也。物皆成象而就也。有形则复于无形，故曰冥。故万物罔乎北，直乎东，蒙乎南，酋乎西，冥乎北”[②]，也就是说罔、冥对应于北方。在后天卦位中，坎居于北方，即所谓“劳卦也，万物之所归也”（《说卦传》），正好对应于罔、冥的位置。扬雄对罔、冥的重视为方大镇、方以智提供了重要的启示，也就是说万物的源头在北方，经历萌

① 王弼．周易注 [M]// 中华书局编辑部．汉魏古注十三经．北京：中华书局，1998：21.

② 司马光．太玄集注 [M]. 北京：中华书局，1998：205.

生、生长、成熟和衰老之后，又复归于北方。后天卦位中的坎正好担当这样的重任。

一阳陷于二阴，天地之间的生机细若游丝，但正是这微弱的阳气蕴含着无穷的生机。《说卦传》论及坎的象征意义时多次谈到“心”，如“其为人也，为加忧，为心病”“其于马也……为亟心”，就卦象而言，“坤为身，阳在坤中，故‘为心’”[①]，天地之间阴阳二气的变化以坎为心，而十二辟卦中的《复》也在北方，由《复》可以见天地之心。“性与天道”是儒家的幽微之学，子贡鲜有闻及。孔子标举“学而时习之”，巧妙地打通“下学”与“上达”，为后世指明了做工夫的路径。当然，儒家讲的“习”很难概括为简单的一句话，更无法用现代哲学的概念加以比附。但是，就方以智津津乐道的“性在习中”这一命题而论，这里的“习”并不侧重于习气，而是强调实学与修养功夫，以坎卦作为象征，一阳是“性”，即所谓“无性之性，无体之体”，“习”的任务就是从“二阴”中剔除“一阳”。在现实生活中，人的本性隐藏在杂乱无章的情绪变化之中，就像浑浊的水很难澄清，做工夫就像是给浑浊的水中加入明矾，使其逐渐澄清。坎为窞，为险，见险而生忧患，做工夫就是出忧患之道。工夫与本体之间构成一而二、二而一的关系。以做工夫作为发明本体的途径，就是方以智引述的“人事即天道”，也可以看作“用中见体”。从天道看人事，以体摄用，就构成境界论中的“不习之习”。在这个问题上，方以智与王龙溪并没有太大的分歧，在后者看来，“自圣人分上说，只此知便是本体，便是工夫，便是致；自学者分上说，须用致知的工夫，以复其本体，博学、审问、慎思、明辨、笃行，五者废其一，非致也”[②]。尽管圣人可学可至，但现实生活中的人却都应

① 李道平．周易集解纂疏 [M]. 北京：中华书局，1994：712.

② 王畿．王畿集 [M]. 南京：凤凰出版社，2007：3.

该被划入“学者”的范围，其中包括已学和未学这两种人，做工夫成为首要选择。与此相反，空谈境界，妄议“性与天道”，不过是凿空之举，于身心性命毫无益处。

《习坎》错为《离》。从卦象来看，离为火，按照《洪范》的说法“火曰炎上”，在五行之中属于有气无质的情况。在传统观念世界中，火在万物生长的过程中起到推动作用，这一点在方以智的易学思想中体现得尤为突出。《周易》以离称火，是从一阴介于两阳之中而论的，重卦为二离。前此论及，方以智援引司马光《潜虚》中的说法，认为《离》内卦可以看作荧，外卦可以看作焱。同时指出，代表火的“离”是“南”的篆误，因为“离”本来是山中兽，而“隹”是一种叫作仓庚的短尾鸟，借用为“离别”“附丽”等意思。再从坎离之间的关系来看：坎为一阳陷于二阴之中，一阳可以看作“天一之真阳”；离为一阴夹于二阳之中，一阴可以看作阳气外泄。坎离互补，才能达到阴阳协调的效果。

方以智秉承“五行尊火为宗”旧说，以此作为阐发心学的途径。方氏家族自方学渐作《心学宗》以来就非常注重为心学提供易道方面的论证。《系辞传》讲的“寂然不动，感而遂通”成为心学派别概括自家学术观念的重要话语。人心虚灵清爽，能够洞察万物，就像白日当空，照亮一切。心之本体，寂然不动；由体发用，感而遂通。在儒家经典中，“离”经常被解释为“丽”，也就是呈现、显现或光彩夺目。“虚空皆火”的观念一直贯穿于方以智的学术著作。太阳可以看作火丽于空，火光可以看作火丽于薪。就当时的社会观念而言，所谓精神气的说法已经渗透在社会生活的每个角落，即便学者著述也不免濡染世潮。方以智反对离开具体事物而空谈智慧，不仅因为具体事物构成认识对象，而且还隐含着具体知识，即所谓“知寓于物”。即便《洪范》所谓“明作哲”也要在认识具体事物的过程中完成，偏离具体事物畅谈什么事物之理，只不过是空谈，所以说“离物为明者，邪慧也”。从先天卦位来看，离东坎西，日月交轮，昼夜变化。从后天卦位来看，离南坎北，魂魄相应，各得乾坤中爻，即所谓“乾坤中气”。从经卦来看，三才分别对应于三爻，离、坎都以中爻作为核心，“才三而用二”蕴含着深刻的启示。

（十六）《咸》《恒》

从阴阳变化的路径来看，《周易》以《乾》《坤》建首似乎没有太大的问题，尽管历史上的许多学者反对这种观点，而主张以《乾》作为《周易》的开端。任何系统的学术争论都有其特定的理论结构，以《乾》《坤》作为《周易》之首的观点也不例外。这种观点是从《周易》上经和下经的结构来展开的。上经以《乾》《坤》为首，《坎》《离》为尾，下经以《既济》《未济》结尾，坎、离构成二卦。四个重卦的单卦正好是四正，乾坤分别为父母，坎、离分别为中男、中女。父母交感，诞生子女。《咸》艮下兑上，艮为少男，兑为少女，男下女，有夫妇之象。方以智沿用前人观点，将“咸”视为“戌口”，指出：

万物终戌而交亥，亥为阳始，故戌口为咸，至今“咸”“感”皆闭口韵，咸以宫声首尾，声气微哉。仲虎曰：“先天象，《说卦》两言之，惟通气不改，此二少合以首下经也。”《野同录》曰：“道用二交以为一致，《坎》《离》著上下之中，即以二少著三才之端，以与知能不知能之周遍，《咸》也。”《损》言“化醇”，《咸》言“化生”，《系词》连举“一致”“致一”，岂非通气二化，乃所以一哉？[①]

① 方孔炤.周易时论合编[M]//《续修四库全书》编委会.续修四库全书（第15册）.上海：上海古籍出版社，2001：351.

从方位来看，戌、亥都居西北方。万物终结于戌，阳气潜藏于亥，正在酝酿生命的力量。方以智援引胡炳文的观点，认为在先天卦位中，艮居于西北，兑居于东南，“山泽通气”，正好构成《咸》，位列下经之首。方大镇也注意到《坎》《离》居于上经、下经之中，而少男、少女相交构成下经的开端。方以智从旁通的角度对《咸》做了进一步发掘，认为《咸》旁通《损》，《损》兑下艮上，男在上，女在下，位置适宜。再者，《系辞传》中提到“天地絪緼，万物化醇”与“男女构精，万物化生”应该有所区别，前者特指《泰》，乾下坤上，天地相交，万物相通；《泰》初爻上升至上，为《损》。《损》兑下艮上，所以称之为“化醇”。反《损》为《益》，《益》震下巽上，震为长男，巽为长女，男女交感。再者，《说卦传》有言“帝出乎震”，所以称之为“化生”。

《系辞传》所谓“天下同归而殊途，一致而百虑”强调掌握“敬识要领”的重要性[①]，而方以智对《系辞传》中所谓“《易》曰：‘三人行，则损一人。一人行，则得其友。’言致一也”更有深入理解，指出：“一不能致一，惟二乃神。二与一为三，错综具矣。举一而反三，即举一而明三矣。一必益一而二之，二必益一而三之，损一则仍二也。二即一也，三亦一也。三因归一，实之表法也。何处不然？格物践形，妙于得友，当其致也，两意未忘，不能致也；即一意未忘，亦不能致也。”[②]在对待中求得一致，才能实现真正的贯通。超越对待的“一”与相对待的“二”构成“三”，如同太极化为卦爻，重卦之间的错综表现为“二”，这个“二”与原来的重卦构成“三”。也就是说，随便举出一卦，就已

① 张文智．周易集解导读[M]．济南：齐鲁书社，2005：398.

② 方孔炤．周易时论合编[M]//《续修四库全书》编委会．续修四库全书（第15册）．上海：上海古籍出版社，2001：567.

经隐藏与之错综的重卦。在《周易》六十四卦中,《乾》与《坤》,《坎》与《离》,《大过》与《颐》,《小过》与《中孚》相错，其余五十六卦相综。此外，由先天卦位中的乾、坤、坎、离（所谓“四正卦”）构成的重卦《泰》《否》《既济》《未济》，既可以看作相错，也可以看作相综；而由震、巽、艮、兑（所谓“四隅卦”）构成的重卦《随》《蛊》《渐》《归妹》，既可以看作相错，也可以看作相综。对于上述两种既相综又相错的情况,《序卦传》都做相综的情况处理。然而无论是“一”“二”还是“三”，都是对太极的展现。太极化为重卦，重卦错综，三一之妙，发人深思。卦爻有形，太极无形，不能将具体的重卦执为“一”，毕竟作为超越层面的“一”不是数字之“一”。回到所谓“三人行,则损一人;一人行，则得其友”的象征意义，方以智从中发现与“格物”“践形”相关的义理。“格物”不再是王阳明所谓的格心中之物，而是从具体事物中寻求物理，而“践形”则特指事上磨炼，以回归性善作为最终目的。可以看出，方以智有意识地区别探求物理与道德修养，避免了抹杀知识领域与道德世界之间界限的错误。无论“格物”还是“践形”，都必须专心致志，如果执着分别，就不能深入进行实践活动。在此基础上更进一步，一意去做并非尽善尽美，必须斩断葛藤，全身心投入认识事物和提升境界的实践活动中，这才能涤荡渣滓，净化身心。

《咸》正综为《恒》,《恒》巽下震上，巽为长女，震为长男，长男与长女相交，家庭稳定长久。方以智在解释“恒”之前，先驳斥了“恒”的俗字和《说文解字》的解释。俗字从隶书的字形来穿凿附会，认为“恒”意指“立志如一日”，当然这种说法是在避讳缺笔的前提下形成的，不足一观。许慎《说文解字》认为“恒”字“从心从亘”，而“亘”是指“舟竟两岸”，方以智认为这种说法也属荒谬，指出：“《说文》从亘，谓‘舟竟两岸’，谬甚。戴合溪因如月之恒，从二从月。左忠毅从日。其声为亨之阳喉。自《坎》《离》以二中明男女，《咸》以二少明夫妇，《恒》以二长明克家，尽古今无非二交合一之《咸》，即有《恒》于《咸》中者，反复其《咸》，则知《恒》矣。”[①] 许慎的解说不能赢得方以智的赞同，戴侗（别号合溪）将“亘”解释为“从二从月”，也就是“月”介于“二”中，也不能令方以智信服。左光斗（谥忠毅）认为“亘”字“从二从日”，似乎也是一家之言。方以智本人在这里并没有做正面阐述，只是从乾坤六子的角度来重新审视《坎》与《离》、《咸》与《恒》，认为《咸》以少男、少女昌明夫妇之道，《恒》以长男、长女揭示能够促成家庭和谐久长的义理。古今万物都是从小生长的，都可以用少男、少女来指代，阴阳交感，才能推动生命延续与发展。少男、少女变为长男、长女，才能熟知家道。只要将《咸》倒过来取综卦，就能得到《恒》。《咸》强调阴阳交感，《恒》阐述长久之道。

（十七）《遁》《大壮》

《遁》艮下乾上。从十二辟卦来看，《遁》为六月之卦。《遁》内卦为艮，艮为山，外卦为乾，乾为天。六二至九四取互体为巽，巽为风。按照虞翻的说法，“艮为山，巽为入，乾为远，远山入藏，故‘遁’”[②]，可以看出，“遁”有逃走的意思。方以智从字形和字音等方面对“遁”进行解读，认为对由“辵”与“豚”构成的“遯”做全面分析，因为许慎《说文解字》断定“豚，善走也”，将“遯”的意思与豚善于奔跑牵涉起来，并不能说服学者。方以智主张从“腯”入手分析“遁”的字义，指出：“古盖以团为腯，所谓牲牷肥腯也。腯本作盾，谓其全藏，加辵为遁，谐声，通用

① 方孔炤．周易时论合编 [M]//《续修四库全书》编委会．续修四库全书（第 15 册）．上海：上海古籍出版社，2001：356.

② 张文智．周易集解导读 [M]．济南：齐鲁书社，2005：230.

为遁。”[①] 而古人经常将“辶”旁的“盾”写作“彖”，属于“舌头徵声”，而“圈豚行，不举足”（《礼记·玉藻》）正好说明豚的体型与神态，浑沦团栾，善于隐藏，而不是许慎所说的“善走”。“团”与“遁”在读音和字义方面通转，故而以“遁”为名。

《遁》正综为《大壮》。《大壮》乾下震上，从十二辟卦来看，《大壮》为二月之卦，阳气上升，所以称之为阳息之卦。《大壮》从《泰》来，《泰》九三变为阳就变为《大壮》。再者，将《无妄》的内卦和外卦调换位置，也就形成《大壮》。方以智从“壮”的字音来寻求字义，指出：“‘床’‘藏’‘壮’‘庄’同声，商徵之通声也。古反身为臣，戈以自卫，藏即臧矣。加艸别之，床所以藏人也。壮，藏诸用也。因有盛壮之义，声气极天而遁于礼以为藏用者也。”[②] 透过方以智所列举的字例，可以看出“壮”与“臧”声义相通，也就是说，可以将“壮”解释为“藏”。《系辞传》中的“藏诸用”最能概括这层含义。从卦象来看，雷在天上为《大壮》，或者说是长子凌驾于父亲之上，有悖逆之嫌。故而必须以礼法约束身心，预防出现混乱的局面。再者，《大壮》九三至六四取互体为兑，《说卦传》认为“兑为毁折”，为了避免“毁折”的出现，就必须尊崇礼法，防止陵替的发生。方以智之所以强调《大壮》的核心观念是“藏”，原因在于雷在天上，能够增加天威，但也潜藏着祸乱，因而不得藏身于礼法，避免出现恶性事件。《大壮》九二至九四、九三至六五取互体，得到的重卦是《夬》，将《夬》的内卦与外卦调换位置就构成《履》，《履》的核心观念是“礼”，正好能够防止《大壮》所潜藏的“伤”。

（十八）《晋》《明夷》

《晋》坤下离上，坤为地，离为日，日出地上，其道光明。

① 方孔炤．周易时论合编[M]//《续修四库全书》编委会．续修四库全书（第15册）．上海：上海古籍出版社，2001：360.

② 方孔炤．周易时论合编[M]//《续修四库全书》编委会．续修四库全书（第15册）．上海：上海古籍出版社，2001：364.

"晋"的意思是"进"。方以智援引王明斋的说法，"晋"由"孖"和"日"构成，意思是说孩子出生以后每天都在变化，属于会意字。此外，许慎《说文解字》认为"晋"是由"臸"和"日"构成的，意思是指"日出万物进"，属于会意字。"臸"意思是"到"。方以智对"晋"与"臸""日"的关系进行解读，指出："日以二至而用明之度，地上见矣，二陆，二至也。昼夜、卯酉之明晦，亦二至也。一进于二，卯尽于二，虚立进退之故，可以自明矣。"[①] 二至是指冬至和夏至，就中国的地理位置而言，冬至是一年之中的"日短之至"，而夏至则是一年之中的"日长之至"。在邵雍的《六十四卦圆图》中，夏至介于《乾》《姤》之际，位列正南方；冬至介于《坤》《复》之际，位列正北方。这里所说的"二陆"是指南陆与北陆，将夏至对应于南极，将冬至对应于北极，当太阳行于南陆时，中国处于冬季；当太阳行于北陆时，中国处于夏季。

《明夷》离下坤上。方以智援引古人的看法，认为"明夷"的"夷"字本来应当写作"乂"，而"夷"字则"从矢从乂"，意思是指劳动者在田间劳作，平整土地。许慎《说文解字》认为"夷"字"从大弓"，方以智进一步指出："邝氏以为'弛'字，'从也从弓'。'弛''池'通声，'迟''侇'双用，古呼圆庫为鸱夷，即迟侇也。因有'平夷''芟夷''诛夷'诸义，深喉为支微，皆来之余声。卦取《晋》反，而夷伤其明耳。"[②] 将"夷"解释为"伤"，仍旧是传统的观点。从卦象来看，日出地上为《晋》，光明普照，与之相反，日入地下为《明夷》，光明暗藏。《明夷》离下坤上，离为文明，坤为柔顺，整个卦象就是"内文明而外柔顺"。再者，《明

① 方孔炤. 周易时论合编[M]//《续修四库全书》编委会. 续修四库全书（第15册）. 上海：上海古籍出版社，2001：368.

② 方孔炤. 周易时论合编[M]//《续修四库全书》编委会. 续修四库全书（第15册）. 上海：上海古籍出版社，2001：373.

夷》六二至六四取互体为坎，坎为志，为艰难，意指圣贤在艰难困顿中信守志向，毫不放弃。

（十九）《家人》《暌》

《家人》离下巽上。从卦象来看，离为中女，巽为长女，长女位列中女之上，以长摄幼，伦常蔚然。在儒家的传统观念中，治理家庭应该重视女教，防止出现“牝鸡司晨”的情况。妹喜、妲己、褒姒等邪僻孽嬖备受唾骂，而太姜、太任、太姒合称“周室三母”垂范后世。《家人》九二与九五相应，内卦、外卦皆得正位。《家人》内卦为离，坤二爻之乾成离，外卦为巽，坤初爻之乾成巽，也就是说《家人》的形成与父母之道密切相关。从卦变来看，《家人》自《遁》来，《遁》初六至四、九四降至六，就变成《家人》。《遁》外卦为乾，乾为父，内卦为艮，艮为少男。父子之道，于此显现。从旁通的角度来看，《家人》与《解》旁通，《解》坎下震上，坎为中男，震为长男，长男位列中男之上，兄弟之宜，无外乎此。从“家”的字音和字形来看，戴侗主张“家”字“从宀从众”，引起了方以智的关注。因为“从宀从众”是古“族”字。相比之下，许慎《说文解字》将“家”的构成部分“豕”看作“豭省”，方以智对此甚为不满。至于以“牢”为字例解释“家”的做法，也并非尽善尽美。“牢”的本义是牛星，借用为牢房、监狱。按照这种逻辑，“家”是豕的住所，借用为人的居处。与这种观点有所不同，颜师古注解《急就章》时认为“家，伏几也”，将“家”视为一种名为夹膝的器具。方以智罗列这些观点之后，指出：“合考古篆有‘从豕’‘从犬’‘从身’者，古‘家麻’归‘鱼模韵’，读‘家’为‘姑’，即‘吾’字之声义也。”[①] 必须指出，将“家”读为“姑”比较普遍，如“阿家阿翁”

① 方孔炤. 周易时论合编[M]//《续修四库全书》编委会. 续修四库全书（第15册）. 上海：上海古籍出版社，2001：377.

读作“阿姑阿翁”。

《睽》兑下离上，兑为泽，离为火。泽水润下，烈火炎上内卦与外卦志向不同。《睽》九二至九四取互体为离，离为目，内卦与外卦相视而不相得。再者，兑为少女，离为中女，二者同为阴类，同居一卦，而六三至六五，取互体为坎，坎为志，故而说“二女同居，其志不同行”。方以智并没有采取许慎《说文解字》“睽，目不相视也，从目癸声”的说法，而是从作为天干最后一位的“癸”入手，指出：“十干之终曰‘癸’，故有‘揆度’之义，或以为兵器，加‘目’为‘睽’，射乖违之意，遂为睽、违双声，退之曰：‘万目睽睽’，凡‘规规’‘瞿瞿’‘睽睽’，皆声通也。”[①] 冬天水土平整，适合揆度，将“癸”解释为“揆度”是对许慎观点的继承。再者，“揆”“癸”叠韵，故而相训。从象形的角度来看，“癸”是兵器，加“目”就变成“睽”，因而有“乖违”的意思。“睽”“违”双声相训。此外，“瞿瞿”“睽睽”“规规”意思相通，以“规规”为例，“规从见，已有目意”[②]。简言之，“乖违”是最基本的含义。

（二十）《蹇》《解》

《蹇》艮下坎上，艮为止，坎为险，九三至九五取互体为离，离为目，意思是面对艰难险阻，能够及时停止。从卦变的角度来看，《蹇》从《观》来，《观》六三上升至上、上九降至三，就变成《蹇》。从象卦的角度来看，《观》象巽，巽为顺。《蹇》从《观》来，因而必须信守巽顺的美德。从字音来看，“蹇”属于“寒省声”的情况，方以智指出：“寒亦以冬塞为寒也，塞从众工合手塞室也，加足为蹇。‘蹇’‘寒’之声转，犹‘咸’‘感’之声转也。

① 方孔炤. 周易时论合编[M]//《续修四库全书》编委会. 续修四库全书（第15册）. 上海：上海古籍出版社，2001：382.

② 方以智. 通雅[M]. 上海：上海古籍出版社，1985：404.

腭发声。”[①]如果对照“咸”“感”之间声义相通的情况,“蹇”“寒”之间似乎也存在一定的关联。《蹇》九五为正位，堪为一卦之主，六二与九五相应，即所谓“利见大人”。从后天卦位来看，坎居于正北方，对应于冬季，艮居于东北方，艮为山，为险阻，见险而止，方为明智之举。至于“利西南，不利东北”的含义，虞翻的注解引起了方氏的关注。虞翻以月相作为解释的依据，认为：“坎为月，月生西南，故‘利西南’……月消于艮，丧乙灭癸，故‘不利东北’。”[②]也就是说，月相生于西南方，消于东北方，所以“利西南，不利东北”。在后天卦位中，西南方为坤，东北方为艮，坤为顺，艮为止，遭遇艰难之际应该采取柔顺的态度，避免陷于更加困难的境地。然而方大镇的解读似乎更具特色，主张以内卦为体、外卦为用，并从四季与“十二宫”之间的关系入手来解释这个问题，指出：“四时表于四方，四方即十二宫，而用半表爻，则六爻外卦为西南为用，内卦为东北为体，犹之概举寒暑，一用二也。”[③]既然以东北为体、西南为用，那么必须将体置于不用之地，由体发用，西南为用，西南为坤，坤为顺，故而采取柔顺的态度。

《蹇》正综为《解》。《解》坎下震上，坎为险，震为动，因而必须采取审慎的态度。从卦变的角度来看，《解》从《临》来，《临》初九上升至四、六四下降至初，就变成《解》。再者，《解》坎下震上，震为雷，象征降雨。坎为水，“《解》于消息，候在二月，《汉书·五行志》‘雷以二月出’。‘雷以动之，雨以润之’，《说卦》文”[④]。从后天卦位来看，坎居于正北，震居于正东，一阳生于二

① 方孔炤.周易时论合编[M]//《续修四库全书》编委会.续修四库全书（第15册）.上海：上海古籍出版社，2001：386.

② 张文智.周易集解导读[M].济南：齐鲁书社，2005：250.

③ 方孔炤.周易时论合编[M]//《续修四库全书》编委会.续修四库全书（第15册）.上海：上海古籍出版社，2001：387.

④ 李道平.周易集解纂疏[M].北京：中华书局，1994：368.

阴之中，阳气动于二阴之下，万物萌动，生机盎然。《解》正好象征阳气从初生到震动的过程。从字形的角度来看，“解”的意思就是解牛，属于会意字。从字音来看，“‘蹇’‘解’同为腭发声”。[①]

（二十一）《损》《益》

《损》兑下艮上，兑为泽，艮为山，泽在山下，侵蚀山体，日久见损。郑玄在《损》六三至六五取互体为坤，认为：“山在地上，泽在地下，泽以自损增山之高也。犹诸侯损其国之富以贡献天子，故谓之损矣。”[②]当然这只是郑玄的一家之言，借用《损》的卦象来宣扬儒家的君臣伦理。从虞翻的卦变学说来看，《损》从《泰》来，《泰》初九上升至上、上六下降至初，就变成《损》。从字形与字音的角度来看，“损”由“手”与“员”构成，“损”的字音来源于“员”，而“员”的字音则来源于“贝”上之“口”。方以智讲道：“员何声乎？因口贝，而为圆，古作○，加‘贝’为‘圆’，以取茂美。古‘元’‘云’同声，圆者善坠，故加阜别之为陨，因陨通声也。今定为齿收声。”[③]也就是说，“贝”上之“口”应当读作“圆”，不唯如此，字形最初也是圆形，后来加上“贝”就构成“员”，而“员”就是“圆”字。“员”的意思就是“茂美”，可以看出，古人将圆形视为美丽的图形。再者，“员”又读作“云”，至今仍然用于姓氏的读音。从方以智援引的《备考》的观点来看，“贠”是“运”的古字，由此产生一种牵强附会的观点，认为在运输珠玉财宝的过程中会出现失手的情况，用字形来表达就是以“手”配“贠”，这样就构成“损”字。当然，这种观点不足为论。

《损》正综为《益》。《益》震下巽上。从虞翻的卦变学说来看，

① 方孔炤．周易时论合编 [M]//《续修四库全书》编委会．续修四库全书（第15册）．上海：上海古籍出版社，2001：390.

② 张文智．周易集解导读 [M]．济南：齐鲁书社，2005：250.

③ 方孔炤．周易时论合编 [M]//《续修四库全书》编委会．续修四库全书（第15册）．上海：上海古籍出版社，2001：395.

《益》来源于《否》,《否》上九居于初，就形成《益》。蜀才更进一步指出,《否》上九下降至初，初六上升至四，就形成《益》。倘若以乾象征君、坤象征臣，也就是按照传统的惯例，以阳为君，以阴为臣，重新观察《益》，就会发现由《否》到《益》的转变过程正好就是所谓“损上以益下”，也就是说：“震一阳二阴，臣多于君，故其象为臣。巽二阳一阴，君多于臣，故其象君。四居巽体下，应于初，是天子损其所有，以下诸侯之象。人君之道，损己利人，德在益下，故谓之益也。”① 结合历史发展来看，儒家理想中的“损己利人”的天子在古代未曾出现，因为以道德来规范政治生活的构想从一开始就埋下了遭遇困境的根由。然而这种变相的圣王魅影却一直萦绕在儒家的理论著作中，久久不能离去。再回到对“益”字的考察。在篆体中,“益”的形象非常引人注目，水从皿中溢出就是“益”，而“皿”字上面的“水”的形象正好是坎卦，后来在“益”旁边加上“水”只不过是同义重复。方以智指出：“益从水在器皿而益，后加作溢耳。凡物可积累，虽增不知，惟水稍增，必流于外，在圆则圆，在方则方，因应之一，莫过于此，故益以一易，同深宫之声。”②

（二十二）《夬》《姤》

《夬》乾下兑上。在十二辟卦中,《夬》为阳息之卦，对应于三月。《夬》与《剥》旁通。从卦象来看,《夬》一阴位列五阳之上，九二以阳爻居阴位，其位失当。九五正位，象征君道，虽然没有六二与之相应，但能处于上六之下，仍不失为天下至尊。五阳居于一阴之下，极富冲决一阴之势。按照许慎《说文解字》的看法，“夬，从工，丨，又手决之”，如果进一步探寻字义，在

① 李道平.周易集解纂疏[M].北京：中华书局，1994：368.

② 方孔炤.周易时论合编[M]//《续修四库全书》编委会.续修四库全书（第15册）.上海：上海古籍出版社，2001：399.

“夬”旁边加上“手”，就构成“抉”。再者，作为玉器的“玦”也应该从“夬”取义，方以智引用《尔雅》中的说法“肉倍好谓之璧，好倍肉谓之瑗，肉好若一谓之环”。按照郭璞的注解，这里所说的“肉”是指“边”，“好”是指“孔”，“好倍肉”是指“孔大于边”，“肉好若一”是指“边孔相等”[①]，而与“夬”有关的“决”“卦”“快”等字也取“夬”的最基本含义，发音也属于“腭声相转”的情况。《序卦传》将“夬”训解为“决”也证明了这一点。

《夬》正综为《姤》。《姤》巽下乾上。从十二辟卦来看，《姤》是阳消之卦，对应于五月。从卦象来看，巽为长女，乾为父，长女为壮，父为老，甚为不当。《乾》变初爻为《姤》。《姤》属于阳多阴少之卦，一阴位列五阳之下，剥蚀《乾》体。郑玄的解释最为形象，认为“姤”的意思是“遇”，而一阴在五阳之下，犹如一女与五男相遇，“一阴承五阳，一女当五男，苟相遇耳，非礼之正”[②]。按照儒家的夫妇伦常，男子只能拥有一位正室，而侧室的数量并没有限制。男女婚姻的最终目的是承续宗庙祭祀，保证祖先血食相继。子嗣繁盛能够确保宗族势力的强大。在以农业文明为主导的传统社会中，人丁众多往往占据相当优势。在这种情况下，建立侧室也就成为顺理成章的事情。然而《姤》却以“女壮，勿取”作为劝诫，项安世对此有着动态的理解，指出“其势方兴，不至于尽灭诸阳不止也”[③]，也就是说一阳动初爻，积蓄实力，侵蚀五阳，直到完全将《乾》变为《坤》，才会有所停息。许慎《说文解字》将“姤”解释为“耦”，也就是匹配、配偶的意思。“姤”

① 郭璞．尔雅注 [M]// 中华书局编辑部．汉魏古注十三经．北京：中华书局，1998：51.

② 张文智．周易集解导读 [M]. 济南：齐鲁书社，2005：271.

③ 项安世．周易玩辞 [M]// 商务印书馆．丛书集成续编·经部（第 1 册）. 北京：中华书局，1991：608.

字“从女，后声”，方以智在此基础上进一步指出：“‘后’象屋后，故为反司，以勾喉叩口而声也。‘遇’亦从‘偶’得声。‘偶’从‘禺’，犹‘句’之‘勾’，古通转也。故相沿以‘偶然’‘邂逅’‘遇之’为义。”[①]这样一来，不唯作配偶解释的“姤”得到了字音和字形方面的说明，就连“姤，遇也”的“遇”也在这个意义层面得到了详细说明。

（二十三）《萃》《升》

《萃》坤下兑上。依据虞翻的卦变学说，《萃》从《观》来，《观》上九下降至四、六四上升到上，就变成《萃》。按照《序卦》的说法，“萃”的意思是“聚”。方以智引用《子虚赋》中的“翕呷萃蔡”、《吴都赋》中的“櫹矗森萃”作为实例，断定“萃”取齐齿声，因而具有聚会的意思。此外，左光斗将“萃”解释为“祭”“聚”也引起了方以智的注意。《萃》有祭祀之象，这一点在互体中显得非常突出。《萃》六二至九四取互体为艮，艮为阙，六三至九五取互体为巽，巽为木，木在阙上正好是古代宫室的形象。郑玄在外卦中寻找祭祀的依据，说道：“四本震爻，震为长子。五本坎爻，坎为隐伏。居尊而隐伏，鬼神之象。长子入阙升堂，祭祖祢之礼也。”[②]再与前面所得互体的卦象相连接，就构成祭祀仪式的粗略形态。既然“萃”有祭祀的意思，那么为什么要“从艸从卒”呢？方以智指出：“人命如草，有始有卒，散而不聚，魂魄渐耗，死而不祭，精气无凭，故曰假庙孝享。”[③]从内卦和外卦各自的象征意义考察《萃》的含义，似乎不难得出祭祀的说法。内卦为坤，坤象征聚合物品；外卦为兑，兑象征器皿。在古人的

① 方孔炤.周易时论合编[M]//《续修四库全书》编委会.续修四库全书（第15册）.上海：上海古籍出版社，2001：410.

② 林忠军.周易郑氏学阐微[M].济南：齐鲁书社，2005：274-275.

③ 方孔炤.周易时论合编[M]//《续修四库全书》编委会.续修四库全书（第15册）.上海：上海古籍出版社，2001：416.

日常生活中，以器皿聚合物品的最重要用途就是祭祀。

《萃》正综为《升》。《升》巽下坤上，巽为木，坤为土，木在土中，逐日生长。从虞翻的卦变学说来看，《升》自《临》来，《临》初九上升至三、六三下降至初，就变成《升》。方以智援引前人观点，认为“升”的最早字形是“气”与“柔”相合的结果，后来才写作“升”。后世通行的“升”应该从以下方面加以理解：“合十为升，即以十为升，即以十转声，而以鼻音申之。十者，坤土成数也。木状寓之生气，总表东方之木畅于南方，以收于申方也。凡物全用十，十加了耳，因为‘长进上升’之义。”[①] 也就是说，“升”的字音来源于“十”，从天地生成之数来看，天五生土，地十成之。在后天卦位中，西南方的坤正好对应于成数十。从五行相生的角度来看，木位于东方，木生火，火位于南方，行至西南方则有所收敛。“升”可以看作“十”加上“了”，在方以智看来，“了”与“厶”俱为男阴之象形字[②]，故而引申出“长进上升”的含义。

（二十四）《困》《井》

《困》坎下兑上，六三至九五取互体为巽，巽为木。从包卦的角度来看，《困》属于坎包巽的情况，因为《困》初六、九二、上六构成坎，而巽正好被坎包住。古人将“困”写作“止水”，从包卦的卦象来看，巽介入坎中，正好就有“止水”的意思。“困”的小篆正好是“木”在“口”中，这里的“口”读作“围”。从包卦的卦象来看，木被水包围，由此可以引申出困顿抑郁等意思。方以智在《升》与《井》之间寻求共通之处，认为：“升而不已必困，《升》《井》俱以木取，人用生气，首仁先木，故木囚为困

① 方孔炤．周易时论合编[M]//《续修四库全书》编委会．续修四库全书（第15册）．上海：上海古籍出版社，2001：420.

② 方以智．通雅[M]．上海：上海古籍出版社，1985：134.

象，角送气声。”[①]《升》巽下坤上、《井》巽下坎上，这两个重卦的内卦都是巽，巽为木，所以说“俱以木取”。从后天卦位来看，东方为震，东南方为巽，二者皆为木，木为仁，《说卦传》认为“帝出乎震，齐乎巽”，人受天地之气而生，必然遵循“首仁先木”的原则。

《困》正综为《井》。《井》巽下坎上，巽为木，坎为水，九二至六四取互体为兑，九三至九五取互体为离，郑玄由此将《井》解释为用桔槔和瓶从井中汲水的过程，指出：“坎，水也；巽，木也，桔槔也；互体离、兑。离外坚中虚，瓶也；兑为暗泽，泉口也。言桔槔引瓶下入泉口汲水而出井之象也。”[②]在传统的聚居生活中，井发挥着重要的作用。方以智援引许慎《说文解字》的观点，认为“八家一井”，也就是将“井”字看成九个方格，中间的空格是提供饮水的井，周围八个空格是八家。再进一步，“双交为四十，《河图》外围也。方圆三三而分九区，区裁各四，共三十六，故画经路，井田营兵，皆具此象中，而木水取井，乃民用最切者也。水为天一之精，故‘精’‘井’同为齿声”[③]，《河图》外围四个数字分别是六、八、七、九，相加正好是四十。如果将“十”看作一个相交的图形，那么四个“十”连接起来就是一个“井”的图形。“井”的图形正好是九宫格，将每一个方格四分，就形成三十六个方格，这与古法划定经路、井田屯兵有着密切的关系。再从天地生成之数来看，天一生水，地六成之，水色为玄，水为“天一之精”，所以“井”与“精”同为齿声。必须指出，这里的齿声是古音，并不是今天普通话的读音。

① 方孔炤．周易时论合编[M]//《续修四库全书》编委会．续修四库全书（第15册）．上海：上海古籍出版社，2001：425.

② 林忠军．周易郑氏学阐微[M]．济南：齐鲁书社，2005：335.

③ 方孔炤．周易时论合编[M]//《续修四库全书》编委会．续修四库全书（第15册）．上海：上海古籍出版社，2001：430.

（二十五）《革》《鼎》

《革》离下兑上，离为火，兑为泽，暗含“水火相息”的玄机。从虞翻卦变的学说来看，《革》从《遁》来，《遁》上九降至初、初六上升至上，就变成《革》。方以智沿用古人的观点，认为“革”的意思就是“更”，而“更”具有“改”的意蕴。在他看来，“‘更’‘革’同声，‘更’之入即‘革’，古不分四声也”[①]，将“更”读为入声就是“革”。作为变更意义的“更”也可以用来解释天干中的庚，因为“更”字“从丙而支革之”，天干到已完成一半，庚是后一半的开始，必然有所变更，因而具有“革”的字音与字义。在古人的观念中，三十年为一世，一世必然有所更革，“革”字“从三十”，也有其合理的依据。从发音部位来看，“革”属于腭角发声的字例。

《革》正综为《鼎》。鼎的最初字形是“∩”下有“火”，或者可以视为“丙”。再者，“丙”“鼎”同韵，也可以视为二者相通的佐证。作为古人的炊具，鼎的最常见形态是三足两耳。《鼎》巽下离上，“初偶下峙为足，五偶中虚为耳。二三四奇为腹，上为铉，足以承，腹以实，耳以行，铉以举”[②]。也就是说，初六象征鼎足，六五象征鼎耳，九二、九三、九四合在一起象征鼎腹，上九象征鼎铉，但这并不排除其他款式。《鼎》巽下离上，巽为木，离为火，象征着燃烧，郑玄进一步从互体的角度来论述鼎烹的卦象，九二至九四取互体为乾，九四至六五取互体为兑。“乾为金，兑为泽。泽钟金而含水，爨以木火，鼎烹熟以养人，犹圣人兴仁义之道以教天下也，故谓之鼎矣”[③]，作为礼器的鼎能够烹煮食物、祭祀祖先，

① 方孔炤.周易时论合编[M]//《续修四库全书》编委会.续修四库全书（第15册）.上海：上海古籍出版社，2001：436.

② 方孔炤.周易时论合编[M]//《续修四库全书》编委会.续修四库全书（第15册）.上海：上海古籍出版社，2001：442.

③ 林忠军.周易郑氏学阐微[M].济南：齐鲁书社，2005：340.

同时用熟食给养圣贤，共同成就德业。食物的作用在于维持生命，满足身体需要。仁义的作用在于提高生命境界，满足人的精神需求。当物质生活非常富足之后，就要考虑提高精神生活的质量。从执政者的立场来看，取出由自己控制的一部分社会财富，改善圣贤的生存状况，不失为赢得人心、维护威权的有效途径。

（二十六）《震》《巽》

《震》是纯卦，上下皆为震。从卦象来看，震为雷。在后天卦位中，震位列东方，《说卦传》所讲的“帝出乎震”是指东方为“天行起处”。从字音来看，“震”的读音从“辰”来。《归藏》以《厘》对应《震》，方以智综合前人观点，指出：“《归藏》以《震》作《厘》，乃雷之细声，古皆随声填字耳。”[①]震为雷，而“雷”的字音读为细声，就变成“厘”，《归藏》以《厘》对应《震》，正是取义于此。按照项安世的理解，“震”有两层含义，“有自畏而震者，有震而使人畏者”[②]，前者属于自警修身，后者属于威权服众。儒家对“畏”有着深刻的认识，不仅对主宰之理保持“畏”的状态，更以“畏”作为应对周遭境遇的手段。孔子讲“君子有三畏：畏天命，畏大人，畏圣人之言”（《论语·季氏》）。“畏”与“惧”有所不同，“畏”是引导自身通向反省的重要途径，属于道德主体的自觉；“惧”更强调惊慌失措，惶恐不安。至于“使人畏”则并不能完全赢得儒家的赞同。在儒家看来，执政者应当以德行服众，将道德原则贯穿于政治生活，反对一味刑杀，更不赞同以威权迫使民众接受苛政的做法。

《震》正综为《艮》。《艮》是纯卦，上下皆为艮。以人身作为取象的依据，艮为背。按照中国传统的阴阳观念，背为阳，腹

① 方孔炤．周易时论合编[M]//《续修四库全书》编委会．续修四库全书（第15册）．上海：上海古籍出版社，2001：447.

② 项安世．周易玩辞[M]// 商务印书馆．丛书集成续编·经部（第1册）．上海：上海书店，1994：622.

为阴，因而有“艮背”的说法。从字形来看，艮象征人的身体。方以智还收集了许多前辈学者的观点，如“反见为艮”“从目下九”，但这些说法仅反映不同的认识程度，并不能得到方以智的完全赞同。方以智仍旧从字音与字义之间的关系入手，结合易学常识对“见”字进行解释，指出：“‘艮’‘见’同声，古‘限’‘根’从艮，天门人门，天根岁限之故。古人声义，可以推矣。”[①]就八纯卦而言，内卦与外卦都属于“敌应”的情况，但是唯独论及《艮》时他直接采用卦义，反复强调“艮”所具有的“止”的含义。倘若从爻位之间的关系来看，《艮》初六、六五、上九皆为阳爻，其位不当，只有六二、六四爻位适当。因而无法用“上下二卦，阴阳各正其性，而无外求之情，故有不相与之义”[②]来解释“止”的含义。

（二十七）《渐》《归妹》

《渐》艮下巽上，艮为止，巽为风，意指适可而止虽然不失为明智的选择，但不能停滞不前，必须不失时机地前进。从虞翻的卦变学说来看，《渐》从《否》来，《否》九三上升至四、六四下降至三，就变成《渐》。《渐》有嫁女之象，艮为少男，巽为长女，虞翻从卦变的角度对此进行解释，指出：“《否》三之四，女谓四。归，嫁也。坤三之四，承五，‘进得位，往有功’。”[③]这就完成了嫁女的活动。从字音和字义来看，“渐”的最初含义是水名，渐江就是今天所说的浙江，由“渐”假借为“渐次”[④]，蕴含前进的意思。

---

① 方孔炤．周易时论合编 [M]//《续修四库全书》编委会．续修四库全书（第15册）．上海：上海古籍出版社，2001：452.

② 项安世．周易玩辞 [M]// 商务印书馆．丛书集成续编·经部（第1册）．上海：上海书店，1994：634.

③ 张文智．周易集解导读 [M]．济南：齐鲁书社，2005：308.

④ 方孔炤．周易时论合编 [M]//《续修四库全书》编委会．续修四库全书（第15册）．上海：上海古籍出版社，2001：457.

《渐》杂综为《归妹》。《归妹》兑下震上，兑为少女，震为长男，男在女上，位置适当。在后天八卦中，震居于正东，兑居于正西，《归妹》正好就是东西相合。在先天卦位中，正东为离，正西为坎，离坎相交，也构成儒家的夫妇之义。在儒家的礼制中，女子嫁人谓之归，也就是女归于男。因为儒家尊阳抑阴，阴归于阳，属于天经地义，不容置疑。在京房的八宫卦变中，《渐》是《艮》的归魂卦，属于《乾》终的情况；《归妹》是《兑》的归魂卦，属于《坤》终的情况。万物变化，尽于《坤》终。再者，《杂卦传》讲到"《归妹》，女之终也"，在儒家传统中，女子出嫁必须由父亲主礼，倘若父亲亡故，就由兄长主礼，这就是《归妹》的字面含义。再从《文王八卦图》（采用朱震《汉上易卦图》中的八重卦图更能说明问题[①]）和邵雍《六十四卦圆图》对《归妹》进行分析，不难发现："后天《乾》《兑》相次，先天《乾》《夬》相次，自然之道也。故曰：震兑生物，归于兑妹，而后成，谓乾坤六子之变，自长男至少女，六子之功尽矣。"[②]在朱震的《文王八卦图》中，八纯卦分别取代各自的单卦，正西为《兑》，西北为《乾》；而在邵雍《六十四卦圆图》中，按照逆时针的次序，《乾》的下一位是《夬》，《夬》乾下兑上，兑为少女，乾为父，父为少女之主。再者，乾坤六子的次序是震、坎、艮、离、兑、巽，也就是说，震为最初一位，巽为最后一位。震巽相合，就是《归妹》。

（二十八）《丰》《旅》

《丰》离下震上，离为兵革，震为震慑，二者相合，象征刑狱。《丰》九三至六五取互体为兑，兑为刑狱，也说明《丰》暗含刑狱之象。从字形来看，"豐"字"从二丰"，下面的"豆"是

① 朱震．汉上易卦图[M]//商务印书馆．丛书集成续编·经部（第1册）．上海：上海书店，1994：250.

② 方孔炤．周易时论合编[M]//《续修四库全书》编委会．续修四库全书（第15册）．上海：上海古籍出版社，2001：462.

盛食物的容器，整个字形是指豆里面装满了食物，表示丰盛。“豐”与“禮”有关，“禮”的古文是“礼”，就是将旁边的“豐”字“从一直屈书之”。在古人的祭祀活动中，礼器发挥着重要的作用，即所谓“以器作礼”。不能将“豐”与“豊”看作两个字。再者，从《丰》的六爻阴阳属性来看，正好象征乡射礼中设置的“丰”，形状和豆比较相近。此外，“丰”是蒲草，“有丰席”（《尚书·顾命》）中的“丰”就是例证。经过几番周折之后，方以智对“丰”的含义进行归纳，指出：“艸茂曰丰，年谷登亦曰丰，丰大之时，奸宄潜伏，乱艸害杀，不可不除，离为兵革，有刑狱之象，即勿忧宜日中之义，昧其归而遇明礼法贵明也。”[①] 所谓“日中”是指《丰》六五变为九五，九四变为六四，而后从九三至九五取互体为离，离为日，且处于《丰》中，所以称之为“日中”。

《丰》正综为《旅》。《旅》艮下离上，艮为山，离为火。在自然界中，上方之火，莫大于日，日行于天，万古不变。与此相比，火在山上，不能长久。《旅》九三至六五取互体为兑，兑为刑狱。《旅》内卦为艮，艮为审慎，外卦为离，离为明晰。贯通起来，《旅》主张以审慎的态度处理刑狱之事，防止对社会成员造成不必要的危害。依据荀爽的卦变学说，《旅》从《贲》来，《贲》初九上升至四、六四下降至初，就变成《旅》。《旅》又从《否》来，《否》六三上升至五、九五下降至三，就变成《旅》。从字义来看，“旅”具有多重含义，可以理解为军旅、众人、逆旅等。方以智则取“逆旅”之义，认为从“旅”的古文来看，“人在庑下，因为羁旅之义，从离而撮口呼之，此卦外离内止，离其故土而丽于别山也”[②]，也就是从旅行者的居住环境来考察字义。然后回到卦象，《旅》外

① 方孔炤．周易时论合编[M]//《续修四库全书》编委会．续修四库全书（第15册）．上海：上海古籍出版社，2001：467.

② 方孔炤．周易时论合编[M]//《续修四库全书》编委会．续修四库全书（第15册）．上海：上海古籍出版社，2001：472.

卦为离，具有离开的含义，内卦为艮，具有定居的意思，将二者贯通起来就是离开故土，奔波在外。

（二十九）《巽》《兑》

《巽》为纯卦，上下皆为巽。巽为木，有柔顺的含义；巽为风，善于进入万物。从字音与字义的关系来看，“巽、选、撰、算同为齿收‘孙’之去声，故为巽顺、巽入之义”[①]。再者，巽为命，也就是“令”的意思，重卦《巽》可以理解为“申命”。依据虞翻的卦变学说，《巽》从《遁》来，《遁》六二上升至四、九四下降至二，就变成《巽》。再者，《巽》象征“申命行事”，虞翻认为：“变至三，坤为事，震为行，故‘行事也’。”[②]变《巽》初六、九二、九三，而后内卦为震，震为动，所以称之为“行事”。不唯如此，由“申命”可以延伸出“遣纵”的意思，章太炎从“巽”与“选”之间的关系入手，指出：“选者，入也。选、耎与逊遁，皆衄缩潜伏义，亦内入也。选，又遣也。从辵巽。巽遣之，遣纵也。”[③]

《巽》正综为《兑》。《兑》为纯卦，上下皆为兑。兑为口，与语言有关。按照虞翻的卦变学说，《兑》从《大壮》来，《大壮》六五下降至三、九三上升至五，就变成《兑》。虞翻指出：“《大壮》乾为‘天’，谓五也，‘人’谓三矣。二变顺五承三，故‘顺乎天，应乎人’，坤为‘顺’也。”[④]《大壮》乾下震上，乾为天，在重卦中，《乾》九五为尊，初爻、二爻为地，三爻、四爻为人，五爻、上爻为天，从《大壮》到《兑》的变化过程正好是天位与人位之间的对调，即所谓“顺乎天，应乎人”。《兑》与《艮》旁通，《艮》六二至六四取互体为坎，坎为志。《兑》内卦与外卦皆为兑，兑

① 方孔炤．周易时论合编 [M]//《续修四库全书》编委会．续修四库全书（第15册）．上海：上海古籍出版社，2001：477.

② 张文智．周易集解导读 [M]．济南：齐鲁书社，2005：324.

③ 章太炎．太炎文录初编 [M]// 章太炎．章太炎全集（第4卷）．上海：上海人民出版社，1985：15.

④ 张文智．周易集解导读 [M]．济南：齐鲁书社，2005：327.

得坤体，坤为民。《兑》具有深刻的仁政思想，要求执政者必须慎重看待民志，与民同乐。从字音与字义之间的关系来发掘“兑”的含义，方以智指出：“舌头声，以对转待，是对待而后发舒以悦也。‘兑’为‘锐’本，故‘悦’从‘兑’转声。先儒取‘无言之说’与‘无心之感’，故卦词与《咸》同，言即无言，则绝待在对待中，明矣。”[①]与《咸》强调“感”相似，《兑》注重阐发“说”的意蕴，将“感”与“说”的偏旁去掉，刚好构成所谓“无言之说”和“无心之感”。从对待与绝待之间的关系来看，“兑”“咸”与“说”“感”构成对待关系。不落声臭与寂感的天道并非超绝的存在物，因而必须在对待中表现自身。

（三十）《涣》《节》

《涣》坎下巽上，坎为水，巽为风，波澜壮阔。依照虞翻的卦变学说，《涣》从《否》来，《否》九四下降至二、六二上升至四，就变成《涣》。《否》坤下乾上，天地不相交；由《否》变成《涣》，天地相交。《否》初六至九五为《观》体。《观》六三至九五，互体为艮，从卦象来看，艮为门，有些易学家将其解释为“鬼门”，因为它与祭祀存在密切的关系。回顾《涣》与《否》的关系，虞翻的观点非常值得玩味，“阳来居二，在坤之中为立庙。‘假，大也’。言受命之王，居五大位，上体之中，上享上帝，下立宗庙也”[②]。九五象征上位，在祭祀活动中对应于上帝，九五下降至二，能够促成互体艮的形成，象征“下立宗庙”，而六二上升至四，象征“享帝”；《涣》从《否》来，《否》六二与九五相应，阴阳对调，内卦为坎，外卦为离，离为日，象征上帝。“涣”的读音和含义都与“奂”相关。从字音来看，“奂”的读音从“焵”，

① 方孔炤．周易时论合编[M]//《续修四库全书》编委会．续修四库全书（第15册）．上海：上海古籍出版社，2001：482.

② 张文智．周易集解导读[M]．济南：齐鲁书社，2005：330.

而“炯”的意思是“宪之炯炯”，而“奂”的意思是“远视而求”，最明显的例证是“晋献文子成室，晋大夫发焉。张老曰：‘美哉轮焉，美哉奂焉’”（《礼记·檀弓下》），意思是说赵武作室完工以后，晋国国君与大夫都表示庆贺，张老则批评赵武奢侈骄纵。这里的“轮”形容建筑物高大，“奂”说明众多。方以智则从具体事物、字形与字音之间的关系入手，继续探究“奂”的含义，指出：“奂从角共，上有飞甍，下有拱斗也。故‘浑焕’‘更换’‘涣散’从之。具‘发表’‘散越’之义，与‘豁’‘化’同为外喉声。”[①] 奂的最初含义是轮囷，即一种高大的谷仓，后来引申为高大、壮美等含义。

《涣》正综为《节》。《节》兑下坎上，兑为少女，坎为中男。从虞翻的卦变学说来看，《节》从《泰》来，《泰》九三上升至五、六五下降至三，就变成《节》。《节》九五居于正位，并且有六三与之相应，天地相交，甚为明显。《节》内卦为兑，兑为说，这里的“说”应该理解为欣悦，也就是在艰难困苦中保持乐观积极的态度。从互体的角度来看，《节》九二至六四取互体为震，六三至九五取互体为艮，震为动，艮为止，坎居二者之上，坎为艰险，又象征志向，因而必须善于节制思想与行为。在小篆中，“节”字表示“曲中合节”，取象于人持节。方以智陈述了古人的观点：《说文解字》认为“节”是“竹约”，何楷以为“节”表示“竹�之匀有分限”，王宣以“虚中节均，东气生枝”来理解“节”。综合前人观点，方以智认为，无论“肢节”“时节”“音节”都具有上述含义，而“节”与“精”“尽”同为齐齿之声。[②]

（三十一）《中孚》《小过》

《中孚》兑下巽上。从虞翻的卦变学说来看，《中孚》从《讼》

① 方孔炤．周易时论合编[M]//《续修四库全书》编委会．续修四库全书（第15册）．上海：上海古籍出版社，2001：488.

② 方孔炤．周易时论合编[M]//《续修四库全书》编委会．续修四库全书（第15册）．上海：上海古籍出版社，2001：493.

来，《讼》九四下降至初、初六上升至四，就变成《中孚》。再者，《遁》《大壮》都从《中孚》来。《中孚》初九、九二上升，六三、六四下降，就变成《遁》；《中孚》六五、上九下降，六三、六四上升，就变成《大壮》。从象卦来看，《中孚》象为离，德性昭著。再从卦象来看，虞翻认为，《讼》内卦为坎，坎为豕，由《讼》变为《中孚》正好是将坎变为兑。这样一来，就有了“豚”象；而《中孚》外卦为巽，巽为鱼，所以卦辞称之为“豚鱼吉”。尽管这种观点在卦象上成立，但是仍旧属于曲成其说的情况。李鼎祚对此有所批评，指出：“虞氏以三至上体遯，便有豚鱼为遯鱼，虽生曲象之异见，乃失化邦之中信也。”[①]《中孚》六三至上九，《遁》初六至九四，构成同体关系。这样一来，《中孚》与《遁》都有“鱼”象。就组成“中孚”的两个汉字的结构而言，“中”的“丨”表示所以然之理，“孚”的篆体比较形象地描述了鸟类孵卵的情形。在古文字中，“孚”与“包”相通，在后世所造之字中，最能证明这一说法的字例是“胞”与“脬”、“枹”与“桴”，故而有前辈学者将“中孚”的“孚”字读为“泡”。方以智认为：“中为舌上穿齿声，孚为缝唇声。《易》之为易也，中而已矣。六十卦著《节》之后，以复离著《中孚》焉，示大中即在中节之中也。言‘卦气者，起中孚’，岂偶然哉？”[②]汉儒卦气说以《中孚》为始，即便扬雄以《太玄》比拟《周易》，以《中》为开端，与之对应的正是《中孚》。

《中孚》错为《小过》。从虞翻的卦变学说来看，《小过》从《晋》来，《晋》上九下降至三、六三上升至上，就变成《小过》。从象卦来看，《小过》象坎，坎为艰险，为志向，处于艰难时刻，

---

① 张文智 . 周易集解导读 [M]. 济南：齐鲁书社，2005：336.

② 方孔炤 . 周易时论合编 [M]//《续修四库全书》编委会 . 续修四库全书（第15册）. 上海：上海古籍出版社，2001：498.

信守志向,定能走出困境。在《周易》六十四卦中,《大过》与《小过》都以“过”为名，方以智对比这两卦的功用，指出：“字义见前，养动受《大过》，信行受《小过》。过者，行历之迹禀于中也。圣人信中而存神，行应而过化，藏大于小，寓理于事，世大执小,故为过差,而穷大更成过差。故二《过》收上下经,而《过》继《中孚》，文王著之曰：‘宜’，犹竞竞焉。”[①]从卦象来看，《大过》巽下兑上，巽为木，兑为泽。按照五行相生的原则，水生木；但是当泽水湮没木，就成为“大过”。《大过》错为《颐》。《颐》的基本义理是颐养，内卦为震，外卦为艮，震为动，所以称之为“养动”。《中孚》为卦气之始，信行持久。《小过》的作用在调节《中孚》的志行，防止过度进取。方以智分别从大小、理事等方面阐述《小过》的重要性，并结合《大过》《小过》在《周易》六十四卦中的具体位置来发掘二者蕴含的深层含义，认为《周易》上经以《乾》《坤》为始，以《坎》《离》为尾，开端与结尾正好是四正卦，去掉《坎》《离》,《大过》为上经的收尾之处。《周易》下经始于《咸》《恒》,终于《既济》《未济》,《咸》由二少构成,《既济》《未济》依然是坎离，去掉《既济》《未济》,《小过》为下经收尾之处。再从《小过》与《晋》的关系来考察所谓“宜”的断语,既然《小过》从《晋》来,《晋》外卦为离,离为飞鸟,《小过》外卦为震,震为声音,内卦为艮,艮为止,所以援引虞翻的说法,“晋上之三，离去为震在，鸟飞而音止，故‘飞鸟遗之音’。上阴乘阳，故‘不宜上’。下阴顺阳，故‘宜下，大吉’”[②]，对卦辞所谓“飞鸟遗之音，不宜上宜下”进行解释，所以方以智说“文王著之曰：‘宜’，犹竞竞焉”。

---

① 方孔炤.周易时论合编[M]//《续修四库全书》编委会.续修四库全书（第15册）.上海：上海古籍出版社，2001：503.

② 张文智.周易集解导读[M].济南：齐鲁书社，2005：339.

（三十二）《既济》《未济》

《既济》离下坎上，离为火，坎为水。在《周易》六十四卦中，《既济》属于爻位恰当的重卦。从虞翻的卦变学说来看，《既济》从《泰》来，《泰》九二上升至五、六五下降至二，就变成《既济》。方以智综合古人观点，认为“既”的最初含义是“之食熟气”，借用为已经完成的意思，而“济”字“从州”，象征谷物长势不同，最终同时成熟，在“州”字下面加“二”表示地上，左边加水表示济渡，楷书和隶书的写法基本一致。从声韵学角度来看，“既济”的“既”属于“见转腭声”，“济”属于“精转齿声”，可以理解为“熟物”“齐物”。方以智进一步指出：“二卦皆以坎水言，《既济》《未济》有过物者必济，涉险如过渡也。天一泄水，元气化湿，人物受形，含虚生明，坎离交而因二以济，始终济此大一之用而已。”[①] 在后天卦位中，离南坎北，离为火，坎为水。回顾《河图》的结构，天一生水，地六成之，北方是元气的开端，在天地之数中，一为生数之始，也可以看作“大一”。遵循这个前提，南方的二可以看作与“大一”相参的“大两”，水火交济，衍生万物。

《既济》错为《未济》，正综为《未济》。《未济》坎下离上，坎为水，离为火。在《周易》六十四卦中，《未济》属于爻位失当的重卦。从虞翻的卦变学说来看，《未济》从《否》来，《否》六二上升至五、九五下降至二，就变成《未济》。方以智援引前人的说法，认为“未”与“末”属于“声形相转”的字例，二者皆与木相关。树木生长，滋味浓重，因而可以进一步得出这样的观点：“故为微唇声，子午对冲，而‘未’则‘未来’‘未然’之义，物不可穷也。以《未济》终，至哉言乎！子思表未发于发先，而未发即在发中，文王表《未济》于《既济》后，而《未济》即

① 方孔炤.周易时论合编[M]//《续修四库全书》编委会.续修四库全书（第15册）.上海：上海古籍出版社，2001：509.

《既济》《乾》《坤》矣。《玄》以《将》拟之。”[①]方以智将《未济》与《既济》之间的关系比作《中庸》提到的“未发”与“已发”之间的关系，也就是说“喜怒哀乐之未发谓之中”在“发而皆中节者谓之和”之前，强调“中”的有限性，或者说是体验“未发”的景象。倘若将“未发”视为体，那么“已发”则是用，体在用中，学者应从用见体，相应地，“未发”就隐藏主宰“已发”之中。与《中庸》置“未发”于“已发”之前的做法不同，《周易》将《未济》置于《既济》之后，也潜藏着这样的观点。那就是《既济》在《未济》之中，又具备乾元与坤元之体，因而扬雄在《太玄》中用《将》来比拟《未济》，毕竟《将》“阴气济物乎上，阳信将复始之乎下”[②]，正好与《既济》相应。万物处于永不停息的运动状态。即便身处困境，也必须以变通作为改善生存条件的手段，进而实现新的突破。周而复始，运动不息。

① 方孔炤．周易时论合编[M]//《续修四库全书》编委会．续修四库全书（第15册）．上海：上海古籍出版社，2001：515.

② 司马光．太玄集注[M]．北京：中华书局，1998：167.

第四章　寓义理于象数的诠释范式

在方以智易学思想的整体结构中，“象”“数”“理”“气”占据着相当重要的位置。方以智注重从象数衍变的角度对义理进行陈述，认为一切事物都由气构成，气并非杂乱无章的存在物，而蕴含着所谓的“天然秩序”或“伦物秩叙”，二者都可以用数加以分析和陈述，故而断言“万物皆数”。这里所说的“数”不是西方数学中的数，而是《系辞传》所谓“天地之数”，或者说是《河图》《洛书》系统中的“数”。无论是“大衍”还是“小衍”，都能在方以智勾勒的数字衍变的过程中找到相应的位置。“数”的衍变规则是对义理的全面展示，即便无法言诠的“虚空”，也能用象数加以充实。从总体上讲，方以智秉承寓义理于象数的诠释范式，并以此作为构建易学体系的前提条件。从《图象几表》的编排次序来看，太极作为开端，占据相当重要的位置。方以智延续前辈的观点，着重处理无极、有极和太极之间的关系，将“一分为二”与“合二而一”统合起来，揭示“太极不落有无”的基本属性，又探寻“三”“一”的逻辑关系，借用佛教图象“∴”阐述自己的观点，将所谓“三畏”“三谓”“三唯”“三知”“三身”与太极、有极、无极加以对应，将一切变化统摄于“大一”之下，形成一套囊括各家学术的理论体系。

方以智易学思想以会通见长。在处理象数问题方面，方以智将汉代象数易学与宋代象数易学融为一体，旁涉术数、堪舆、命理等内容，将《太玄》《潜虚》《洪范数》等内容纳入易学变化之中，构成一个庞大的象数体系。方以智将太极纳入"《河图》变《洛书》"的过程中加以考察，以王宣的"密衍"学说作为基本思路，从中揭示出"尊阳"或"扶阳抑阴""金火易位""五行尊火为宗"等重要观念，协调"四行""四大"和"五行"学说之间的争论，总结《河图》《洛书》旧说，提出自己独到的见解，有力地推动了象数易学的发展。在方以智那里，太极不仅在"《河图》变《洛书》"的过程中呈现自身的义理价值，又转化为卦爻，对以万物进行拟议。从某种意义上讲，"《河图》变《洛书》"为《周易》与《洪范》九畴之间的会通奠定了理论基础。先天八卦、后天八卦能够与《河图》《洛书》任意匹配。不仅《周易》六十四卦的次序与先天八卦有关，就连《杂卦传》对卦序的重新排列也与先天八卦紧密相连。方以智将《周易》六十四卦的次序表述为《三十六贞悔圆图》与《三十六贞悔方图》，以《三互图》解释《杂卦传》的次序，沿用所谓《伏羲六十四卦圆图》与《伏羲六十四卦方图》的排列布局，穿插《京房八宫图》的格式，援引汉代的卦气说、十二辟卦等观念，对六十四卦之间的关系进行重新解读，形成了一套富有会通与创新色彩的解释方法。这套解释方法最终又回到了"天人合一"的观点。桐城方氏易学的一大特色就是将邵雍的《天根月窟图》解释为"此图天人合一"，打通自然变化与道德修养。方以智的最大贡献在于以"天人不相胜"的基本观点解释"天人合一"，突出人在宇宙中的显著位置与价值，有力地推进了中西文化的交流与互动。

第一节　万物皆数，数皆是理

桐城方氏易学在处理象数和义理关系时，坚持寓义理于象数的基本取向。这种处理方法，不仅继承了宋元以降的象数学说的合理成分和优秀成果，而且在理论架构方面取得了显著的成就。与邵雍神悟“一、二、三、四、五、六、七、八”作为象数与义理契合的锁钥相比，方孔炤将自己对象数的理解归结为对“一、二、三、四、五、六、七、八、九、十”所做的抉隐，认为从一到十这十个数字已经囊括世间一切变化。在他看来，“象数之塞虚空也，必以睹闻表不睹闻，而象之分合即数也。动赜至于京垓秭沟，而不出于此十也。十只是五,五藏四中，四用半为二,二即藏三,三即一也。十不用，而金火易为《洛书》，故但言五之圆而八方在矣”[①]。也就是说,《系辞传》中的“天一,地二,天三,地四,天五，地六，天七，地八，天九，地十”囊括宇宙之间一切变化的奥妙。所有事物都能用这十个数字加以表达，即便“象之分合”也可以视为数的变化。

数起于一。一不能独自成立，故而有二为之匹配。一、二形成之后，则构成三。一加三、二倍二，就形成四。一、四相合，二、三相合，都构成五。可以说，从一到四，五在其中。将两个五结合，就形成十。这样就形成了完整的数字。从一到十，一为起点，五为小成，十为大成。方孔炤采用的是一种逆推的论述方式来表达自己的看法：十可以转换为五，五可以回归于四，四的一半是二，二中间隐藏着三，而三则是一。在《河图》《洛书》中，五处于中心位置，万事万物之理都以五作为核心而展开。《河图》变为《洛书》，藏十于一，这样就构成一幅五在中间、八方规整的图像。

一、象数的重要性

方以智强调，在探讨“理”与“象”、“气”与“形”之间的

① 方孔炤. 周易时论合编[M]//《续修四库全书》编委会. 续修四库全书（第15册）. 上海：上海古籍出版社，2001：536.

关系时，必须沿用易学中处理虚实、有无之间关系的方法，即采取对立统一的方法，面对这些差异。“气”的发作，表现为“声”。事物的“形”，表现为“文”。事物只要呈现为“象”的形态，人们就能以“数”的形式对其加以认识和把握。拘泥于易象，在学术方面属于固陋的见解。事物的道理在一定程度上超出言语、思辨所及范围，此时必须借助于象数的形式对其加以表述。方以智甚至认为象数是圣人作《周易》的契机，目的在于避免笼统地空谈义理。

在方以智看来，象数出自“天然秩序”，并非人为设置。《系辞传》所谓“寂然不动，感而遂通”与《中庸》所谓“中节”构成工夫论的主要内容。此外，构成对立统一关系的虚实、“一”与“万”也是相即的。最为高深的道理与象数相容无碍。任何执着虚理而排斥象数的做法都是不可取的。方以智对华严宗的“一多相容无碍”非常感兴趣，并以此向上观想一多相即的一真法界，认为儒家的“易简”之道与此相似：不离繁多而畅谈“易简”，才是阐发“极高明而道中庸”的最佳途径。在方以智看来，只有赞同以象数来充实虚空的观点，才能与之进行理论探讨。或者说，必须以象数充实虚空，否则就会将理论引向虚无。以名字与无之间的关系作为类比，本来以无作为根本属性的大道是没有名字的，人类为了拟议大道，才不得不使用名词。就像讨论所谓“天视”“天听”一类的问题，上天无言，四时运行，万物化生，本来不存在什么视听问题，但是从宇宙生命的角度来审视大化流行，却不得不借用视听等拟人手法对天道加以描述。这样一来，“天视”“天听”等问题被纳入理论探索的领域。天人之际的奥秘肇始于人类的好奇心，最终必须由人类自身加以解决。既然人类以自身的生理结构来比拟上天，赋予上天以视听的能力，那么当人们追问视听的具体内容时就不得不将目光重新投至人类自身，从所谓“民视”“民听”来发现“天视”“天听”的具体内容。

如何妥善处理“象数”和“虚空”之间的关系，是方以智要解决的难题之一。面对万象之理，人类必须设置一个虚位，将本体、虚空或者至善安置在这个虚位之上，以此作为统摄万象之理的枢纽。虚位不是孤立存在的，它必须协调万有之理，担当最高的仲裁者或者是主宰者，否则将会失去自身存在的意义。玄远幽深的义理阐发不能取代象数。反之，象数也不能抹杀义理阐发的价值。方以智意味深长地指出：“圣人以天视视虚空皆象数，象数即虚空，信如斯耶，斯可语矣。无名字而名字，则名而未始名，字而未始字，以故辨当名字，随其名字。民视犹天视也。理何嫌于理，何嫌于数，何嫌理数之合，又何嫌理数之分乎？信如斯耶，斯可语矣。”（《易余·三冒五衍》）可见，处理理、数关系的最佳方法莫过于“分合自由”，前提是必须精通数理。只有以“亲切”或亲密无间的精神状态进行取象，才能将主体纳入体认万有之理的过程中。事物之理可以概括为理、数、象、气，也可以说是用这四种方法去促成人类的认识活动的。气化是宇宙万物构成的生命之流。生命可以分解为数，数可以衍变为理。圣人超越常人的地方就在于能够充分把握这个衍变过程。方以智认为，只有洞彻礼乐精神，贯通大根大本，体认生生不息的天道，方能透过追求音乐美感与遵循公共秩序的具体行为，了悟圣人制礼作乐的良苦用心。他说：“制器尚象，左端不忘，何往而无隐之表法耶？皆动颐也，皆大一也，皆器也，皆道也。不通表法，不可与言《易》也；不通象先，不能知表法。”（《易余·礼乐》）这里所说的神并不是以位格为存在方式的上帝，而是指气化的运行轨迹，或者说是激荡纵横的生命力。儒家文化将宇宙理解为生命的创化过程，贯彻天道于人事，追求日新又新的生命气象。取象的目的在于明了表法，通达表法的目的在于积极从事社会实践，享受合乎道义、富有美感的现实生活。

二、讨论“理”“数”“象”之间的关系

方以智认为“数”与“理”、“无数理”与“数理”都构成“相倚”的关系，建立卦象，确立爻位，凭借“数”揭示其中蕴含的“理”，这就像“穷理尽性以至于命”的修养方法一样，超越一切具体事物，同时不离一切具体事物，充分体现了天道的义理价值。无论具体事物如何变化，其中隐藏的自然秩序都能够用“理”和“数”加以表达，方以智指出：“示人研极，则倚数穷理，即逆是顺，圣人开成，则倚数穷理而饮食耳。故会通者以为象数，一切是象数，以为道理，一切是道理。”[①] 也就是说，理与数之间存在不容割裂的联系。这种观念在宋代象数易学中得到全面的展示，尤其以邵雍的贡献最为显著。方以智家族对邵雍的易学思想有着全面的认识和深入的研究。这在明代易学发展史上也是司空见惯的事情。陈抟、邵雍的易学思想在明代的民间文化中占据相当大的空间，甚至衍生出许多迷信成分。方以智认为，卦爻是理数融合的有力证据，能够为“尽性至命”提供可供遵循的路径，即所谓“倚数穷理”。从易学发展史来看，这一进阶路径是对宋代象数易学的继承。但与邵雍等人的历史境遇有所不同，方以智生活在中西文化碰撞尤其是西方科学思想大举进入的特殊时期，因而不能将这里所讲的“数”简单地理解为术数视野中的数字变化，而必须考虑到方以智等人对其进行了较为全面的革新：全面吸纳西方的数学成果，以易学语言对其进行中国化的表述，并将其纳入象数易学的体系之中，希望借此推进“开物成务”的实践。在这层意义上，“象数”与“道理”融通无碍。

方氏易学坚持寓义理于象数的学术方向，在讨论象与理的逻

① 方孔炤. 周易时论合编[M]//《续修四库全书》编委会. 续修四库全书（第15册）. 上海：上海古籍出版社，2001：582.

辑先后时，认为先有象后有理，天地之间的一切道理都可以归结为易简，易简对理做出进一步说明，进而突出理所具有的最高主宰的地位。象之所以有意义，在于它能够呈现理，以理作为自身价值。可以说，程颐的这一论述是对其自身易学思想的最高概括。在易学史上，程颐是王弼之后推崇义理、阐发意蕴等方面最有建树的儒者。尽管程颐将理视为万物的主宰，但并不能武断地认为他忽视象数的作用。前此论及程颐主张义理在逻辑上优先于象数，由这一观念出发，必然延伸到对数的位置的探讨。方氏易学在义理方面对程颐倍加推崇，但没有延续后者扫除象数的诠释路向，而是在诠释实践中灵活运用象数，甚至将象数视为《周易》的代名词，将象数和经典置于同等地位。象数不能脱离人类社会的公共生活秩序而单独存在，毕竟在儒家的视野中，自然界与人类社会是统一的整体。作为一种有效的探寻真理的方法，象数既可以用来探究自然变化，又可以用来规范社会成员的行为方式。

三、揭示“藏智于物”的道理

从易学的实际效用来看，从纷繁复杂的变化中理出头绪，为人类认知能力指明正确的方向，必然要求处理好“智”与“物”的关系。这样一来，“物”就不再简单地被解释为类似于禅宗所谓“山河大地皆为虚妄”，而是建立在客观实在与人类认知能力互动基础上的认识对象。客观实在的事物处于不断变化的过程中，倘若没有人类认知能力的介入，这些变化将杂乱无章。变化是人类的认识对象。当人类接触到完全陌生的认识对象时，起初感觉外部世界神秘莫测。随着人类认识能力的不断提高和认识手段的逐步改进，万物的奥秘也必将纳入人化的世界，人类将自己的智慧延展到一切领域，就构成所谓“藏智于物”。方以智对于所处时代的贡献在于呼吁“藏智于物”，也就是重新确立认知能力和认识对象之间的关系，浚清易学的文化源头，重视象数的重要作用，为数学的发展提供合乎儒学传统的论证，在数学与伦理之间搭建桥梁，认为“藏智于物”的能力不唯圣人具备，即便一般的社会成员也有此潜能，只不过没有得到合理有效的开发而已。

第二节　太极不落有无

就易学本身而言，太极无声无臭，既不能落入文字窠臼，也不能遽然形诸图象，但是解读《周易》的学者为了充分揭示易道的精蕴，又不得不借助直观简洁的图象来辅助言诠。这似乎形成一对背反的关系。超越具体形状的观念是任何图象、文字所无法比拟的。既然图象不能替代天道，或者说不能完全揭示天道的核心内容，那么图象与简洁精微的易学之间究竟存在多大的距离？这个问题值得深思。隐藏在图象、文字背后的是直觉神秘主义。这些超越具体事物的内容只能通过体认加以把握，而不能完全凭借逻辑分析进行全面表述。方大镇在处理太极和图象之间关系时，采取融通的手法。他认为太极这个概念的设立是为了协和有无之辨的张力，为了对太极的内涵及功用加以翔实说明，不得不借助象数这一表现形式。就周敦颐所传《太极图》而言，太极可以表现为其中的“圆象”，但是学者不可以据此将“圆象”误认为就是太极本身。在桐城方氏看来，《中庸》与《易传》在探讨天道问题方面具有内在一致性，断定前者在一定程度上是对太极的最好刻画。天道表现出来的“于穆不已”与太极具有的创化之德是对同一存在的不同表述，二者的核心价值都是儒家盛赞的生生之德。《中庸》所说的“于穆不已，天之所为天也”是对太极的最好刻画，方以智借用“当然”与“所以然”之间的同一关系加以说明。在儒家的理论视野中，《周易》的真精神和真价值是善世。

善世必须注重伦理道德的建设。伦理道德是公共生活规则的表里。公共生活规则与天道具有同构性。“所以然”是天道与礼乐制度相统一的部分，具体表现为伦常次序将其合法性依托于卦爻时位。“当然”就是将伦常次序落实于社会成员的生活日用。圣人和百姓的区别就在于，圣人能够觑透“当然”与“所以然”的实质，百姓日用而不知，吃紧之处在于如何分清“耸之于对待之上”和“泯之于对待之中”这两种认知方式的差异。既然太极的设立是为了妥善处理无有之辨，那么太极、有极和无极三者之间的关系究竟是怎样的呢？还是应当回顾周敦颐的《太极图》和《太极图说》，以图象和文字来深入探究这一基本问题。

众所周知，朱熹明确反对将“皇极”解释为“大中之道”。陆九渊以《洛书》比拟《洪范》九畴，突出中五的重要性，为“大中之道”寻求图象依据。尽管“皇”有“大”的意思，但朱熹并没有取这层含义，而是强调“皇”作为君主的代称。“极”在古人建筑中是“上栋下宇”中的“栋”，也就是通常所说的屋极，由作为具体存在物的屋极引申出极致、穷极、穷至等含义，这一点在朱熹那里是成立的。只不过朱熹并不赞同以抽象的“中”来解释“极”，而是代之以极致或标准。这样一来，皇极被限定在政治生活领域，丧失了陆九渊所赋予的充塞宇宙之至理的身份，不再享有与太极同为中道的盛誉。再回到如何处理无极和太极的关系这一重要问题上，朱熹似乎认为“无极而太极”是周敦颐的秘传，只能心领神会，不能流于字面的理解。面对朱熹与陆九渊的争论，方学渐有着自己的看法，他说：

周子此图，重于太极，不重于无极，故名《太极图》，不名《无极图》。其曰无极，不过形容太极之妙耳。朱、陆争辩无极二字，一以为秘传，一以为赘语，皆过也。二五重理不重气，乾坤男女，万物化生，虽属于二气之交感，乃周子立言之意不过发明此理之流行变化而已。①

方学渐认为周敦颐《太极图》的重点是太极而不是无极，无极只不过是对“太极之妙”所做的形容。阴阳五行衍生万物，气化是万物的共同属性，除此之外，万物则体现为形态各异的差异性。人是万物之灵，以性善作为根本存在方式。从究极层面上讲，三极之道无外乎阐扬性善之理，或者概括成一个“仁”字，君子与小人的区别在于能否扩充性善，自觉践行道义。《说卦传》将天道、地道、人道分别对应于阴阳、刚柔、仁义，无论如何阐述，三极之道可以统摄于太极。太极妙不可言，故而付诸图象加以摹勒。

一、太极、无极、有极

太极本来是超出言诠的玄妙之理。倘若借助概念形式剖析太极，就不可避免地谈论有极和无极的含义。人类认识能力所能把握的事物都可以称为“有极”。有极是用卦象来表示事物变化的方式。世界上的一切事物都呈现为阴阳，这是有极的具体形态。人类认识能力暂时无法把握的事物可以称为“无极”。从有形的事物推向无形的开端可以称为“无极”。当事物形成以后，无极就在有极之中。太极可以用圆形表示，但不能将圆形误认为太极。无极和有极的判别标准在于是否必须付诸卦画形式。以卦画作为表达形式，称为“有极”。以有形追溯未始有形的状态，称为“无极”。在有极和无极之间起着贯通作用而不落有无的称为“太极”。只不过在无极和太极之外，另立有极作为协调易象的必要手段，

① 方学渐．心学宗[M]//《四库全书存目丛书》编纂委员会．四库全书存目丛书·子部（第12册）．济南：齐鲁书社，1997：158.

这样既可以避免陷入道家虚无之见，又可以将有无之辨转化为符合义理之学方面的讨论。

方孔炤认为，解决问题的关键在于如何兼顾“寂”“历”，也就是如何准确地表述“寂历同时”“即历是寂”这一基本观念，而最佳论述应该是“不落有无之太极，即在无极有极中，而无极即在有极中”。为了进一步说明自己观点的合理性，《图象几表》罗列了三组争论，其核心问题是如何认识太极具有的“中”的属性，同时涉及“对待”与“绝待”、“寂”与“历”、“无统辨”与“统辨”、“一”与“二”等问题的探讨，这些相关问题以三组争论的形式呈现在世人面前。第一组辩驳的大致内容如下：

驳者曰：“太极即中，而中其中乎？”

曰：“从对待而显其绝待，又合绝待与对待而显其寂、历焉，无统辨而统辨，主仆历然，安得不一指其中主乎？”[①]

发难者的疑问在于如何处理太极与“中”的关系。这是自陆九渊与朱熹有关“皇极”能否解释为“大中之道”以来的重要问题。倘若赞同陆九渊的观点，以“大中之道”而非“大君”来解释“皇极”，那么这里所说的“中”又有什么样的特殊含义呢？从桐城方氏易学的基本信念来看，“中”不是无限制在万事万物中寻求二分之后的中点，因为这种做法无异于机械地重复，最终徒劳往返。之所以用太极来解释“中”，是因为太极能够统合“对待”与“绝待”，主要强调对立统一关系，在此基础上又非常巧妙地将作为静态的“寂”与呈现为流动性的“历”统合起来，既注重事物的差异性，又积极寻求不同事物的统一性，以本体思维

① 方孔炤.周易时论合编[M]//《续修四库全书》编委会.续修四库全书（第15册）.上海：上海古籍出版社，2001：20.

统观纷繁复杂的世界，凸显太极作为“中主”的主宰地位。既然推导出太极具有“中主”的资格，那么能否固守这一资格，使其永远停留于这个层面呢？这就引申出第二组辩驳，其大致情况如下：

驳者曰：谓主在中，而中不定中，定中执矣。

曰：中不定中，而不得不因中以指之，犹太极之圆，方觚皆圆也，而不得以圆指之。①

也就是说，当认同主宰位居正中之后又产生新的疑问，那就是由于时间和空间的限制，不同事物的正中有所不同，这一事物的正中不等于那一事物的正中，此时的正中不等于彼时的正中。同样以正中命名，但是其具体内容相去甚远。从散殊的角度来看，万事万物皆有其正中，能否将这些正中统合为一个超越具体的时间和空间限制的正中，构建一套弥纶六合的“大中之道”，则是方以智所必须解决的难题。早在方学渐那里就已经开始从易学角度为陆九渊的学说提供合理性论证。从究极层面来讲，“大中之道”不能以声臭、形状和文字加以捉摸，只能在具体事物中寻求其不同的呈现形式，这好比只能以圆圈来比拟太极，而不能误将圆圈当作太极。毕竟从几何学的角度来看，无论是三角形还是正方形都能推演出圆形。如果从性与天道的关系回顾方以智对太极的认识，不难发现方以智非常谨慎地处理了这个重要的问题。他认为首先应当界定这些重要的概念，“以称名而言之，因其生之所本曰性，无所不禀曰命，无所不主曰天，共由曰道，自得曰德，密察其中曰理，虚灵曰心，称性之德曰善，称本体为善，犹称本色

① 方孔炤．周易时论合编[M]//《续修四库全书》编委会．续修四库全书（第15册）．上海：上海古籍出版社，2001：20.

为素也，非恶所敢对也”（《性故》）。这里所说的“所生之本”就是太极，由太极向具体事物的下落则可以看作“成性”的过程。当然这种说法似乎会引起一些争议，也就是很难分辨“生”与“性”的差异。倘若认定“生”就是“性”，这无异于将禀赋等同天道，混淆有限性和无限性；倘若片面夸大“生”与“性”之间存在的差异性，那就很有可能割断二者之间的联系，在天人之际高树藩篱，打断“尽心→知性→知天”的体认路径，从而阻隔儒家开辟的成圣希贤的道路。这些疑问在第三组辩驳中展现得淋漓尽致，大致内容如下：

驳者曰：执生为性，如谓指是月，外理于气，如谓水非冰，今犹二之乎？

曰：不得二之，不得混之，此合一万之大一也。正谓一在二中，二中之主仆历然，则一中之主仆历然，明矣。①

在论述“生”与“性”的关系时，不能陷入非一即二的思维误区，必须站在“大一”的角度来协调诸多争论。在方以智那里，可以将太极视为“大一”，万事万物可以视为从数字之“一”开始的“万”。数字之“一”和“大一”之“一”有着明显的区别。数字之“一”能够展开一系列的数理推论，而“大一”之“一”则是一个超越的具有大全色彩的观念，尽管能够呈现为数字之“一”，但并不因此而削弱自身的抽象性。方以智认为“大一”具有“合一万”的功用，这里所说的“一万”就是由数字之“一”衍生出来的一多关系。必须指出的是，方以智的“合一万”的说法其实是对邵雍的“合一衍万”说法的转述。万事万物都是气化

① 方孔炤．周易时论合编[M]//《续修四库全书》编委会．续修四库全书（第15册）．上海：上海古籍出版社，2001：20．

的产物，从源头与主宰来看，万物共有一太极。从凝气成质的角度考察形气的主宰，就必须将理论视野转向对理气关系的考察，而不能仅仅停留在至高的无声无臭的主宰的太极这一层面上。方以智指出：“称性之质为气，而明气之中曰理。物各一理，而共一理也，谓之天理。气分阴阳，则二其性；分五行，则五其性。人物灵蠢，各殊是曰独性，而公性则一也。”（《性故》）在方以智那里，太极与“天理”有着明显的区别。前者不杂形气而言，属于超越层面的概念设定；后者则从成性的角度对气的主宰以及不同具体事物的共同主宰的追溯。作为衍生阴阳的阳就是太极。方以智解释道：“太极为上，则阴阳为下，阴阳相错，而太极综之，阴阳即综，太极究何分乎？善恶相错，而泯善恶者综之，又以有善恶与无善恶相错，而以一善综之，故知明善一善止至善，乃三才之主宰也。”（《易余·反对六象十错综》）当太极呈现为动静的具体形态时，就产生阴阳二气。阴阳二气从相对待的两个方面分得太极的部分属性，因而称之为“二其性”。毕竟方以智是以动态的思维来解释“性”，强调“成性”的历程，而不是简单地将“性”判为最终的结果。阴阳二气交感，衍生万物，这个创化过程可以称为“道”，也就是《系辞传》所谓“一阴一阳谓之道”。从大全的高度来讲，天地万物构成具有生命的纯善的“一”，即所谓“公性”，其核心价值是生生之德。从散殊的角度来看，阴阳二气能够将具有生命的纯善的“一”分为二，五行则将其分为五，遵循这样的路径以至于万事万物。具体事物的差异性是对“公性”的不同层次的呈现，故而称之为“独性”。形态各异的“独性”不能斩断自身与生生之德的关联。这种动态的成性学说是方以智易学思想中的闪光点。

那么，“大一”或太极之前是否还存在所谓的无极呢？或者说，太极和无极之间的关系究竟应该如何处理？方以智在解读周敦颐《太极图说》和《通书》的过程中阐述自己对这一基本问题的看法，他说："周子方论始终、虚实、有无、道器之大纲，则实中有虚，虚中有实，有之前为无，无之前为有。有卦爻与无卦爻对，而太极无对也。太极之前添无极，则不能显不落有无之太极矣。故愚从而三之。"（《东西均·三征》）在周敦颐的代表著作《太极图说》和《通书》中出现了许多相对待的概念。在论述万物衍变过程时，周敦颐揭示"终始"的重要性，因为作为生活在具体的时间和空间的个体，人无法目睹天地变化的开端和结尾，只能根据目前的生存状况推测过去和未来，在逻辑上设定开端与结尾，以此作为把握变化的手段。在儒家看来，宇宙是生生之德的创造过程，其开端应该设定为统摄万有、超越具体事物的太极。从生成论的角度来看，太极是日新又新的力量源泉和开端。从万事万物与大全之间的关系来看，太极则是统摄一切事物的最高主宰。人类的认识能力和实践活动有着明显的局限性，这是不可避免的。当认识主体深入探讨具体事物的结构时，事物中蕴含的客观道理与认识主体的知识结构等要素就发生了关系，如果将前者视为内，那么后者则可以称为外，内外相合，认识主体就形成了对于客观事物的认识。由于不同认识主体存在各种差异，因而对于同一事物的认识也有不同程度的偏差，但无论如何不能否认具体事物的客观实在性。当谈到所谓"格心中之物"时，只不过是强调认识主体与实在对象相交感之后产生的认识对象，这个认识对象是不能脱离认识主体而独立存在的，同时也不等同于实在对象。

从体用论的角度来看，"虚实""有无""道器"等相对待的观念都是一一对应、相互融通的，并不存在水火不容的对立关系。一切对待关系都统摄于太极，因为太极是无对的。即便讨论所谓"无极而太极"，那也是强调太极具有"不落有无"的基本属性。也就是说，方以智为了进一步深入探讨"太极不落有无"这一重要问题，才设置无极、有极和太极这三者的名义。这并不能说明在有极与无极的对立关系之外还存在所谓太极。因为在方学渐那里，无极是太极的形容，而非作为存在的存在。既然无极是对太极的“无声无臭”状态的描述，相应地，有极也是对太极的形容。与无极侧重于形容“无声无臭”不同，有极形容太极具有能够衍生和统摄一切万物的功能。

二、太极不落有无

方以智认为周敦颐最能明了《系辞传》所勾勒的宇宙衍化过程，尤其是在设定逻辑开端方面，《通书》起到了典范的作用。在方以智看来，周敦颐所作《太极图说》是从太极顺成直下，衍生万事万物，在具体事物中体现纯善的超越的“一”。这个衍化过程可以看成从“无”到“有”的转化。当然这里所说的“无”是对太极的形容，也就是所谓“无极而太极”，并不是与“有”相对的“无”。与《太极图说》的顺成直下相比，《通书》的致思路径正好是一个逆推的过程，以具体事物作为出发点，其间经历阴阳五行，追溯纯善的超越的太极，体认“无声无臭”的“大一”。方以智指出：

《通书》因直下之有，推太始之元，以为自无生有，故曰“无极而太极”，而动静阴阳，而五行、四时矣，非欲表两极也，其曰“阴阳，一太极也；太极，本无极也”。愚即此阐之而明矣。一不住一之阴阳，即《礼运》所云“本于大一，分而为天地”者也。五行、四时，从此万有，皆一有俱有者也。直谓阴阳为有极，可也。有极与无极相待，轮漫而贯其中者，谓之落有，不可也；谓之落无，不可也。故号之曰太极。(《易余·太极不落有无》)

万有分得“大一”，在各自的有限性中呈现无限性。“大一”衍生阴阳的过程呈现为“直下”。阴阳禀受“大一”，以“大一”为体，可以名之为有极。方以智以“一有俱有”概括《通书》所谓“直下”的过程，其实与邵雍所谓“合一衍万”有着异曲同工之妙。有极与无极一样，都是从不同侧面对太极做出描述，尽管二者构成对待的关系，但是不能断言太极偏重于“有”“无”之中的任何一方。假如偏于“有”，则称之为“落有”；假如偏于“无”，则称之为“落无”。无论“落有”还是“落无”，都是对太极的曲解，因而只有“不落有无”才是太极的实存状态。不唯如此，方以智还指出“不落有无”包含着“不离有无”的情况，借用《庄子》中有关“弄丸”的寓言来考察无极、太极和有极三者之间的关系：无极表明“无声无臭”、不可捉摸的样态；“道极”强调从周而复始的轮转中打开一个缺口，为其设定变化的开端与结尾，描摹变化的历程；“乾坤”意指太极衍生万物的历程。如果将无极、“道极”和“乾坤”视为三丸，那么既可以将三者平铺，又可以按照三足鼎立的姿态放置，也可以重叠，还可以首尾衔接，而无论如何也不会改变三丸的样态。当然，邵雍赋予“弄丸”浓厚的易学色彩，在很大程度上影响了后世的士大夫，他们经历宦海沉浮之后，模仿邵雍的“安乐”，以“弄丸”作为展示人生境界的手段，借以突出特有的精神优越感和身份认同。

方以智以“一”来代称太极，这个“一”既不是数字之“一”，又不是死寂的“一”，而是不落有无的超越的最高主宰。“一”能够在变化纷纭的具体事物中略微呈现自己的端倪，但又不能从具体事物中把握其全体。从不落有无的角度来看太极与具体事物之间的关系，前者并不因为后者的纷繁复杂而改变自己的内容与属性。相应地，当太极呈现为“有”或“无”的状态时，也不因此将自己的内容与属性湮没于具体事物之中。从《河图》

中五的结构来看，正中的一与四隅的一构成非常微妙的关系。正中的一与四隅任何两个在同一直线上的一都能构成一个等腰三角形，以等腰三角形的顶点作为轴对称点，将位于底边的两个一旋转，就能形成一个《河图》中五的形状。由正中的一连接起来的两个等腰三角形之间就构成所谓“旋四用半之反因”。正中的一不会偏倚四隅任何一个一，因而称之为“公因”。正中的一能够摄取四隅任何一个一。

结合《河图》的具体形状，倘若以中间的五与十作为太极，那么北方的一与六、南方的二与七、东方的三与八、西方的四与九都无法改变正中的地位。如果进一步对中间的五与十进行区分，那么五可以看作正中，十可以分为北方的一、南方的二、东方的三、西方的四，仍旧不能改变正中的地位。如果将正中的五进一步分割，那么中间的一与四周各有之一也构成“四破”的形态。当然这只是有序的逆推，按照方以智的观点，随处即能确立正中，“四破”也就随处而立了。这不过是以固定的视角来观察一个《河图》中五。其实四隅任何一个一也能够将自身视为正中的一，进而以“四破”的方式构成另一个《河图》中五，由此以至无穷。不过应该指出的是，《河图》中五只是表达“太极不落有无”这一基本观念的具体形式，其本身并不能等同于太极。太极可以表现为“有”“无”，即所谓“落两”，但又“不落有无”，即所谓“落两”。这两种情况也构成相对待的关系。既然将太极视为“无声无臭”的最高主宰，那么朱熹以“上天之载，无声无臭”解释“无极而太极”似乎也有了用武之地。方以智在此提到的“天”就是太极的代称。从太极本身来考察“落两”与“不落两”的存在形态，无异于从“体”的高度来发掘“用”的形态。从究极层面来看，“体”必须消弭一切相对待的内容，同时涵摄一切相对待的属性，因而在“体”的统摄下，“用”中呈现出来的“不落两”与“落两”的情况构成非常明显的相对待的关系，即所谓“大反因”。

当然，方以智并不是机械地将“体”视为静止不动的上位，将“用”设定了冥顽不灵的下位，而是以灵活的方式促使上下互动，尤其发挥人在协调体用关系中的作用。易学在“立天之道”“立人之道”和“立地之道”方面有着突出的贡献。如果将理论视域局限在天道方面，忽视人的优先地位，那么整个儒学就丧失了其应有的价值。方以智沟通天人，将整合“反因”的权力托于“公因”，而对于“公因”的认识和把握又是人的职责。人为天地之心，“乾为父”“坤为母”似乎对于所有的社会成员来说都是共享的。上天赋予万物生命，大地成就万物形体。方以智借用《先天八卦横图》和《河图》来表达自己的观点，指出：

> 极奇而仪偶，万物皆地成，则皆天也；人皆母育，则皆父也。卦爻皆仪布，则皆极也。围四用半，即圆一围三之因二也。卦一象三，即两端用中、左右逢原之前用也。易贯寂感，道贯费隐，无息贯艮震，惟其不落有无，有在无中，无在有中，中无中边，无不可以中边，一向未显，乐守户牖。(《易余·太极不落有无》)

《先天八卦横图》分为四层，第一层为太极，第二层为“两仪”，第三层为“四象”，第四层为“八卦”。第一层没有任何形状，只以文字表明空白部位是太极，所以方以智称之为“极奇”；第二层是相对待的阴阳，左为阴，右为阳，所以方以智称之为“仪偶”。八卦将原先相对待的“两仪”转化为阴爻和阳爻，而“两仪”又从太极衍生而来，所以说“卦爻皆仪布，则皆极也”。再来逆推《河图》中五的形成过程，四隅的一对正中的一构成“围四”的情形。如果以正中的一作为十字交叉的中点，那么四隅任何两个在一条直线且又是正方形边上的一就与正中的一构成“用半”的关系。倘若以正中的一作为圆心，四隅任何三个一就能与之构成一个圆形，即所谓“围三”。如果确立正中的一，那么就能够出现与之相对应的一个一，以正中的一作为对称的中点，就会形成另外一个一，这两个一正好与正中的一在一条直线上，且又是正方形的对角线。这种情况与此前的以正中的一作为等腰三角形的顶点的情况共同构成所谓的“因二”。从八卦来看，任何一个单卦都是由三爻组成的，中间一爻与其他两爻也构成正中与两端的关系。方以智又将象数的规则运用到对义理的阐发上，所谓“易贯寂感”是指《系辞传》所谓“寂然不动，感而遂通”，“道贯费隐”是指《中庸》所谓“君子之道费而隐”，“无息贯艮、震”是指《系辞传》所谓“终万物、始万物者，莫盛乎艮”，“动万物者，莫疾乎雷”，贯穿于这些论题的就是太极的基本属性，如“不落有无”“寂历同时”以及对“中”的灵活展示。《河图》中五较为形象地描述了“中”与“边”的关系，但是图象的“中”与“边”只是表达义理的具体途径，而不能代表不可名状的义理上的“中”与“边”。

三、对“三一”的阐释

在方以智易学思想中，“一”与“三”之间的关系占据着相当重要的位置。太极衍生“两仪”，可以看作“一分为二”。“两仪”与太极构成“三”。当“三”出现时，原先浑沦的太极就已经被勘破，只能在“二仪”中寻求自身。太极与“两仪”构成的“三”，其实是一种有机的联系。倘若否定这种联系，一味地寻找所谓太极与“两仪”，则无异于斩断“太极生两仪”的路径，所谓“三”也就不存在了。程子对此有着周密的论述，指出：“一二而合为三，三见则一二亡矣。离三而为一二，一二见而三亡矣。方为一二而求三，既已成三，又求一二，是不知理。”[①] 不过，

① 程颢，程颐. 二程集 [M]. 北京：中华书局，1981：1181.

程子只赞成从“一”“二”衍生出“三”，而反对从“三”来逆推“一”“二”。方以智从“直下”的角度来描述“一”与“三”的关系，在他看来：“所谓举一明三，而无三无一者也。设为三形，画作图象，无已而形出之耳，岂真有屹然不坏之图相规规颛颛于两画之上哉？况从而三之乎？然不如此形画，则不落有无之一贯图中终不昭豁，而直下卦爻中之太极，必汩汩日用而不知矣。”（《易余·太极不落有无》）这里所说的“一”是指太极或者“大一”，“三”是指“两仪”在禀受太极之后与太极构成的关系。不唯“两仪”禀受太极，即便由“两仪”衍生出来的“四象”，由“四象”衍生出来的八卦，也都禀受太极。只不过“太极不落有无”，很难为一般人所把握。万事万物与其中所含之太极构成“二”，这一组相对待的关系又与“无声无臭”的太极构成“三”。

从究极层面来看，“一”与“二”构成的“三”不过是对“一”的呈现；从“直下”的必然性来看，“一”必须呈现为“三”，方能表现其基本属性。“一”能够衍生为“三”，这是“一”的内在属性。倘若“一”不具备完整的自身，那么就无法衍生出“三”，“三”也就丧失其生成的来源。从构成“三”的统一性来看，任何企图割裂“三”的各个组成部分的做法都是不可取的。从“一”蕴含分为“三”的潜能和内在要求来看，“一”只有分为“三”，才能避免使自己沦为与世人隔绝的死寂状态。从“一”与“三”的关系出发审视“三”的存在状态，会发现“三”并非互相隔离的数字之三，而是统一体内部的三个组成部分。与此相应，“一”也不是数字之一，而是由三个部分构成的统一体。即便探究“一”所具有的超越性与“一分为三”的潜能与内在要求，也不能将“一”直接等同于“三”。由“一分为三”衍生出来的“三”，本身也是对数字之三的否定。“一”能够衍生出“三”，是对“一”自身的否定。“一”只有借助衍生为“三”这一途径，方能证明自身是"一"。"三"是"一分为三"的产物，"三"只有凭借"一"所具备的"一分为三"的潜能和内在要求，才能证明自身是"三"，同时否定自身是数字之三。"一"的超越性决定了自身必须是统合一切的大全，因而不可能将自身分为"三"。反过来讲，"三"只是大全的表现形式，并不存在"一分为三"的生成状态。大全不能被理解为数字之一，而"一""三"之间的关系只不过是借助数字的形式对否定数字的大全所做的描述，并非真正探讨数字之间的关系。

所谓"三一本无，而无亦无矣"只不过是对以象数塞虚空的反向表达，其目的在于反驳所谓"象数非虚空，虚空非象数"的错误观点。当然，这并不能证明方以智认为"一""三"都是确定不移的实体。在他看来，任何执着于"一"或执着于"三"的做法，都是对"三一之理"的误解。"三一之理"的最大特点就是变动不居，从虚空的角度来看，其实并没有什么"三""一"。从以象数塞虚空的角度来看，"三""一"是同时并举的。不唯"三""一"同时，就连由"三""一"构成的《河图》中五，由《河图》中五衍生出来的十，也构成"五、十同时"的关系。经过一系列象数方面的铺陈，方以智将目光转向经典义理方面的阐发，以《说卦传》所谓"和顺于道德而理于义"作为切入点，结合《中庸》称赞孔子"譬如天地之无不持载，无不覆帱"的说法，指出："公容代错之大帱，本不变也。然不从'三畏''三知'会'三谓''三唯'之旨，岂得漫言'和顺'？"[①] 方以智将孔子所说的"君子有三畏：畏天命，畏大人，畏圣人之言"（《论语·季氏》）称为"三畏"，将孔子所说的"不知命，无以为君子也；不知礼，无以立也；不知言，无以知人也"（《论语·尧曰》）称为"三知"，将《中

① 方孔炤．周易时论合编[M]//《续修四库全书》编委会．续修四库全书（第15册）．上海：上海古籍出版社，2001：583.

庸》所谓“天命之谓性，率性之谓道，修道之谓教”简称为“三谓”，将《系辞传》所讲的“唯深也，故能通天下之志；唯几也，故能成天下之务；唯神也，故不疾而速，不行而至”称为“三唯”，将《礼记·孔子闲居》所谓“天有四时”“庶物露生”“气志如神”合称为“时生神”，将“万物皆备于我矣，反身而诚，乐莫大焉。强恕而行，求仁莫近焉”（《孟子·尽心上》）简称为“备乐近”，以此作为依据，证明经典文本中蕴藏在“三”“一”关系中的义理。可以说，方以智再次运用了所谓寓义理于象数的诠释方法。

“一”具有丰富的象征意义：混沌开辟，天地分判。人类将自己对外部世界的认识比附于自然界的变化。开启这个历史进程的人，功不可没，可以称为最早的圣人。文明长河有其源头，不能以今日的辉煌成就忽视往昔的文化积淀。方以智指出：“倱伅蕴之，而天地示之，圣人浑浑噩噩发其端，俟人自悟，文熟化演，悟者寥寥，故转风气者开之，开复不悟，而反云：此象数耳，可鄙也。此名言耳，可摈也。”（《易余·太极不落有无》）漠视象数的积极意义，不过是学者的偏见，这无异于壅塞文化源头。虽然作为完备理论的象数学说并非易学的开端，但是卦画却是从洪荒走向文明的开端。原始思维和远古文字开启后世的文化先河，以简洁的表达方式承载着先知对自然界和人类社会的认识与反思。桐城方氏易学注重收集和整理前代的图象，并对这些图象进行文字解说与义理疏导。从“大一”分出“大两”，衍生万物，任何纷繁复杂的事物可以用参两、参伍的变化加以概括。通过对易学的体认，道德主体能够对治烦恼，复归真实性。在这种修养途径中，禅宗标榜的“空空”与孟子主张的“万物皆备于我”实现了融通，不会因为文字差异与理论结构不同而天渊相隔。诸子百家的学术思想、自然界与人类社会的衍变都可以用象数加以描述和解释，方以智指出：“大一分为大两，而参两以用中五，从此万千皆参伍也，皆一贯也。三教、百家、造化、人事，毕于此矣。处处是《河》《洛》图，处处是○、∴、卍，行习而不著察耳。”（《易余小引》）方以智论述的象数模式基本遵循宋代象数易学的路径，强调“大一”衍生“大两”是为了给太极留下充足的理论空间。由太极经历阴阳变化，再到《河图》《洛书》的形成，万物性情被纳入其中。这种演进图式区别于汉代易学家探究太易、太初、太始、太素的变化历程。“大一”是变化的开端，一切事物都以“大一”作为本原。至于在“大一”之前是否还存在其他阶段，方以智对此并没有太大的兴趣。

方以智将“大一”等同于太极，那么从“两仪”“八卦”以至于四千零九十六，也就是六十四的平方，都可以看作“两仪”，其中隐藏着依次递进的关系。也就说，如果下一级为两仪，那么上一级为太极。以此来推，以至于无穷。方以智又以圆∴作为例证，论述自己对太极、两仪之间关系的看法，指出：“圆∴三点，举一明三，即是两端用中，一以贯之。盖千万不出于奇偶之二者，而奇一偶二即参两之原也。上一点为无对待、不落四句之太极，下二点为相对待、交轮太极之两仪。”（《东西均·三征》）对此，方以智特立“大两”这一名目，认为从“一”到“万”都属于“大两”。究极而言，“大两”就是“大一”，这相当于宋儒惯用的“一本万殊”的理论模式。“大一”与“大两”之间构成体用关系，“大一”是体，“大两”是用。与一般所谓体用不二不同，“大一”与“大两”构成“三”的关系。落实于有关“费”“隐”的谈论，可以说，“费”“隐”“不落费隐”分别呈现为“三”。一般所谓“一分为二”能够清楚地反映“二”的价值，就“二”和“三”之间的关系而言，“二”中藏“三”。“二”和“三”的关系可以进一步解释为，对待中的“二”与超越“二”的“一”共同构成“三”，这就形成了错综变化、轮转不息的变化之道。太极分判为“两仪”，“两仪”衍生“四象”，“一”藏于“四象”之中，构成“五行”之“五”。方以智将这一衍化过程概括为“参两、参伍、旋四、藏一”，认为这就是万法变化的根基所在，并以“密衍”勾画的图象变化历程作为衔接这些义理问题的纽带。

第三节　协调“四行”“四大”与“五行”之间的争论

方以智处于中西文化碰撞的历史时期，参与到许多学术争论之中，试图以易学作为统合各种学说的理论基础。就当时的思想界而言，基督宗教必须通过学术辩论来开拓自己的领地。利玛窦是挑起“五行”“四行”与“四大”之间争论的主要人物之一。在利玛窦看来，中国传统的五行学说与印度的四大学说都存在严重的不足，必须代之以“四元行”，就是方以智所说的“四行”。印度文化中的“四大”是地、水、火、风，利玛窦推崇的“四元行”是指火、气、水、土，中国传统文化中的“五行”是指金、木、水、火、土，这三种学术观念有着相同的内容，那就是水、火、土（地），而“四元行”中的气在中国传统文化中也能找到对应的部分。然而利玛窦的着力点在于彻底否定印度的四元素说，认为：“释氏，小西域人也。若已闻太西儒所论四行而欲传之于中国，谓地、水、火、风为‘四大’也。然吾太西庠儒惟名之四大体焉。盖天下、海内、海底通为土一体也，天下江河连四海并为水一体，自水地至火处，其中所谓空者共为气一体。夫气以上其余空届月天皆为火一体也。”[①] 从利玛窦的论述可以看出，他非常轻视佛教为中国人所讲的“四大”学说，认为“四大”很有可能是佛教知道“四

① 利玛窦．乾坤体义 [M]// 纪昀．文渊阁四库全书（第 787 册）．上海：上海古籍出版社，1987：763.

元行”学说之后故意制造的名词，借以占据中国人的观念世界。当然这只是宗教家们的意气之争，与历史事实并没有太大的关联。利玛窦注重从经典文本的角度对中国传统的五行学说的衍变做出深层次的研究，认为：

中国论五行，古与今不同矣。所谓行者，乃万象之所出，则为元行，乃至纯也，宜无相杂、无相有矣，故谓水、火、土为行，则可。如以金、木为元行，则不知何义矣。试观万物之成，多不以金、木焉。如人、虫、鸟、兽诸类是也，则金、木不得为万物之达行也。又谁不知金、木者实有水、火、土之杂乎？杂则不得为元行矣。设杂者可为行，则草石等皆可置之于行之列，不独五行也，何独取金、木耶？吾观古唐虞开物、大禹陈《谟》，特与谷列之为“六府”，只云其切于民生者，未尝谓水、火、金、木、土为元行质万物之本也。[①]

利玛窦非常熟悉儒家经典，对五行学说的来龙去脉进行详细的梳理，认为汉儒所讲的“五气之行”的“五行”与《尚书·大禹谟》中的“六府”，即“水、火、金、木、土、谷”，在意义上有着根本的区别。依据前人注解，“六府”在养育民众方面发挥着重要作用，也就是说“言养民之本，在先修六府”[②]，因而可以断定“六府”中的“水、火、金、木、土、谷”是百姓生活中不可或缺的六种材料。即便不讲作为粮食代称的“谷”，其余五种事物也是具体的物质形态，并不是所谓的“五气之行”。严格地讲，利玛窦所说的“四行”是指“四元行”，重点在于将“行”理解

① 利玛窦．乾坤体义 [M]// 纪昀．文渊阁四库全书（第 787 册）．上海：上海古籍出版社，1987：761.

② 孔安国．尚书传 [M]// 中华书局编辑部．汉魏古注十三经．北京：中华书局，1996：9.

为“元行”，强调“元行”是衍生万象的源头。“元行”具有精纯、互不相杂、互不相有的基本属性。利玛窦认为，中国传统的五行学说存在许多问题，不仅所谓“五行相生”的次序没有任何经验层面的依据，就连五行本身的合理性也值得怀疑。利玛窦否认金、木具有“元行”的资格，理由在于万物很少是由金木构成的。然而，在中国传统社会中，生活器具却多以木、金为材质，从五行方位来看，木、金分别位于东西，因而称事物为东西。这并不能推翻利玛窦的论述。在传统中国的观念世界中，“万物土中生”，“五才”中的金、木之形都从土中生出，呈现各自的属性。在五行的布局中，火、水居于南北，构成相克的关系，木、金分局于东西，一主生，一主杀，也构成相克的关系。关于“四行”“四大”与“五行”之间的争论仍旧需要方以智来解决。

方以智将印度的“四大”与利玛窦所讲的“四元行”统称为“四行”，并与中国传统的五行观念进行比较，试图为三种不同的学说搭建一个可供交流的平台。在他看来，自然界存在金、木、水、火、土这五种具体的物质形态，可以称为“五才”；而易学中的“五行”则是指“五气之行”，也就是与五方、五位、五色等内容构成格套的气化形态。当然，这种观念并非方以智首创，而是来源于《白虎通》。作为五种具体事物的“五才”很容易被人把握，但是隐藏其中的“五气之行”却很难为人所知。从气凝聚为形的角度来看，“五才”属于形，“五气之行”属于气，二者的表现不同，但本质却是同一的。从五行方位来看，土居于正中，火居于南方，水居于北方，二者分别位于土之上下，火为虚，水为实，土正好为二气交旋提供了一个缓冲阶段。再者，“五气之行”凝气成形，土在五者之中表现得最为持中：既能承载流动的水，又能为火的燃烧提供燃料。从气的属性来看，水为湿气，火为燥气，土居于二者之中，将燥湿之气混合起来，以中和之气加以调节，防止出现极度的燥湿。方以智之所以这样讲，是为了回应利玛窦关于“四元行”的“本情”的论述。在后者看来，“夫行之本情并为四也，曰热、干、冷、湿是也。四元行每二元情配合为性而成焉，若冷与热、干与湿直相背而不可同居，以为二行矣。惟热、干相合为火，火甚热，次干也。湿、热相合为气，气性甚湿，次热也。冷、湿相合为土，土性甚干，次冷也。此四行之性也”[①]。也就是说，在“四元情”中，除了干、湿由于属性相反而不能合成“元行”之外，热与干能够合成火，湿与热能够合成气，冷与湿能够合成土，而水是由湿构成的。利玛窦的说法能够为方以智提供借鉴的思路，但无法赢得方以智的赞同。

在方以智那里，阴阳五行都是气化的特殊形式，气呈现为各种形态：湿气转动，就变成风；当气急速运行时，就会出声；当气经由聚合与发散时，就会发光；当气凝结时，就能够形成具体的物质形态。因而，可以将自然界的风、声、光、形都看作气发用的结果。由此可见，印度所谓“四大”，即地、水、火、风，不过是气化的产物，地就是凝气成形的土，水、火就是燥湿之气，风是气运转的产物。“四元素说”与此略有不同。“四元素”是指气、水、火、土，其中的气是指尚未凝形的气，而水、火、土则是凝气成形后的产物。方以智由此对“中国言五行”“太西言四行”进行一番协调。方以智认为，邵雍以水、火、土、石对应于太柔、太刚、少柔、少刚，与五行学说有着明显的区别。五行中的金、木被替代为石。从金蕴藏于石的角度来看，“金、石同体”这一观念是成立的。在周敦颐的《太极图》中，五行的位置有所不同，水、火居于上方，土居于中央，金、木居于下方，意指金、木从土中生出。从“五才”的角度来看，金藏于土中，属性坚硬，因

① 利玛窦．乾坤体义 [M]// 纪昀．文渊阁四库全书（第 787 册）．上海：上海古籍出版社，1987：762.

而称为“地骨”，木附着于土，属性曲直，因而称为“地皮”。从气化的不同结果来看，水为润气，火为燥气，木为生气，金为杀气，土为中和之气。五者统称为“五气之行”，即《白虎通》所谓的“五行”。

以“五气之行”来考察水火交济，水有实形，火为虚气，但并不否定二者都是气化的表现形式。前此已经论及风、声、光、形都是气发用的结果，也就是气化的具体表现形式，或者气化的产物。当然，气化的表现形式是多种多样的，风、声、光、形只是其中的四种，即所谓“四几”。方以智又将印度的“四大”与太西的“四元行”加以比较，认为二者之间有着相通之处。不过，虚实对待，气化也是虚空作用的结果。结合传统医学理论，心属火，藏神主性，肾属水，藏精主命，二者正好构成水火交济的关系，具体说来就是“人身之津液、草木之汁，皆水也，一气所生也。先天一生水为真阳，而后天以形用，则体阴；二生火为真阴，而附物乃显，则体阳。上律天时，凡运动皆火之为也，神之属也。下袭水土，凡滋生皆水之为业，精之属也”[①]。承袭前面所说的“举南、北之水、火，而东、西之金、木寓矣”的观点，既然已经论及心、肾，那么肝、肺、脾也就顺带而出了。五脏、六腑关联密切，其实都是心、肾之间关系的呈现，或者说是二气运行的结果。方以智又一次运用了自己的“三一”学说：水、火是二，气为一，从水、火的具体形态中抽出二者的共同属性，就会得到气，也就是“舍二求一”，由此可以知道气隐藏于水、火的具体形态中。水、火的具体形态与气之间构成二而不二、不二而二的关系，由此可以延伸到象数易学中的“参两”“九六”“七八”“四五”“五六”等问题。

尽管方以智做出了许多努力，试图调解“四行”“四大”与

① 方以智．物理小识[M]// 纪昀．文渊阁四库全书（第 867 册）．上海：上海古籍出版社，1987：760.

“五行”之间的冲突，但是这一切都停留在表层，毕竟佛教、基督教与儒家具有不同的文化内核。这一点成为三种文化呈现不同情状的根本原因。与其他传教士的做法相似，利玛窦不失时机地宣传有关造物主的信仰，指出：

当初造物者欲创作万物于寰宇，先混沌造四行，然后因其情势布之于本处矣。火情至轻，则跻于九重天之下而止。土情至重，则下凝而安天地之当中。水情比土而轻，则浮土之上而息。气情不轻不重，则秉水土而负火焉。所谓土为四行之浊渣，火为四行之净精也。火在其本处近天，则随而环动，每日偕作一周，此系元火，故极净甚炎而无光焉。无光者何？无薪炭等以传其光故尔。若遇一外物冲照，则著而发矣。[①]

在这种上帝创造世界的观念体系中，互不混杂、互不相生的“四元行”是造物主的作品，各自具有不同的属性。在利玛窦看来，“四行”是造物主的作品，而非自然的产物，“四行”具有不同的属性，因而呈现出不同的形态。当然，方以智并不赞同利玛窦所宣扬的造物主观念，曾经公开反对基督教的上帝信仰，极力推崇自然之天。在他看来，“齐其分，权其主，归之于天。天亦不能自主而主物乎？天亦不能自分而分物乎？吾尝云：天本无天，以天在一切物中；则谓物之自主、自分，为天之主之、分之可也”（《东西均·消息》）。这正是明清之际中西文化碰撞的主要原因之一。即便利玛窦否认中国传统的“五行”学说具有合理性，以所谓“四元行”的学说解读十二星座，认为“若十二房者，白羊、狮子、人马禀火性，金牛、摩羯、室女禀土性，双兄、天秤、宝

① 利玛窦．乾坤体义 [M]// 纪昀．文渊阁四库全书（第 787 册）. 上海：上海古籍出版社，1987：761-762.

瓶禀气性，巨蟹、天蝎、双鱼禀水性（双兄、室女，历家错为阴阳、双女，今正之）”[①]，但这并没能难倒方以智。方氏在《图象几表》中运用类似的方法解读《都利聿斯经》中的说法，以中国传统的五行学说划分十二星座，基本原则是“人生之时，加太阳所临宫，顺数遇卯安命，以帝出乎震也。苏子由有说。在配位以日当午，月当未，以上律也。土当子丑，以下袭也。天道左旋，寅当春木，卯当夏火，辰当秋金，巳当冬水。地道右转，亥木、戌火、酉金、申水当之”[②]。这样一来，壬子对应于宝瓶，癸丑对应于摩羯，艮寅对应于人马，甲卯对应于天蝎，乙辰对应于天秤，巽巳对应于室女，丙午对应于狮子，丁未对应于巨蟹，坤申对应于双兄，庚酉对应于金牛，辛戌对应于白羊，乾亥对应于双水。如果以六十纳音将十二星座进行重新分类，那么各自对应的五行属性就相当明确了。

明末清初，许多西方传教士清醒地意识到儒家经典具有一种无可替代的权威性，要想顺利打开中国的宗教市场，就必须加速经典诠释层面的会通。这种会通有利于扫清基督教遭遇的文化心理障碍。在利玛窦看来，宋明儒家阐述的义理偏离了孔子的学说，在后者那里，儒家呈现为一种自然宗教或者单纯的哲学，对于上帝的信仰也有许多依据可供追寻。利玛窦非常注重对儒家经典中有关“天”“上帝”等记述的考察，认为这是古代中国人信仰上帝的证据。中西方文化交流促成了基督教“索隐派”的产生。这个宗教派别试图从中华文化典籍中寻求天启宗教的暗流，从而为基督教在华传播扫除文化心理方面的障碍。在柯毅霖看来，“利玛窦试图表明古代中国人已信奉造物主——天主。早期儒家的‘上帝’信念是正确的。他也肯定中文中的‘天’不是非人格的或物

① 利玛窦 . 乾坤体义 [M]// 纪昀 . 文渊阁四库全书（第 787 册）. 上海：上海古籍出版社，1987：763.

② 方孔炤 . 周易时论合编 [M]//《续修四库全书》编委会 . 续修四库全书（第 15 册）. 上海：上海古籍出版社，2001：118.

质的。'上帝'和'天'这两个术语都正确表达了基督教的天主这一概念。相反地，他强烈拒斥天地之上的'天主'等同于新儒家的'太极'"[①]。方以智与利玛窦的最大不同就在于继续阐发"太极"观念，以此作为拒斥基督教上帝信仰的理论武器。这是方以智与西洋传教士的根本分歧。有关"四行""五行"等问题的争论只是浅层的义理探究，双方都有各自的理论前提与崇奉对象，故而很难达成一致。

当西方传教士热衷于将儒家经典中的"上帝"解释为造物主，以此作为文化渗透的缝隙时，中国的士大夫没有袖手旁观。他们积极比较两种异质文明的根本差异。在他们看来，经典解释不是单纯的文字游戏，它的背后隐藏着特定的价值观。经典解释，非同一般，它维系着意识形态领域的安全。如果任由经典解释混为畸形化的怪物，那么整个国家将会迎来信仰领域的空前灾难。到那时，再谈统一思想，恐怕就是痴人说梦了。

在方以智易学思想中，"密衍"历程中的"《河图》变《洛书》"巧妙地将体用、生克等关系融为一体。在他看来，"《图》变《书》,而生克互用,《易》全用之。诸圣皆用《易》,即皆用《图》《书》也。何定以《书》专用'畴'，胶矣。后又辨'畴'数偶合而非《书》道,亦胶矣。《图》体《书》用,《图》用于《书》者也"(《易余·三冒五衍》)。一切变化都能够被囊括于易学之中。方以智甚至将圣人运用易学视为运用《河图》《洛书》，既反对僵化地把《洛书》对应于《洪范》九畴，又反对脱离《洪范》九畴而单纯地进行数字衍变，因而《河图》《洛书》之间的体用关系，"《河图》变《洛书》"就是"《图》用于《书》"，这样的变化历程成为方以智易学思想的重要组成部分。

---

① 柯毅霖．晚明基督论 [M]. 成都：四川人民出版社，1999：74-75.

第四节　以“天人不相胜”解释“天人合一”

儒家习惯于将自然界的变化比拟为人伦。天地是人的父母。天地的价值在于道义。人如果能够克服自身不足，超越自己的局限性，使得自己的内心世界与交往活动完全符合道义，就达到了“天人合一”的理想状态。方以智在著述中耗费大量篇幅来论证“天人合一”的合理性，最终目的在于阐明人不能胜天，天也不能胜人。方以智将气视为世界本原，认为一切事物都是由气构成的，即便虚空也是由气充实的。事物的存在都有其合理依据，用儒家的话语来讲就是“则”。从人类的认知能力来看，万物与虚空都能构成认识对象，人类能够探究“物理”，提升认识世界和改造世界的能力。

一、以“天人合一图”阐述“天人合一”的基本内容

从《铁庐外集》卷二的记述来看，桐城方氏非常重视对邵雍《天根月窟图》的解释，认为这幅图所包含的阴阳消长的道理，既可以用来解释自然界与人类社会的变化规律，又可以用来指导个体的心性修养。潘天成指出：“此图天人合一，乃汤世调、梅定九两先生心法之传也。桐城方明善、公子廷尉大镇、公孙中丞孔炤、曾孙学士以智、元孙田伯、位伯、素伯、有怀，及南丰汤惕庵、建昌揭子宣诸先生皆如是说。凡我同人，须熟玩焉。”[①] 需要指出的是，这里所说的“此图天人合一”其实是对邵雍《天根月窟图》的变相处理。与邵雍的知识背景有所不同，方以智站在“地球说”的基础上，重新阐发“天人合一”这一古老的观念。

① 潘天成. 铁庐外集[M]//纪昀. 文渊阁四库全书（第1323册）. 上海：上海古籍出版社，1987：589.

方以智明确指出："地在天中，球也，四周六合，各以所履为下，首立为上，气鼓之而然，渐陀以转，人如蚁不知耳。南北极与天应，枢纽不动，而时时气交。地球在日北陆之带为中国，故阴阳最和，人最灵。"（《东西均·源流》）可以看出，方以智不仅洞察地球旋转的情况，更能结合中国所在的地理位置，论证中国人最具灵性。这在当时显得相当难能可贵。潘天成秉承了桐城方氏易学"尊阳"的传统，讲道："天地有阳气而无阴气，阳消即是阴。人心有善而无恶，善亡即恶。阴盛而阳自生，恶极而善不灭。以天地止有阳，而人心止有善。故探月窟而知物，蹑天根而识人也。其学《易》之学，只在慎独。一念之善为天根而扩充之，一念之恶为月窟而遏绝之。"[①] 仁是本体，惩忿窒欲是工夫。本体与工夫之间存在改过从新、弃恶扬善的契机。这个契机就是"几"。至善是圣人境界。普通人基本上处于善恶混杂的状态。一念之善，犹如火星，如果善加护持，就会引燃熊熊烈火；反之，一念之恶，任其蔓延，就会铸成大错。一念之善，对应于"天根"；一念之恶，对应于"月窟"。二者相交，周而复始。统摄阴阳的是纯阳，主宰善恶的是至善。天道与心性具有同构性。天道如何实现纯阳？人心怎样回归纯善？这不仅是难以全面论证的理论问题，而且是需要反复验证的实践问题。就此而言，桐城方氏易学对于纯阳、至善的讨论需要今人继续深究，更重要的是向前推进。

方以智以"苍苍"作为天的基本含义，在《齐物论》眉批中罗列了几种常见的关于"天"的解释，借以探究天人关系，指出："有以象言天者，有以数言天者，有以气言天者，有以理言天者，莫适为天，是何籁耶？"[②] 在儒家的观念世界中，"天"有着多重含

① 潘天成．铁庐外集[M]//纪昀．文渊阁四库全书（第1323册）．上海：上海古籍出版社，1987：588.

② 方以智．药地炮庄[M]//《续修四库全书》编委会．续修四库全书（第957册）．上海：上海古籍出版社，2001：241.

义，依据冯友兰先生《中国哲学史》（两卷本）的观点，“天”至少可以从五个方面加以理解，即所谓“曰物质之天，即与地相对之天。曰主宰之天，即所谓皇天上帝，有人格的天，帝。曰运命之天，乃指人生中吾人所无奈何者……曰自然之天，乃指自然之运行……曰义理之天，乃谓宇宙之最高原理”[①]，方以智与利玛窦等人往复辩论的就是“主宰之天”。在方以智那里，“天人合一”不是空洞的理论假设，而是运用体认工夫达到的人生境界。无论片面地赞同“合一”还是“相分”都是臆测，没有实际效用。如果不能洞察“天人本无分合”的意蕴，就会陷入“执一”或“执二”的困境，从而无法安顿个体的身心性命。方以智剖析了这种思想的症结，认为最佳状态应该是通晓“幽明之故”。

不则，言人言天，言天人合一，不落有无，皆行名失己之身，不真之知，孽贯券也。知则不为一切琦辨奥理所惑，而我可以转之。不知则一端暗合，而他端又纱縠矣。突有诐锋，而膨膨恐所不免。[②]

只有达到“真知”的状态，才能消除有关“天”“人”问题的疑惑。方以智将孟子所谓“故而已矣”理解为“真知”，也就是知其“故”。这个“故”不仅是性的来源，而且还担负着贯通物我的重任。在论及物我关系时，方以智不仅对孟子所讲的“万物皆备于我”有着深切的体会，更从二者之间的交互关系入手，考察“万我皆备于物”这一问题。在他看来，“我亦物也，天地亦物也，不过一彼一此而已，可曰彼备于此，亦可曰此备于彼；彼皆因此，此亦皆因彼，何能禁之但使归此，不许归彼乎？天已

① 冯友兰．中国哲学史 [M]// 冯友兰．三松堂全集（第 2 卷）．郑州：河南人民出版社，1988：43.

② 方以智．药地炮庄[M]//《续修四库全书》编委会．续修四库全书（第957册）．上海：上海古籍出版社，2001：216-217.

分地，地已生人，又何能执无彼此、而禁立彼此之名乎？”（《东西均·象数》）既然人与天地都属于物，主客之间可以换位，那么就可以将“万物皆备于我”理解为“我备于万物”。既然天地分判，人居于二者之间，就应该享有自身独立的地位。这一点集中体现在“正名”的观念上。天地人不仅具有不同的名义，更有各自所要遵循的道。《系辞传》将三才之道分判为三组对偶关系，即所谓“立天之道曰阴与阳，立地之道曰柔与刚，立人之道曰仁与义”，意指三者在统一基础上的差异性。人与天地存在诸多差异，然而不能因此否认人具有取法天地的能力与诉求。周敦颐对“志学”的理解是“圣希天，贤希圣，士希贤”[①]，一般士子尊崇贤能君子，贤能君子效法圣人，圣人参赞天地造化。既然主张“士→贤→圣”的工夫路径，那么作为最高层面的天又如何成就自身的义理价值呢？方以智从圣凡关系、天人关系来探究这个问题，指出：

> 《易》入蓍龟，以输其天于夫妇，是圣之入凡也，即人是天，谓之无天人矣，非谓无人浇天、漓人尽天，全之别也。即凡是圣，谓之无圣凡矣，非谓无圣自统凡、凡本慕圣之别也。资之深，居之安，原之逢也。（《易余·一有无》）

方以智继承儒家所谓“天听”“天视”的传统，认为天道的义理价值必须从“民”那里得到具体内容，方能对自身进行充实。在这层意义上讲，“天无其天，则天又希人”。与此相应，圣人超越一般社会成员，却不会将自身置于与世隔绝的境地，而是积极深入一般社会成员的生活之中，体察疾苦，发挥“善世”的职能。从天道衍化角度来看，当太极衍生仪象之后，只有仪象显现，太极藏身于仪象。仪象呈现为纷繁复杂的样态，其中蕴含着天然秩

① 周敦颐．周敦颐集 [M]. 北京：中华书局，1990：22.

序。从卦象与卦德的区别来看，天地是象，《乾》《坤》蕴含卦德。一般社会成员只知道作为象的天地，而无法深刻理解作为卦德的《乾》《坤》。深究天人之际，天道为人伦提供合理性依据，因而可以认为“人道即天道”。君子学《易》的目的在于洞察天地之间的变化端倪，为社会成员谋求福祉。圣人以蓍龟作为辅助手段，将莫名形状的义理价值灌输给普通民众，确保人伦协和、社会稳定。天道的义理价值就在人事中得到有效落实，妥善地处理了天人关系。方以智反对隔绝天人，更反对高树圣凡藩篱，主张沟通天人，协同圣凡，以此作为改善社会生活的理论支撑。只有天人相即、圣凡相即，才能达到资深居安、左右逢源的理想境界。

在贯通天人的过程中，心发挥着重要的作用。人是万物之灵，人心能够与天道感通。方以智对这种观念的内在理路进行简要概括，指出：“天地生人，人有不以天地为征者乎？人本天地，地本乎天，以天为宗，此枢论也。天以心予人，人心即天，天以为宗，即心以为宗也。”（《东西均·所以》）其中，引人注目的是“人者，天地之心”（《礼记·礼运》）这一基本观念。这也是方以智易学能够得以系统论述的核心观念。无论继承邵雍的“心为太极”，还是秉持所谓“心《易》”学说，方以智都注重人心与天道之间的内在一致性。天道在人心中呈现，又能被人心认识，从人的立场来看，意欲体察天道，必须深入研究人心，从而全面了解性理的基本内容。这正是方学渐撰述《心学宗》的用心所在。

二、“天人合一”的“一”是“贞一”而不是“混一”

方以智撰写《一贯问答》，旨在揭示“一以贯之”的方法是如何统和百家观点的。在这篇文章中，方以智阐述了孔子“一贯”的真实含义，以易学的话语作为骨干，将老子、庄子、孟子、禅学、华严学等学术派别融为一体，以学术对话的方式，推动不同思想流派的交流与互动。《一贯问答》是一篇极富易学底蕴的文章，对我们深入研究方以智易学思想起到至关重要的作用。历来关于“一贯”的理解，可谓五花八门。许多学术流派、民间宗教、反动会道门都曾标榜“一贯”。在相当长的一段历史时期内，“一贯”被滥用、误用甚至曲解。追根溯源，势在必行。就现存文本而言，孔子分别对曾子和子贡讲述了“一以贯之”，这两次谈话内容完全不同。大致内容如下：

子曰：“参乎！吾道一以贯之。”曾子曰：“唯。”子出，门人问曰：“何谓也？”曾子曰：“夫子之道，忠恕而已矣！”（《论语·里仁》）

子曰：“赐也，女以予为多学而识之者与？”对曰：“然，非与？”曰：“非也，予一以贯之。”（《论语·卫灵公》）

孔子对曾子讲的“一贯”侧重于“道”，曾子将其理解为“忠恕”；孔子对子贡讲的“一贯”侧重于“学”，注重知识之间的贯通。二者有着细微的差别，但并不妨碍学者探求“一贯”的功用。在方以智之前，陈淳对“一贯”的解释最能概括朱熹的意思——从天人关系的角度来解释“一”“贯”和“一贯”。在他看来，这里所说的“一”是道理的混沦全体，或者说是大本，表现在天的层面就是太极，表现在人的层面就是圣人之心。

天理统摄一切具体道理。圣人之心贯通五常，体察万物。大致来说，“那所谓一，只当专从事。其所谓观，凡日用间千条万绪，各一一精察其理之所以然，而实践其事之所当然，然后合万理为一理。而圣人混沦太极之全体，自此可以上远矣”[①]。陈淳在这里讲的工夫论，与西方哲学史上的归纳法有一定的相似性，但与科

① 陈淳．北溪字义 [M]. 北京：中华书局，1983：32.

学方法还是有着明显差异。这一点在明末清初显得尤为突出：传教士将西方的几何学、天文学等学科知识带到中国以后，以方以智为代表的儒家士大夫看到了传统学术的不足之处，积极向西方传教士学习，让自己的子嗣、门人弟子系统掌握这些令人耳目一新的学问，因为它们在很大程度上能够纠正传统学术过于混沌的缺点。但在天道、礼制和伦理道德等方面，方以智依然坚持儒学传统，对基督教信仰保持警惕。

方以智从“几”入手，认为儒家讲的“几”是超越的“一”，既可以将其理解为“理”，得出类似于朱熹等人的观念，又可以将其理解为“心”，得出陆九渊等人的见解，但是孔子并没有将“一”确定为“心”或“理”，而是采取较为灵活的方式针对不同弟子的体认情况加以阐述。贯穿其中的是一个“变”字，毕竟“不能变即是不能权；不能权，不可与几；不可与几，岂可谓之贯！”（《一贯问答》）也就是说，孔子所谓的“一”是对变化的把握，任何执着于停滞或静止的观念都不能准确地理解它。只有根据不同时间与空间的变化来体认这个“一”，以此作为会通孔子的生命精神与六艺之道的桥梁，才能准确地理解所谓“一以贯之”。

在方以智看来，孔子所说的“一以贯之”解释为《系辞传》所谓“贞一”，也就是对“吉凶者，贞胜者也；天地之道，贞观者也；日月之道，贞明者也；天下之动，贞夫一者也”的简略称呼。苏轼沿用古人的观点，将“贞”解释为“正”，主张树立可供全社会遵循的道德规范，在区别“性”“情”的基础上落实“反”（“复性”）的修养工夫。他说：“贞，正也。方其变化，各之于情，无所不至。反而循之，各直其性以至于命，此所谓贞也。”[①]“复性”是道德修养的中间环节而非最终结果，接下来的步骤则

① 苏轼．苏氏易传[M]//商务印书馆．丛书集成初编（第392册）．上海：商务印书馆，1936：4.

是“循之”，即所谓“率性”。在古人的话语世界中，“率性”的“率”字往往被解释为“循”，“率性”就变成遵循道德理性。这种观念在薛侃那里得到进一步论述，在他看来：“一即贯，贯即一，孔门之旨也。后之言一贯者，贯自贯，一自一，故有从一而贯之者，有从贯而一者，有且学贯未可学一者，皆二之也。夫天命之性，一也。率性修道，学之以求其一也。二之，则非学矣。”[①]既然“一贯”必须是“贞一”，而“贞一”可以理解为“正一”，那么所谓“一”又作何解呢？方以智随口以“乾元亨利贞”作答。当然这是有前提的，因为在桐城方氏易学中，“贞一”讲求“君子和而不同”，必须贯彻“《易》为君子谋，不为小人谋”的传统，区分君子与小人，再者在处理君子之间的关系时，遵循“和而不同”的准则。

即便在君子之间讲求的“同”也是“心同”，而不是流于表面的雷同。在追求“同”的过程中，不能忽略道德实践的作用，防止出现囿于谈论“心同”而忽略具体的道德实践的偏差。方孔炤对此有着详细的论述，指出：“禹、稷、史蘧，皆同此金兰也。若执形迹以言同，岂是心同？故曰：同不易识，君子亦岂易同？彼荡不好学者，执论心略迹之便，则以夷、跖为灭觳之同矣。故先卿断之曰：圣教讲‘贞一’，不讲‘混一’。”[②]这段论述结尾引述了方大镇的观点，认为儒家主张“贞一”，而不是“混一”。从论述的逻辑来推断，“混一”的失误不仅在于混淆君子与小人的界限，而且极易流于雷同，忽略对“心同”的希冀。再者，君子本来就应该“和而不同”，只有这样才能够相互砥砺，完善德行。即便谈论“心同”，也不能否认道德实践的重要性，否则将会混

---

① 薛侃.图书质疑[M]//《四库全书存目丛书》编纂委员会.四库全书存目丛书·经部（第3册）.济南：齐鲁书社，1997：720.

② 方孔炤.周易时论合编[M]//《续修四库全书》编委会.续修四库全书（第15册）.上海：上海古籍出版社，2001：535.

淆圣贤与贼寇，为肆无忌惮者大开方便之门。

方以智心目中的“一贯”是“活一贯”，而非“死一”。在探寻孔子所谓“一以贯之”具有的灵活性时，方以智将《系辞传》所谓“通乎昼夜之道而知”的观念纳入对“一贯”的考察，指出：“一贯者，无碍也。通昼夜而知，本无不一，本无不贯。一真法界，放去自在。若先立一意，惟恐其不贯，惟恐其不一，则先碍矣。故有为碍所碍，有为无碍所碍。于四不碍中，始得一贯。若是执定四不碍，则又为一贯所碍；是为死一，非活一贯也。”（《一贯问答》）方以智非常注重对于“一以”和“贯之”的参详，追问孔子讲的“吾”指代什么，“道”又有什么内容，反对脱离体认工夫而发出的无端臆测。这种追问方式有其思想源头。就其学术传承和目前所能看到的思想史料来判断，方以智对“一以贯之”的理解很有可能是受到其外祖父吴应宾的影响。吴应宾从“能”“所”关系来考察“一贯”，认为其中的“一”是指“能贯”，“之”是指“所贯”。不执着于“一”，故而变动不居；不丧失“一”，故而能被“我”把握。然而必须遣去“能”“所”，就是说：“无能所之我者，江汉之濯以去闇也，孔子之‘四毋’也；无无能所之我者，秋阳之暴以去濯也，孔子之绝‘四毋’也。”[①] 当然，这种解读方式来源于佛教，只不过借用了儒家经典中的部分内容而已。将“一以贯之”的“一”解释为“能贯”，“之”解释为“所贯”。从境界论的角度来看，只有不执着于“一”，才能在动态的历程中把握“能”“所”。从做工夫的角度来看，只有善于体认生生之德，秉持儒家的“仁”，将“能贯”作用于“所贯”，准确地把握圣人揭示的义理，才能为通向圣人的境界开辟康庄大道，也就是

① 吴应宾.宗一圣论[M]//《四库全书存目丛书》编纂委员会.四库全书存目丛书·子部（第90册）.济南：齐鲁书社，1997：508.

程子所说的“仁则一，不仁则二”①。吴应宾又对“毋我”进行诠释，强调不仅要“无我”，更要“无无我”，这种解读方式类似于以般若来观照《论语》，是明末会通儒释者惯用的手法。

三、天人不相胜

从理论源头来讲，方以智推崇的“天人不相胜”的观念源于庄子。方以智用“天人不相胜”解释“天人合一”，这无疑是一大创举。人是天地的产物，人的存在必须由天来限定。方以智认为，人是动物，人必须走出蒙昧状态，用自己的灵明认识和把握天道，最终实现“天人合一”。“天人合一”凸显人的价值，并非单方向地推崇天的崇高性。人与天地并称为“三才”。在天地生养的万物中，人是最尊贵的。人的肉体与精神由阴阳、五行构成。从天道的高度来看，“人心”就是“天心”；从人的角度来看，圣人通过认识自己的“心”进而认识“天地之心”。儒家理想中的圣人体验到生生之德，与生生之德合而为一。人皆可以为尧舜，普通人能够通过学习而达到圣人的境界。天用生死磨炼人的品格，人更要用生死来磨炼自己的天性。一切相互对立的事物，诸如过去与未来、运动与静止、爱慕与憎恶、得到与失去，都可以概括为生死。方以智在《大宗师总炮》中讲述自己对天人关系的看法，指出：

天以生死炼人乎？人以生死自炼其天性乎？往来、动静、好恶、得失，凡相敌者皆生死也。要且以魂魄之生死缘督而条理之，由畏而尽心焉。由知而定志焉。屋漏之衮钺，邦家之应违，阳有刑赏，阴有鬼神。此四惧也。存亦乐，亡亦乐，以放而委生死也；惧则有，散则无，以气而凭生死也；立而不朽，没则愈光，以名

① 程颢，程颐．二程集 [M]．北京：中华书局，1981：1175.

而轻生死也；安时俟命，力不可为，以数而任生死也。此四胜也。[①]

人生必须面对生死问题。上天以生死磨炼人的意志，人在体验生死的过程中磨炼自己的天性。在某种程度上，呈现为阴阳对立的事物都能以生死替代，与孔子所讲的“畏天命，畏大人，畏圣人之言”有着内在的一致性。方以智强调“四惧”，也就是以“不愧于屋漏”作为主要内容的敬畏感，以公共生活规则为代表的社会生活样态，人类社会的奖惩制度，神道设教体系中的鬼神观念。可以说，“四惧”都与生死密切相关。儒家对于生死问题看得非常自然，既不贪恋不合道义的生存，也不恐惧自然死亡，甚至在关键时刻选择“舍生取义,杀身成仁”的做法。张载在《西铭》中谈到自己对生死问题的看法时，指出：“存，吾顺事；没，吾宁也。”[②]这种观念最能代表儒家对于生死问题的看法。天命在儒家的生死观中占据相当重要的位置。儒家非常重视生命意义，认为生存就是呈现天道的义理价值，而死亡不过以另外一种形式参与气化流行。

在论述“天人合一”的基础上，方以智又对天人之间能否相胜这一问题进行深入研究。方以智的结论是：天不能战胜人，人也不能战胜天。这种观点区别于“人定胜天”，也区别于“天人交相胜”。方以智指出：“子思知天知人，学者肤袭说过，庄子恐人错认不真，故曰：所为者迹耳。非天之所以为天、人之所以为人也，不免两橛，故曰有患。复转语曰：庸讵知吾所谓乎？吾所谓真知，乃天人合一者也。故复以天人不相胜结款。”[③]这里所说

① 方以智．药地炮庄[M]//《续修四库全书》编委会．续修四库全书（第957册）．上海：上海古籍出版社，2001：229.

② 张载．张载集[M]．北京：中华书局，1978：63.

③ 方以智．药地炮庄[M]//《续修四库全书》编委会．续修四库全书（第957册）．上海：上海古籍出版社，2001：277.

的“子思知天知人”是指《中庸》所谓“诚者，天之道；诚之者，人之道”。然而随着《中庸》在明代确立为制艺的经典依据之后，“知天知人”却流为口耳之学，很少有人深究其中的道理。方以智最终将“真知”解释为“天人合一”，进一步论证“天人不相胜”的合理性。既然人是天地之心，人心与天道感通，那么人学天就是人学自心。然而自心经常呈现为昏暗愚钝，很难成为灵明不昧的主宰，这就成为自学的最大障碍。天道的义理价值是人追加上去的。

儒家主张的“天人合一”不等于以人取代天的崇高位置或者是人欲的无限膨胀。儒家以谦恭著称，谦恭贯通内外，就主体的道德感受而言，谦恭是自我不断进取和人格磨砺的途径，时刻不忘自身在天地之间不过是渺小的草芥，生命的脆弱与环境的艰险会将人带到死亡的边缘。生存朝向死亡，但是充满意义。尽管将人视为天地之心，人心又与天地感通，但方以智并不主张不加鉴别地提升人心的地位。在他看来，“心即天地，而令之倔强于天地，能乎？否也。即能倔强，终还消息。心大于天地，故可以倔强而不可倔强，倔强之心即不能大于天地矣”（《东西均·消息》），生存意义的获得必须依靠日新又新的自我休整，其价值源泉在于天道承载的生生之德。人为天地之心，天地变化的所有奥秘都有待于人的灵明去认识和把握。倘若不能挺立人的道德价值，那么就等同于泯灭天地之心。人类认识自己就是在认识天地之心。在此意义上，“天人合一”是成立的。

第五章 重新解读《周易》卦序

通行本《周易》的卦序，隐藏着许多奥秘。在方以智看来，《周易》以《乾》作为六十四卦的开端，是为了强调《乾》赋予所有别卦的品质。从究极层面来看，《乾》之性为六十四卦之性，《乾》之性统摄六十四卦之情。所谓《乾》之性就是天之用，就是大家耳熟能详的"天行健"。就《乾》而言，上乾下乾，它象征自然之天。在先民的直观世界中，自然之天就是苍穹，笼罩一切，神秘莫测。经过长期观察，先民逐渐认识到自然之天有其变化规律——周而复始，自强不息。从体用关系来仰视天道，穹窿是天之形，也可以看作天之体，壮健或刚健是天之用。效法天道，并不侧重于从穹窿获取启示，而是强调将刚健转化为自身修养的推动力。方以智在测算天体运行的基础上重新阅读经典文本，将象形的天字转化为以声举义的乾字，将"乾以易知"和"天行健"纳入对生命精神的体认，进而与孔子的人生意趣产生共鸣，认为："《论语》两呼苍天，是尼山之全身讲《易》也。时行故物生，天果何以为天乎？时而已矣。"①必须要说明的是，方以智提到的"《论语》两呼苍天"，不是指"子见南子"一事的"天厌之，天厌之"（《论语·雍也》），而是指"天何言哉？四时行焉，百物生焉。

① 方孔炤．周易时论合编[M]//《续修四库全书》编委会．续修四库全书（第15册）．上海：上海古籍出版社，2001：195.

天何言哉？”（《论语·阳货》）以“时”作为解读天道的密钥，进而探讨孔子的人生境界。

（一）《乾》《坤》

《乾》揭示了自强不息的精神，《坤》呈现了厚德载物的美德。在六十四卦中，只有《坤》《乾》同时具备“元亨利贞”四德，其余六十二卦则参差不齐。杨履泰对“四德”进行简要说明，指出：“元亨利贞，《乾》之全德也。在五行为木火金水，在时为春夏秋冬，在人为仁礼义智，在卦为震离兑坎，在数为三二四一，合其数为十。”[①] 儒家传统盛赞效法天地，即所谓“上律天时，下袭水土”，这样有助于合理安排社会生产，开启人们的道德理想。在论述“地势坤”时，桐城方氏并不像其他学者那样将重心放在以“顺”解“坤”这一问题上，而是从“天行”与“地势”之间的关系入手，描述地球的形状。西方传教士稗贩自然科学，传入天文学方面的最新成果。对当时的儒家而言，这在客观上构成了严峻的挑战。只有整合传统资源，运用数学方法进行理论重构，方能维持儒学的生命，否则只会窒息理论生命，丧失固有的开放性。

儒家应该怎么办？许多有识之士洞若观火，眼明心亮。

理论阐述，必须简明扼要。解析天道，更须提纲挈领，逐步细化。以《乾》《坤》为例，二者分别具有“同应”“静塞”的品质。天地为体，乾坤为用，从用的角度来看，《坤》着重阐述了顺从序列与差别的重要性，《乾》则强调变通的重要性。就成就事物之体而言，万物的具体形态来源于《坤》，而隐藏在这些具体形态内部的动力则是《乾》。《乾》《坤》构成相反相成的关系，任何偏离《乾》《坤》交感的讨论都是对易学的误读。按照《系辞传》中的说法，从动静的角度来审视《乾》《坤》的基本形态，

---

① 杨履泰. 周易倚数录[M]// 商务印书馆. 丛书集成续编·经部（第4册）. 上海：上海书店，1994：94.

就会得出这样的结论——“夫《乾》，其静也专，其动也直，是以大生焉；夫《坤》，其静也翕，其动也辟，是以广生焉”。这里所说的“专”是指当《乾》静不用事的时候，清静专一，能够含养万物，“直”是指《乾》动而用事的时候，直行犍为，能够唤起万物的生机；“翕”是指当《坤》静不用事的时候，能够闭藏万物，蕴藏无限生机，“辟”是指当《坤》动而用事的时候，能够唤醒蛰伏的万物，为万物的生长提供充足的力量。《乾》《坤》是《周易》的门户，二者交感，衍化其余重卦。从可见与不可见的对应关系来看，凡是呈现为具体形态的《乾》都可以视为《坤》，凡是没有具体形态的《坤》都可以视为《乾》。这是为了避免固执死理，将《乾》视为不可见，将《坤》视为可见。方以智一生对于“退藏于密”有着深刻的理解，“藏密之道，《乾》在《坤》中，而与人随卦言卦、随爻言爻，数度德行，统御同时，适还其安生食力之《乾》《坤》而已矣”[①]。其中“不可见之《乾》”藏身于“可见之《坤》”，也能够作为解释《周易》的基本原则。倪元璐认为《坤》也具备“健”的精神，指出：“不独《乾》德龙，《坤》德亦龙也。健而能战。战者，法制教令，销萌禁非，董之用威，血流取创，顾以其战不于朝，亦不于国，亦不于疆场，郊收旷远，神行其间，使民由之，不必知见。”[②]《周易》的根本精神是“时”，根据当事人的特殊处境来阐发卦爻的含义。在政治领域内，《乾》为君道，《坤》为臣道；在家族生活中，《乾》为父权与夫权，《坤》为子女和妻妾的义务。

（二）《屯》《蒙》

在《乾》《坤》之后出现的对卦是《屯》《蒙》。《屯》震下坎上，

---

① 方孔炤．周易时论合编[M]//《续修四库全书》编委会．续修四库全书（第15册）．上海：上海古籍出版社，2001：179.

② 倪元璐．兒易内仪以[M]//商务印书馆．丛书集成初编（第427册）．上海：商务印书馆，1936：2.

《蒙》坎下艮上。震为动，艮为止，坎为险。再者震有建侯行师之象，象征王者德普天下。总体来讲，《屯》强调王者经纶四方、封建诸侯的根本法则。《蒙》阐述童蒙育德的基本要领。《屯》《蒙》两卦都有坎，坎为险，见险而动为《屯》，见险而止为《蒙》。

君父尊亲是儒学传统的重要内容。贤明的君主不仅享有威权，而且扮演着道德楷模的角色，理应成为至高无上的仲裁者。这种君主观念无异于将群体的领袖与道德的楷模融为一体，塑造与“哲人王”相似的“圣王”形象。方以智秉承了这种观念，认为君主的合法性来源于天命，人类社会必须拥戴君主的尊严，同时强调在位的君主不能将天下之利视为一己私利，而应当封建诸侯，与贤能共同享有政治权力与荣华富贵。儒家的政治运作与伦理道德纠结在一起，形成了父权家长制的家族伦理。父权家长制的最大权力在于以婚媾作为“婚姻合两姓之好，上以事宗庙，下以继后世”（《礼记·昏义》）的重要途径，子女几乎无法自由选择婚姻。方以智十分赞同这种君父尊亲的伦理道德，并为其提供天道合法性的论证，指出：“天作之君，而君不建侯，是私富贵矣。婚媾无常，是无父矣。此开辟经纶之纲举目张也。圣人为天地条理之故，作《易》正以正经纶，经纶必别必序，而酷以绝物輐断为冷汏，或专标无别无序为浑沦，岂《屯》见《蒙》著之义耶？”[①]儒家的“天作之君”与基督教的“君权神授”存在根本差异。方以智质疑造物主的存在，援引易学理论系统驳斥西方传教士的神学观念。既然盛赞天道，将君权视为天道的具体呈现，那么就应该以天道的话语对君权做出进一步的规范与约束。

自然界的天体运行是日月星辰的共同活动，并不是太阳的独自活动。以卦画摹勒外部世界的变化，《乾》是《周易》六十四

① 方孔炤．周易时论合编[M]//《续修四库全书》编委会．续修四库全书（第15册）．上海：上海古籍出版社，2001：213.

卦之首，但不是唯一的重卦。倘若只有《乾》一卦而没有任何阴阳变化，天道就会变成顽空死寂，丧失生机。因而，只有《乾》《坤》交感，阴阳变化，才能准确地揭示天道的基本内容。从阴阳之道来看君臣伦常，君为阳，臣为阴，阴阳协和，政局稳定。如果去掉任何一方，就会陷入孤阴、孤阳的境地，无法确保权力的良性运作。为了减小君主专制对社会构成的危害，方以智主张以封建诸侯的形式完成权力分级，以便应对突发性事件，同时也能满足臣下求取富贵的欲望。在家族之中，父权干预子女的婚姻，以此维系家族的安宁与平稳。方以智盛赞这种父权家长制，认为“君君，臣臣，父父，子子”的伦理道德是“开辟经纶之纲举目张”，并将其上升到“作《易》”的目的，这明显体现了时代的局限性。

（三）《需》《讼》

《屯》《蒙》分别阐发了“见险而动”和“见险而止”的义理。何时当“动”，何时当“止”，恐怕要取决于君子对易学的领悟程度了。儒家的君师之道在社会生活中发挥着重要的作用。君师之道，必须落地生根。如果让君师之道停留在文字和语言层面，那么儒家鼓吹的经世致用将会永远沉沦，永无出头之日。君子依托礼乐制度，干预社会生活。《周易》六十四卦以《乾》《坤》为首，此后六卦都有坎。《屯》震下坎上，《蒙》坎下艮上，《需》乾下坎上，《讼》坎下乾上，《师》坎下坤上，《比》坤下坎上，即所谓诸卦有坎，表明圣人面对险阻，思索出患难之道。方以智认为，《周易》上经以《习坎》作为结尾，这是对《乾》《坤》之后六卦的呼应。在有坎的六卦之中，《需》《讼》象征人欲泛滥，争讼频繁。君子必须秉持“刚中”的原则，合理节制欲望，妥善协调利益关系。这就引出以《师》《比》作为具体形态的“文武之法”。“文武之法”是“刚中”“中正”的体现，因而必须深入探究《小畜》《履》中的义理，以具体的礼制条目充实公共生活规则。

如果采取“任天”的态度，充分落实“礼以养人”的价值观，那么就必须充分遏制人类社会中的贪欲与争斗，然而这种观念又与“任天”的初衷构成矛盾。因而必须将“任天”转化为“因天制天”，构建明晰的公共生活规则，才能为实现儒家的社会理想创造有利的条件。与专制主义的思路完全不同，儒家强调道德主体的自觉，将公共生活规则的根基设定为“自讼”，就是认同“反求诸己”的基本精神，将争名夺利的力量转化为争先恐后的礼让，使得广大社会成员自觉地以圣贤为楷模，促使社会风气朝向健康的方向发展。方以智以“自讼”概括儒家的礼乐精神，这既是对荀子“化性起伪”的发展，又是对心学的进一步落实。

儒家以“听讼”作为修养途径，其最终目的在于“无讼”。这就是孔子所谓“听讼，吾犹人也，必也使无讼乎？”（《论语·颜渊》）处理讼事，必须公平公正，原情据理，安抚群情，不能徇私舞弊，挑拨离间，激化矛盾。讼事源于纷争。消除纷争的最好方式是提升道德修养，大家相安无事。那么，如何提升个体的道德修养？针对这个问题，孔子明确提出“自讼”的要求，即“已矣乎！吾未见能见其过而内自讼者也！”（《论语·公冶长》）孔子以十分悲凉的心态表达了自己对在全社会实现“自讼”的期待。依据包咸的理解，这里所说的“自讼”是指犯错之后的“自责”[①]，根据方以智的陈述，他早年对《自讼章》的文本产生怀疑，认为可能存在错简的情况。当他以心学的眼光重新阅读这一段文字时，才发现了其中的深层含义，叹息道：“向疑《听讼章》知至为错简，不知乃格古今、格天人、格人我之大险关也。事始于言辨，而终于褫夺，兵戈不得不起，贵图太平，故畜礼为重也。人非过此自讼之关者，能食旧乎？能复命乎？尚谓知事始之几而谋之乎？善

① 何晏. 论语集解[M]// 中华书局编辑部. 汉魏古注十三经. 北京：中华书局，1996：26.

谋者莫如《大学》。”[①]方以智站在心学的立场上，以《大学》中的“格”解释“讼”，将其延伸到对古今、天人、人我之间关系的反思，强调“自讼”在维系人伦、促进社会稳定等方面发挥的重要作用。从工夫论的角度来看，“自讼”能够为“食旧”与“复命”提供可供遵循的实践道路。

（四）《师》《比》

在邵雍所传《先天六十四卦方图》中，如果我们按照从下到上、从左到右的次序考察各个重卦的位置，就会发现《乾》居于第一行第一列，《坤》居于第八行第八列，《泰》居于第一行第八列，《否》居于第八行第一列，《需》居于第一行第六列，《讼》居于第六行第一列，《师》居于第六行第八列，《比》居于第八行第六列。方以智就此援引方孔炤的观点，罗列以上各个重卦之间的间距，指出：

> 老父谓《需》《讼》近《泰》《否》之三，《师》《比》近《坤》之三者，《乾》以君用之，则平荡六为《需》，直荡六为《讼》，是《泰》《否》关前后四分之三也。《坤》直荡三为《师》，平荡三为《比》，是《剥》《谦》辅《坤》于巳方，居四分之一，而《师》《比》进居三，以用三分也。《坤》以藏之用也，君神于藏，神于用众，爵禄与众共之，郡县与众安之。若善行其畜亲，犹井田、封建之意也，故明告之以懿文辨礼。[②]

所谓“《需》《讼》近《泰》《否》之三”是指包括自身与所到之卦在内，在第一行中，从《需》到《泰》，共有三卦；在第一

① 方孔炤.周易时论合编[M]//《续修四库全书》编委会.续修四库全书（第15册）.上海：上海古籍出版社，2001：228.

② 方孔炤.周易时论合编[M]//《续修四库全书》编委会.续修四库全书（第15册）.上海：上海古籍出版社，2001：229.

列中，从《讼》到《否》，共有三卦。所谓“《师》《比》近《坤》之三”是指，包括自身与所到之卦在内，在第八列中，从《师》到《坤》，共有三卦；在第八行中，从《比》到《剥》，共有三卦。所谓《乾》“平荡六为《需》，直荡六为《讼》”是指包括自身和所到之卦在内，在第一行上，从《乾》到《需》，共有六卦；在第一列上，从《乾》到《讼》，共有六卦。两者分别占据所在行列的四分之三。所谓“《坤》直荡三为《师》，平荡三为《比》”是指包括自身和所到之卦在内，在第八列上，从《坤》到《师》，共有三卦；在第八行上，从《坤》到《比》，共有三卦。《剥》与《坤》占据第八行的四分之一，《谦》与《坤》占据第八列的四分之一，在第八行上，《比》与《否》占据四分之三。在第八列上，《师》与《泰》占据四分之三。《坤》居于东南方，对应于后天八卦中的巽方，属于古人立庙祭祀的方位。自《乾》《坤》以后，《屯》《蒙》《需》《讼》《师》《比》这六个重卦都有坎，结合此前所谓“四分之三”与“四分之一”，方以智指出：

君师皆用一武一文之法，故《师》《比》为习坎之终。显《比》者，《畜》《履》交《泰》之建极，而显即是密者也。三驱失前，非邵子所云四分三之天道乎？以一用三，以三用一，故三诚一舍，不妨三舍一诚，而全驱不诚之《乾》《坤》，总此中矣。旁窥全驱不诚之意而恃之，遂以圆通苟且，为《比》之无首，而窃托“群龙之无首”，岂不终凶？周、孔著之，此则不诚之大诚欤？①

《周易》六十四卦自《乾》《坤》之后的六卦，即《屯》《蒙》《需》《讼》《师》《比》都有坎，《师》有容民蓄众之象，《比》有

① 方孔炤. 周易时论合编[M]//《续修四库全书》编委会. 续修四库全书（第15册）. 上海：上海古籍出版社，2001：238.

封建诸侯之象，因而称之为“一武一文之法”。在《先天六十四卦圆图》中,《大畜》与《履》夹《泰》,三者居于东南方,介于《乾》宫与《兑》宫之际。《比》居于西北方，居于《坤》宫，与三者相对。东南为显，西北方为密，这四个重卦的内在联系就是所谓“显即是密”。方以智提到的“三驱失前”是指《比》九五“显比，王用三驱，失前禽，邑人不诫，吉”，君主狩猎，由三边包围驱赶禽兽,听任前面的禽兽奔逃,只管追逐而不捕杀。方以智将“三驱失前”比作邵雍所谓“四分三之天道”，探讨“一”“三”之间的体用关系。“一”呈现为“乾元”“坤元”,二者交感,衍生万物,其中蕴含生生之德，即所谓“全驱不诫”。从卦辞来看,《比》上六“比之无首”与“用九，见群龙无首”形成鲜明对比。君子身陷险境，必须有所预防。卦辞与《象》以此作为劝诫，警示君子必须善始善终，蓄养德行。

（五）《小畜》《履》

方以智依据错综之法，将《周易》上下经的六十四卦分为“三十六贞悔”，沿用前人的称呼，将其比喻为“三十六宫”。当然这种处理方式在世传《麻衣道者正易心法》《皇极经世书》等易学著作中早已得到系统论述。倘若将“三十六宫”等分为六个部分,就形成以下局面:①《乾》《坤》,《屯》《蒙》,《需》《讼》,《师》《比》,《小畜》《履》;②《泰》《否》,《同人》《大有》,《谦》《豫》,《随》《蛊》,《临》《观》,《噬嗑》《贲》;③《剥》《复》,《无妄》《大畜》,《颐》《大过》,《坎》《离》;④《咸》《恒》,《遁》《大壮》,《晋》《明夷》,《家人》《睽》,《蹇》《解》,《损》《益》;⑤《夬》《姤》,《萃》《升》,《困》《井》,《革》《鼎》,《震》《艮》,《渐》《归妹》;⑥《丰》《旅》,《巽》《兑》,《涣》《节》,《中孚》《小过》,《既济》《未济》。对“三十六宫”进行六等分,《小畜》《履》构成第一部分的结尾。

在《麻衣道者正易心法》的注解者看来，通行本《周易》采用《小畜》在先、《履》在后的次序是错误的，原先的次序应该是《履》在先、《小畜》在后，理由如下：首先，从一柔之卦的变化情况来看，所有的一阳五阴之卦应该遵循“自《姤》变《同人》，《同人》变《履》，《履》变《小畜》，《小畜》变《大有》”的次序，这就如同一刚之卦必须遵循“自《复》变《师》，又变《谦》，又变《豫》，又变《比》”的次序，就通行本《周易》而言，《谦》在《豫》上，就可以推出《履》应该在《小畜》上。其次，结合《系辞传》中的“三陈九卦”，也就是三次探讨《履》《谦》《复》《恒》《损》《益》《困》《井》《巽》这九个重卦的义理价值，“以《履》为用九，《谦》用十五，《复》用二十四，皆龙图大衍之定数”，试图由此断定《履》在《小畜》前面，是《周易》卦序中的第九卦；再次，从“反”“对”的角度考察《履》《小畜》《无妄》《大畜》之间的关系，“《履》与《无妄》对，义既以《大畜》反《无妄》而居下，则知《小畜》反《履》而居下无疑矣”[①]。这种观点很难得到方以智的认同。

方以智从重卦的角度入手，重新研究《小畜》和《履》的先后次序。从卦象来看，《小畜》乾下巽上，《履》兑下乾上，方以智指出：“《师》《比》之后，乾始合巽兑而互离，故有文章节目之用，以成六六一轮之终，一阴之上下，皆在人位，懿文旋礼，其用悦人以奉天也，宜矣。”[②] 将重卦六爻按照“三才”加以分类，初爻、二爻为地位，三爻、四爻为人位，五爻、上爻为天位，《小畜》《履》的阴爻正好都在人位，兑为悦，“履”有“礼”的含义，所以说“悦人以奉天”。综观《周易》六十卦的名称，其中以“大”

① 麻衣道者. 麻衣道者正易心法[M]//《四库全书存目丛书》编纂委员会. 四库全书存目丛书·子部（第 56 册）. 济南：齐鲁书社，1997：10.

② 方孔炤. 周易时论合编[M]//《续修四库全书》编委会. 续修四库全书（第 15 册）. 上海：上海古籍出版社，2001：238.

命名的有四卦，即《大有》《大畜》《大过》《大壮》，以“小”命名的有两卦，即《小畜》《小过》，方以智援引方鲲《易荡》所运用的方法，讲道：

《易》之卦名，四大两小，而《乾》荡有三大一小焉，《小畜》其中之半际焉，《履》又转《泰》之半际焉。此《畜》《履》《夬》《姤》《谦》《豫》《剥》《复》，所以亥、巳君藏也，《临》思《大壮》，而《升》积《大畜》，《遁》浸知《观》，而《萃》聚《无妄》，所以暗转于寅、申也，皆五转一而应六者也。文畜以遇品制礼，多畜以教思升高，《乾》盖懿大于小，而以《履》终阴阳之三十画焉，故不能从麻衣《坤》变之例耳。[①]

方鲲所著《易荡》没有按照《周易》所列六十四卦的次序进行义理阐发，而是致力于诠释《系辞传》所谓“八卦相荡”。方鲲采取八宫的框架对六十四卦进行重新排序，大致结构可以用图 5-1 来表示。

《乾》	《夬》	《大有》	《大壮》	《小畜》	《需》	《大畜》	《泰》	《履》
《兑》	《暌》	《归妹》	《中孚》	《节》	《损》	《临》	《同人》	《革》
《离》	《丰》	《家人》	《既济》	《贲》	《明夷》	《无妄》	《随》	《噬嗑》
《震》	《益》	《屯》	《颐》	《复》	《姤》	《大过》	《鼎》	《恒》
《巽》	《井》	《蛊》	《升》	《讼》	《困》	《未济》	《解》	《涣》
《坎》	《蒙》	《师》	《遁》	《咸》	《旅》	《小过》	《渐》	《蹇》
《艮》	《谦》	《否》	《萃》	《晋》	《豫》	《观》	《比》	《剥》
《坤》								

图5-1

① 方孔炤.周易时论合编[M]//《续修四库全书》编委会.续修四库全书（第15册）.上海：上海古籍出版社，2001：243.

方鲲《易荡》的结构只不过是将邵雍所传《先天六十四卦横图》按照从左到右的九卦一组的分法进行归类，将重卦中的八个纯卦视为能够“荡”出其他八卦的本卦,除《坤》以外,《乾》《兑》《离》《震》《巽》《坎》《艮》分别能够“荡”出八个重卦，将自身与所“荡”重卦的数字相合，就是六十三，再加上《坤》，就是六十四。考察《乾》所“荡”八个重卦的卦象,《夬》《大有》《大壮》《小畜》四个重卦为一半,《需》《大畜》《泰》《履》为另外一半，《小畜》为前一半的结尾,《履》为后一半的结尾，所以说“《小畜》其中之半际,《履》又转《泰》之半际”。在《先天六十四卦圆图》中,《小畜》《履》居于东南,《夬》《姤》夹《乾》居于正南，《谦》《豫》位于西北,《剥》《复》夹《坤》位于正北,而《乾》《坤》为君，所以说“亥、巳君藏”。

方以智罗列《临》与《大壮》,《升》与《大畜》,《遁》与《观》,《萃》与《无妄》这四对重卦，力图解释“暗转于寅、申”。从卦变的角度来分析这四对重卦，就会发现:《临》正综为《观》，《大壮》错为《观》;《升》正综为《萃》,《大畜》错为《萃》;《遁》正综为《大壮》,《观》错为《大壮》;《萃》正综为《升》，《无妄》错为《升》。方以智并不赞同麻衣道者卦变。依据《麻衣道者正易心法》的论述，制图 5-2。

《乾》	《姤》	《遁》	《否》	《观》	《剥》	《晋》	《大有》
《坤》	《复》	《临》	《泰》	《大壮》	《夬》	《需》	《比》
《震》	《豫》	《解》	《恒》	《升》	《井》	《大过》	《随》
《艮》	《贲》	《大畜》	《损》	《睽》	《履》	《中孚》	《渐》
《坎》	《节》	《屯》	《既济》	《革》	《丰》	《明夷》	《师》
《离》	《旅》	《鼎》	《未济》	《蒙》	《涣》	《讼》	《同人》
《巽》	《小畜》	《家人》	《益》	《无妄》	《噬嗑》	《颐》	《蛊》
《兑》	《困》	《萃》	《咸》	《蹇》	《谦》	《小过》	《归妹》

图5-2

方以智着重从《先天六十四卦方图》的具体卦位深入探求"《乾》直即《履》""《坤》直即《谦》"的含义。大致讲来,《乾》一垂直向上，与之毗邻的便是《履》,《坤》八垂直向下，与之毗邻的便是《谦》。这形象地表达了"《乾》直即《履》""《坤》直即《谦》"的观念。大致情况如图 5-3 所示。

《坤》八	《剥》	《比》	《观》	《豫》	《晋》	《萃》	《否》
《谦》	《艮》七	《蹇》	《渐》	《小过》	《旅》	《咸》	《遁》
《师》	《蒙》	《坎》六	《涣》	《解》	《未济》	《困》	《讼》
《升》	《蛊》	《井》	《巽》五	《恒》	《鼎》	《大过》	《姤》
《复》	《颐》	《屯》	《益》	《震》四	《噬嗑》	《随》	《无妄》
《明夷》	《贲》	《既济》	《家人》	《丰》	《离》三	《革》	《同人》
《临》	《损》	《节》	《中孚》	《归妹》	《睽》	《兑》二	《履》
《泰》	《大畜》	《需》	《小畜》	《大壮》	《大有》	《夬》	《乾》一

图5-3

方以智又从《序卦》所谓"物畜有礼"的说法入手，对《小畜》在《先天六十四卦方图》中的位置进行分析，提出这样一个问题：既然"《乾》直即《履》""《坤》直即《谦》"能够成立，那么《履》《谦》蕴含的"礼"的观念能否在图象中找到依据?《系辞传》中有"三陈九卦"的内容，明确提到"《履》以和行，《谦》以制礼"，足见《履》《谦》与"礼"有着密切的关系。方以智再次陈述"藏智于礼"的观念，指出："故平中在南之《观》《豫》，以乐荐观设表之，表南北之旋卑藏崇者，观会通以行典礼也,《复》《升》《姤》《无妄》,东西之会通也。"[①] 以《观》《豫》与《小畜》《大壮》所在直线为子午线，以《升》《复》与《姤》《无妄》所在直线为水平线，正南正北确立,《观》象征礼,《豫》象征乐,

① 方孔炤.周易时论合编[M]//《续修四库全书》编委会.续修四库全书(第15册).上海：上海古籍出版社，2001：248.

“藏智于礼”，顺理成章。

（六）《泰》《否》

在《先天六十四卦方图》中，《否》居于西南，《泰》居于东北，也就是所谓《否》居于申、《泰》居于寅，二者正好构成正方形的对角线。就方位与节气之间的关系而言，寅为立春，申为立秋。在十二辟卦中，《否》为七月之卦，对应于申，《泰》为正月之卦，对应于寅，正好与《先天六十四卦方图》中的方位吻合。在《八际峙望中分互取图》中，《泰》《履》之际为立夏，《否》《谦》之际为立冬，《泰》居于东南，《否》居于西北，即所谓《否》在亥初、《泰》在巳初，方以智以此作为衔接邵雍易学与十二辟卦的纽带。方以智结合易学中“往”“往来”“消长”等观念，对“君子小人之辨”展开讨论。从卦辞来看，《坤》提到“君子有攸往”，《泰》提到“小往大来”，《彖》将“小往大来”进一步解释为“君子道消，小人道长”。从爻辞来看，《乾》九三“君子终日乾乾”，《师》上六“大君有命，开国承家，小人勿用”。这些内容都牵涉“君子、小人之辨”的相关问题，其中以“君子道消，小人道长”的论断最为妥帖。儒家主张以君子教化小人。在处理君子与法之间的关系时，荀子讲了一套政治纲领，那就是“法者，治之端也；君子者，法之原也。故有君子，则法虽省，足以遍矣；无君子，则法虽具，失先后之施，不能应事之变，足以乱矣”（《荀子·君道》）。再者，《泰》《否》分别以内外区分君子、小人，《剥》上九“硕果不食，君子得舆，小人剥庐”，意思是说硕果没有被摘下食用，君子具有德行方面的感召力，因而得到民众的拥戴，小人却因为侵害民众，最终不能得到任用。“来复”是指《复》呈现的“一阳来复”的可喜局面，卦辞指出“朋来无咎”，因而值得庆祝。“五阳夬夬”是指《夬》象征君子能够果断地裁决小人。从《夬》的卦象来看，五阳在下，犹如君子刚健进取；一阴在上，犹如小人占据上位。整个卦象表明君子去除小人，需要实力、勇气与智慧，不能武断冒进，影响大局。

方以智认为，《夬》揭示君子推进治理、明哲保身的基本方略，即《象》所谓“君子以施禄及下，居德则忌”，意指君子不能居德自傲，必须施惠于民，赢得民众的广泛支持。与《夬》不同，《姤》一阴居于五阳之下，即《彖》所谓“刚遇中正，天下大行也”。古人信奉“《易》为君子，不为小人谋”的原则，认为《周易》中讲的惊惧是圣人教化君子的必要手段，目的在于促使君子改过从新，日新又新，同时要求君子要善于管束小人、教化小人。这是“君子、小人之辨”的核心内容。在方以智看来，《泰》讲的“内君子而外小人”，展示了消息之道。在十二辟卦中，《泰》对应于正月。君子能够从阴阳消长中体察善恶变化，阳气增长代表善念增加，阳气聚集代表恶念萌生，因而必须勤于反省，检点身心，不断提升生命境界。

（七）《同人》《大有》

从卦象来看，《同人》离下乾上，离为火，乾为天，《洪范》有云“火曰炎上”，正好象征对上天的追从。从互体的角度来看，《同人》六二至九四构成巽，巽为风，在传统观念中，风无所不入，象征王道能够感化四方，用汉儒的观点来讲就是：“天在上，火炎上而从之，是其性同于天也。火得风，然后炎上益炽，是犹人君在上施政教，使天下之人和同而事之。以是为人和同者，君之所为也，故谓之‘同人’。风行无所不遍，遍则会通之德大行，故曰‘同人于野，亨’。”[①]在《同人》六爻中，除过二爻为阴之外，其他五爻都为阳。九五为乾之主，六二居于正位。六二与九五相应，因而可以称之为“同”。然后对“同人”进行一番界定。儒家认为“方以类聚，物以群分”，君子应当遵循“同类相求”的原则，相互提携，同舟共济。在讨论“同”之前，不能忽视对“别”的

① 张文智．周易集解导读 [M]. 济南：齐鲁书社，2005：158.

认识，涉及三个层面的区别：①人与禽兽之间的区别，重要见之于“人为天地之心”，禀受中正仁和之气，内心具有爱慕义理的需求；②君子与小人的区别。君子能够体察并且落实“三极之道”，戒慎恐惧，致力于改善群体生活的质量；小人肆无忌惮，自私自利，麻木不仁，置天下大事于不顾；③具有君子人格的不同个体之间的区别。“君子和而不同”，才能在彼此之间构建真正的“同人”关系，否则强求一致，希冀雷同，只会沦为蝇营狗苟、结党营私的小人。择友而交能够充分体现人生智慧。方孔炤转述方学渐对于这个问题的看法，指出：“君相士民不同，是大同也。元夫、恶人不妨不交，是大交也。君子以同而异，既得其养，又好奇辨，此即小事中之参赞大事也。”[①] 政治生活中的高低贵贱是确保秩序稳定的必要条件。儒家以道德支配政治，以伦理统摄行政，道德修养的缺憾与不足是儒家应该重视的负面问题，君子应该在选择朋友方面保持冷静的头脑和刚毅果断的态度，免遭邪僻之人的侵害。同时维护差异性，将“和而不同”的信念贯穿于社会实践，为构建“同人”的良好关系提供指导思想。在苏轼看来，“同人于野”是强调秉持无求之心，结识“同人”，而非出于利害关系结党营私，他说：

野者，无求之地也。立于无求之地，则凡从我者，皆诚同也。彼非诚同，而能从我于野哉？同人而不得其诚同，可谓同人乎？故天与人同，物之能同于天者盖寡矣。天非求同于物，非求不同于物也。立乎上，而天下之能同者自至焉。其不能者，不至也。至者非我援之，不至者非我拒之，不拒不援，是以得其诚同，而可以涉川也。[②]

① 方孔炤．周易时论合编[M]//《续修四库全书》编委会．续修四库全书（第15册）．上海：上海古籍出版社，2001：385.

② 苏轼．苏氏易传[M]//商务印书馆．丛书集成初编（第392册）．上海：商务印书馆，1936：33.

可以看出，苏轼心目中的“同人”是建立在“诚同”基础上的人际关系，而不是迫于威逼利诱获得权且赞同。“同人”不仅涉及人际关系，更牵扯到所谓“究天人之际”的理论架构。在苏轼看来，天巍然在上，对万物呈现无为的状态，并不存在所谓“求同”与“求不同”的问题，但天下万物都以天作为最终归属。人作为“天地之心”，更是迫切地需要与天“求同”。“三极之道”具有同一性。人拥有与天求同的潜能。《同人》标举“乾行”，倡导刚健有为的进取精神，对政治运作起到良好的推动作用。

方鲲从重卦的角度论证《同人》的基本含义是“和而不同”，而非强力压制之下的雷同。《同人》离下乾上，离为火，乾为天，火性炎上，象征与天和同。方鲲依据《彖》曰：“同人，柔得位得中而应乎乾，曰同人。”《乾》九五为尊，《同人》六二与九五相应，属于得位的情况，故而《同人》的义理价值可以概括为“乾行”。再者，从爻辞来看，《同人》六二“同人于宗，吝”，九五“同人先号咷而后笑，大师克相遇”，认为只有“乾行”才能达到这样的效果。六二、九五构成的是和而不同的关系，而不是一般人所追求的雷同。方鲲以晏子调和五味来论述《同人》的义理价值，指出：“晏子论五味之和，盐梅各异其性，水火各适其用，和而后同，是之谓‘君子之贞’，是之谓‘能通天下之志’，乃吾观于野之亨，诸爻皆无之，此同之未可轻言也。吾故曰：君子宁为和，毋为同。”[①] 方鲲注意到卦辞所谓“同人于野，亨”在爻辞中并没有得到体现，更没有得到详细论述。从爻辞来看，初九“同人于门”，六二“同人于宗”，九三“伏戎于莽，升其高陵，三岁不兴”，九四“乘其墉，弗克攻，吉”，九五“同人先号咷而后笑，大师克相遇”，上九“同人于郊”，可以看出，爻辞对“同人于野”持以慎重的态度。

① 方鲲. 易荡[M]//《四库全书存目丛书》编纂委员会. 四库全书存目丛书·经部（第35册）. 济南：齐鲁书社，1997：498.

《同人》揭示的和而不同的道理，能够感通天下，促成人类社会的繁荣与发展。在方以智看来，《同人》蕴含着儒家的大同理想。儒家追求天下大同。天下大同，其实就是天下归仁。远大的理想必须付诸切实可行的实践活动。方以智通过解释《同人》九四“《象》曰：‘乘其墉’，义弗克也。其吉则困，而反则也”的含义，寻求实现天下大同的路径，指出：“门墙立法，如设险守国，正以困万世之伏攻者，而反则也。人人自反，则大同矣。”[①]方以智所说的“人人自反”，其实就是全体社会成员通过“自讼”，消除狭隘的人我界限，实现长久和平与群体协和。当然，这是自孔子以来追求的社会理想，也是儒家改造社会的具体途径。这充分说明，方以智非常重视“反求诸己”的实际作用。

（八）《谦》《豫》

在《先天八卦横图》中，乾一，兑二，离三，震四，巽五，坎六，艮七，坤八，震居于中，坤居于终。在邵雍所传《先天六十四卦横图》中，《豫》为以坤为内卦的八卦之中。依此类推，在《先天八卦横图》中，艮、坤为太阴之卦，《谦》居于以艮为内卦的八卦、以坤为内卦的八卦之间，正好介于太阴十六卦的对折之地，所以称为“太阴之自交”。以坤为内卦的八卦也是太阴之卦，因而《豫》也可以看成是太阴八卦之中。方以智指出：“《横图》：震中、坤终，《豫》乃折半之交也。艮、坤同为太阴，《谦》乃太阴之自交，而《豫》亦在太阴八卦之中也。故《阴符》、黄老皆主谦道，以后为先，豫知大随，而兵几藏焉。圣人知之，故和礼以乐，而动止皆顺矣。上经至《豫》，亦折半之中也。”[②]在方以智看来，《老子》所谓“后其身而身先”是对“谦道”的运用，而

① 方孔炤．周易时论合编[M]//《续修四库全书》编委会．续修四库全书（第15册）．上海：上海古籍出版社，2001：261.

② 方孔炤．周易时论合编[M]//《续修四库全书》编委会．续修四库全书（第15册）．上海：上海古籍出版社，2001：268.

《阴符经》所谓“性有巧拙，可以伏藏”更能体现“谦道”。在李筌的注解中，可以发现这一点：“中欲不出谓之启，外邪不入谓之闭。外闭内启，是其机也。难知如阴，不动如山，巧拙之性，使人无间而得窥也。”[①]结合《谦》的卦象来解读李筌的论述，《谦》内卦为艮，即所谓“不动如山”，外卦为坤，坤为纯阴，即所谓“难知如阴”，形象地表达了善于隐藏“巧拙之性”的处世原则。关于这里所说的潜藏侧重于人心，《阴符经》里面讲到“天性，人也；人心，机也。立天之道，以定人也。天发杀机，龙蛇起陆；人发杀机，天地反覆。天人合发，万变定基”，人心与天道相互贯通，其中隐藏“杀机”，在人类社会中呈现为“兵几”，也就是发动战争的可能性。只有善于认识和利用“谦道”，将“杀机”转化为革故鼎新的有利条件，方能建立功业。道家崇尚阴柔刑杀，可见一斑。

在《八际峙望中分互取图》中，《谦》《否》位于西北方，确切地说是亥方，二者之际为立冬，《履》《泰》位于东南方，确切地说是巳方，二者之际为立夏。从飞伏的角度来看，《谦》艮下坤上，坤飞则乾伏。在京房《八宫游归卦变图》中，《谦》为《兑》宫五世，见图5-4。

八纯	一世	二世	三世	四世	五世	游魂	归魂
《乾》	《姤》	《遁》	《否》	《观》	《剥》	《晋》	《大有》
《震》	《豫》	《解》	《恒》	《升》	《井》	《大过》	《随》
《坎》	《节》	《屯》	《既济》	《革》	《丰》	《明夷》	《师》
《艮》	《贲》	《大畜》	《损》	《睽》	《履》	《中孚》	《渐》
《坤》	《复》	《临》	《泰》	《大壮》	《夬》	《需》	《比》
《巽》	《小畜》	《家人》	《益》	《无妄》	《噬嗑》	《颐》	《蛊》
《离》	《旅》	《鼎》	《未济》	《蒙》	《涣》	《讼》	《同人》
《兑》	《困》	《萃》	《咸》	《蹇》	《谦》	《小过》	《归妹》

图5-4

① 李筌．黄帝阴符经集注[M]//张宇初．正统道藏（第3册）．台北：新文丰出版公司，1977：2439.

方以智认为，《乾凿度》论述五常与卦位之间的对应关系，与后天八卦相合。应该注意的是，《乾凿度》配比五常与五方的具体与通常观点不同。《乾凿度》以仁居于东方，义居于西方，礼居于南方，信居于北方，智居于中央。结合后天八卦的卦位来看，东南方为巽，巽对应于木，木为仁；西北方为乾，乾对应于金，金为义，又为勇；北方为坎，坎对应于水，水为信；西南方为坤，东北方为艮，二者为土，对应于智。《谦》坤上艮下，也就是方以智所说的"兼坤、艮二土以言《谦》"。艮为少男，得乾上爻，居于坤下，就构成《彖》所谓"天道下济而光明"。在方以智看来，君子取法于《谦》：

> 履其礼，体其理，而多寡一矣。扮、劳、牧、服，终同有之声教矣。惟一兼二，二即以一兼一，是"礼本于大一"之运也。执两乃所以用中，此"称物平施"之兼道也。藏山于地，藏高于卑，盖藏智于礼，而知止于《礼运》之大顺者也。《大学》以恕让为慎，为平天下之明明，始于自谦，即为自慊，旨哉旨哉，惟毋自欺，故平；惟平，故能称。①

《谦》确定尊卑伦常，充分反映了儒家对于礼的重视。如果说《履》着重强调践履的必要性，那么《谦》则侧重于论述公平正义，尤其是对社会产品的分配，力求达到"多寡一也"的理想状态。这是对孔子主张"不患寡而患不均"（《论语·季氏》）的政治观念的再次强调。儒家的"均平"在历史上享有长久的生命力，它对统治者抱有这样的希望，"不患土地人民之寡少，患政理之

① 方孔炤.周易时论合编[M]//《续修四库全书》编委会.续修四库全书（第15册）.上海：上海古籍出版社，2001：272.

不均耳”[①]，借以反对统治者过分盘剥民众、兼并土地，维护社会秩序的稳定。这里所说的“㧑”是指《谦》六四所谓“无不利，㧑谦”，君子具有谦逊的美德，故而无往而不利；“劳”是指《谦》九三“劳谦君子，有终吉”，君子有功而谦逊，赢得万民敬仰；“牧”是指《象》对《谦》初九的解释——“谦谦君子，卑以自牧”，君子以谦卑的姿态约束自己的言行，因而能够摆脱险境；“服”是指《象》对《谦》六五的解释——“利用侵伐，征不服也”，君子出师有名，征伐那些不遵循礼制的人；“终同有之声教”是指《谦》上六所谓“名谦”，君子谦逊的美德声闻四方，却未能实现志向，只能用来征伐邑国叛乱。方以智将《谦》蕴含的“兼”解释为“一”“二”之间的关系，以“大一”统摄谦道。此外，又将《中庸》所谓“执其两端，而用其中于民”理解为“均平”。前已论及方以智易学非常注重“退藏于密”，“藏”成为解读卦象的一种方法。《谦》坤上艮下，即所谓“藏山于地，藏高于卑”，这是对自然现象的观察。方以智进一步论述“藏智于礼”的观点，并将其置于《大学》《中庸》的理论结构加以考察，指出：“致中于和，以和庸中。忠行于恕，恕如其忠。藏智于礼，藏悟于学，史以别经，《春秋》奉《易》，《书》兴于《诗》，立成协艺，礼乐之于民物，犹经络之于营卫也。”（《易余·礼乐》）很明显，方以智在“和”与“中”、“忠”与“恕”之间搭建沟通桥梁，确保儒家修养工夫的完整性，强调“学”对于“悟”所能起到的积极作用。“藏智于礼”是方以智易学思想的重要组成部分，依据在于《乾凿度》对五常与单卦对应关系的解说。方以智将《大学》所谓“知止”落实到《礼运》所谓“大顺者，所以养生、送死、事鬼神之常也”，而“自慊”“自谦”“毋自欺”

① 何晏. 论语集解 [M]// 中华书局编辑部. 汉魏古注十三经. 北京：中华书局，1998：71.

则构成修齐治平的根基。只有实现儒家“平天下”的理想，才能真正达到“称物平施”。

（九）《随》《蛊》

从《周易》上下经的结构来看，上经三十卦，下经三十四卦，从各个重卦的排列次序来看，《谦》为十五，《豫》为十六，《随》为十七，《蛊》为十八，四者正好是上经的中间部位；《困》为四十七，《井》为四十八，《革》为四十九，《鼎》为五十，四者正好是下经的中间部位。方以智将《三十六贞悔圆图》四等分，正好构成一个十字，即所谓“贞悔为九者四”。《谦》与《豫》、《随》与《蛊》分别位于横轴左侧的下方与上方，对应于春夏之际，具体说来应该是春分；《困》与《井》、《革》与《鼎》分别位于横轴右侧的上方与下方，对应于秋冬之际，具体说来应该是秋分；《既济》与《未济》、《乾》与《坤》分别位于纵轴下端的右边与左边，对应于冬春之际，具体说来应该是冬至；《坎》与《离》、《咸》与《恒》分别位于纵轴上端的左边与右边，对应于夏秋之际，具体说来应该是夏至。

方以智用“蛊”来代称后代对前辈的继承。按照易学勾勒的生成关系，混沌产生天地，天地衍化万物，其间蕴含生生之德。倘若以“蛊”来代称这种衍生关系，那么舜能够承受父母的虐待，躬耕于畎亩之中，登上天子之位，为了成全亲情，窃负而逃，是善于“干蛊”的壮举；大禹继承鲧未竟的事业，勤于治水，结束了禅让制度，也属于“干蛊”的情况。方以智指出：“《随》《蛊》为《否》《泰》互换之卦，初、上最重，此则初重有子之担当，而上重高尚之超越也。人知舜、禹之干蛊，而不知其以担当道法，即治蛊之正方也。”[①] 从虞翻的卦变学说来看，《随》从《否》来，

① 方孔炤．周易时论合编[M]//《续修四库全书》编委会．续修四库全书（第15册）．上海：上海古籍出版社，2001：90.

《否》初六上升至上、上九下降至初，就变成《随》；《蛊》从《泰》来，《泰》初九上升至上、上六下降至初，就变成《蛊》。《蛊》初六“干父之蛊，有子，考无咎，厉，终吉”，九二“干母之蛊，不可贞”，九三“干父之蛊，小有悔，无大咎”，六四“裕父之蛊，往见吝”，六五“干父之蛊，用誉”，上九“不事王侯，高尚其事”。方以智将九二、九三、六四、六五所蕴含的义理称为“四种方便”。当然，这是以佛教的名相来比附卦爻的含义。

（十）《临》《观》

在《周易》上经三十卦中，二阳之卦为《屯》《蒙》《临》《观》《颐》，二阴之卦为《需》《讼》《无妄》《大畜》《大过》。在十二辟卦中，《临》为十二月之卦，《复》为十一月之卦，《泰》为正月之卦，《临》正好介于《复》《泰》之间；《观》为八月之卦，《否》为七月之卦，《剥》为九月之卦，《观》正好介于《剥》《否》之间。《杂卦》指出“《临》《观》之义，或与或求”，《象》认为《临》的功用是“君子以教思无穷，容保民无疆”，《观》的功用是“先王以省方观民设教”，其实所谓的“与”“求”“教思”“设教”是统一的。儒学不仅是教化民众的手段，也是君子自修的途径。入世必须使得自己的行为符合絜矩之道，以忠律己，以恕待人，方能真正地实现所谓“合内外之道”。从象卦的角度来看，《临》象震，《观》象艮，“以全肖震、艮，而泽习风声，为观感也。刑罚继教者，亦以离明合震、艮也”[①]。《临》兑下坤上，《观》坤下巽上，兑为泽，巽为风，兑下巽上为《中孚》。《中孚》象离，离为明，《临》《观》之后为《噬嗑》，《噬嗑》阐明刑罚的必要性，所以说“刑罚继教”。

在《先天六十四卦圆图》中，《观》居于北方，《临》居于东

① 方孔炤．周易时论合编[M]//《续修四库全书》编委会．续修四库全书（第15册）．上海：上海古籍出版社，2001：290.

方。在《先天六十四卦方图》中，《临》居于东方，《观》居于南方，以后天卦位而言，“帝出乎震”，也就是东方，“相见乎离”，也就是南方。以五常配五方，东方为仁，南方为智，从五行相生的角度来看，木生火，那么“以智行仁”也就顺理成章了。《中庸》所谓“自明诚”和“自诚明”分别对应于《临》《观》。《临》象震，震为恐惧，《临》内卦为兑，兑为悦，阳气上升，故而称为“明即诚”;《观》在《先天六十四卦圆图》中居于北方，在《先天六十四卦方图》中居于南方，即所谓“神北于南”,《观》象艮，艮一阳象征人的头颅，二阴象征四肢，再者六三至九五取互体为艮，艮为人爻，此外人生于寅，对应于后天八卦中的艮方，所以说艮与人有着密切的关系。《观》坤下巽上，象征风抚大地，而巽为入，以高观下，所以称为“诚即明”。

在《先天六十四卦横图》中，《观》《谦》同为太阴之卦，从左向右依次排列，《观》居于以坤为内卦的八个重卦的中间，《谦》居于以艮为内卦的八个重卦的开端，这好比《中孚》《小过》在文王六十四卦的卦序中的位置，《乾》《坤》是开端，《中孚》《小过》为结尾，《既济》《未济》是闰余。这种观点在《三十六贞悔圆图》中表现得最为清楚。方以智指出：

> 《观》与《谦》为太阴之卦，《谦》居艮首，而《观》居坤中，《横图》末四卦之首，犹《中孚》领《小过》、二《济》为闰也。圣人尊五、上之阳于太阴中，故以仰观之天，神其顒若耳。《象》告精流，不可思议，悬者不待言说，仰者不落声闻，洋洋如在之神，与寂然不动之神。[①]

① 方孔炤. 周易时论合编[M]//《续修四库全书》编委会. 续修四库全书（第15册）. 上海：上海古籍出版社，2001：298.

《观》为四阴二阳之卦，二阳居于四阴之上，《观》又属于太阴之卦，因此说“圣人尊五上之阳于太阴中”。从古代的祭祀活动来看，古人在巽方立庙，祭祀活动也在巽方进行，其中蕴含某种神秘意味。从卦象来看，《观》象征天覆，依据“天何言哉”（《论语·阳货》）的说法，就会得出“悬者不待言说”的结论。再从人仰望上天的角度来看，依据所谓“上天之载，无声无臭”（《毛诗·大雅·文王》）的说法，就会得出“仰者不落声闻”的结论。

（十一）《噬嗑》《贲》

方以智引用李韡的观点，认为《周易》六十四卦自《乾》《坤》开端，经由《屯》《蒙》《需》《讼》《师》《比》《小畜》至《履》为“制礼”，因为“履”的基本含义是“礼”，再经由《泰》《否》《同人》《大有》《谦》至《豫》为“作乐”，因为“豫”的基本含义是“乐”，再经由《随》《蛊》《临》《观》至《噬嗑》为“象刑”，因为《噬嗑》象征刑狱。方以智变换形式，以《三十六贞悔圆图》与《三十六贞悔方图》作为论述“制礼”“作乐”“象刑”的途径。方以智所谓的“六贞悔”是指将《周易》文本的卦序按照贞悔的原则进行分组，前六组贞悔被称为“六贞悔”，即《乾》与《乾》，《坤》与《坤》、《屯》与《蒙》、《需》与《讼》、《师》与《比》、《小畜》与《履》，“九贞悔”是指在“六贞悔”之后连接《泰》与《否》、《同人》与《大有》、《谦》与《豫》这三组贞悔，所谓“十二贞悔”是指在“九贞悔”之后连接《随》与《蛊》，《临》与《观》，《噬嗑》与《贲》，这种说法与前人的观点并没有本质上的区别。

从飞伏的角度来看，《噬嗑》伏《井》，《贲》伏《困》。从叠卦的角度来看，《噬嗑》叠《丰》，《贲》叠《旅》。在《先天六十四卦方图》中，按照自下而上、自右而左的次序，《革》居于第三行第二列，《离》居于第三行第三列，《贲》居于第三行第七列，《坎》居于第六行第六列。以《坎》《离》所在直线画井字格，就会发现《贲》《革》居于井字的第二横上，方以智指出："《贲》《革》居《方图》《坎》《离》井格之下，文炳文蔚，非所以因革而化成哉。《易》之卦图，可谓至文，可谓无色，是明即止，而《贲》自白者也。"[①] 所谓"《坎》《离》井格"是指在《先天六十四卦方图》中，分别连接《坎》《离》所在横线与竖线，就形成一个井字格，而《噬嗑》《贲》正好位于井字格上，大致情况如图 5-5 所示。

		《比》			《晋》		
		《蹇》			《旅》		
《师》	《蒙》	**《坎》**六	《涣》	《解》	《未济》	《困》	《讼》
		《井》			《鼎》		
		《屯》			**《噬嗑》**		
《明夷》	**《贲》**	《既济》	《家人》	《丰》	**《离》**三	《革》	《同人》
		《节》			《睽》		
		《需》			《大有》		

图5-5

从卦象来看，《噬嗑》象征口中有物。口中之物，必然会被牙齿咬中。《噬嗑》象征刑狱。"皋陶作刑"已经成为儒家刑政观念的重要传统。舜命皋陶作刑的目的在于使得"五刑有服，五服三就。五流有宅，五宅三居"(《尚书·舜典》)。刑狱的功用在于剪除奸宄，杜绝邪僻，维持社会正义。在儒家传统的政治观念中，礼乐与刑政不可或缺。儒家强调以经术作为指导权力运作的准则，而《尚书》中记载的圣王贤能的言行为后世提供了可供效仿的范本。在方以智看来，易学的最大功用在于"善世"，刑狱是辅助条件，必须以贤德君子掌握刑狱大权，避免残害无辜民众。刑狱

① 方孔炤. 周易时论合编[M]//《续修四库全书》编委会. 续修四库全书（第15册）. 上海：上海古籍出版社，2001：307.

必须以至善作为合理性依据，既不能刑罚泛滥，也不能“网漏吞舟”。在儒家的观念世界中，德政体系中的刑狱不等于刑律条目，关键在于执掌刑律的官吏必须是君子，否则极易对民众造成危害。只有道德君子掌握刑罚大权，才能推动德政的发展，最终实现垂拱而治。儒家秉持“出于礼则入于刑”的观念，礼的目的在于“养人”，刑的功用在于劝诫。这区别于申不害、商鞅的严刑峻法。如果统治者以严刑峻法钳制民众，不仅无法实现长治久安，反而将民众纳入网罟，迫使民众揭竿而起，推翻暴政。严刑峻法，阴惨苛刻，剥蚀圣王德政，贤人君子不得不惧。

（十二）《剥》《复》

《剥》艮上坤下，五阴剥一阳，象征小人剥蚀君子，君子必须善待民众，获得广泛支持，借以稳定基业。在十二辟卦中，《剥》为九月之卦，《复》为十一月之卦，即《剥》戌，《复》子。在《先天六十四卦圆图》中，《剥》《复》居于北方，分别位于《坤》之左右，《夬》《姤》居于南方，分别位于《乾》之左右。从飞伏的角度来看，《剥》伏《夬》，《复》伏《姤》。结合邵雍的“天根”“月窟”观念，天根位于北方。方以智指出：“天根系《复》，实在《剥》也，全体艮、震，而顺其行、止者也，圣人知无在无不在之大本，而必于此际扼其几焉，《剥》《复》叠为《谦》《豫》，此《方图》《坤》巳之用南也，乾在坤中，即逆是顺矣。”[①] 按照唐明邦先生的理解，“‘天根’指一阳初生之处，在大圆图中之坤卦交震类八卦的第一卦即复卦；‘月窟’指一阳初生之处，大圆图中乾卦交巽类八卦中的第一卦即姤卦。”[②]《剥》坤下艮上，《复》震下坤上，艮为止，震为动，所以说“全体艮、震，而顺其行、止”。五阴剥阳，一

① 方孔炤．周易时论合编[M]//《续修四库全书》编委会．续修四库全书（第15册）．上海：上海古籍出版社，2001：308.

② 唐明邦．邵雍评传[M]．南京：南京大学出版社，1998：153.

阳来复，显示天地之间的奥秘。从叠卦的角度来看，《剥》艮上坤下，《谦》坤上艮下，因而《剥》叠为《谦》；《复》坤上震下，《豫》震上坤下，因而《复》叠为《豫》。《剥》《复》《谦》《豫》都与《坤》有关，大致情况见图 5-6。

《坤》八	**《剥》**	《比》	《观》	**《豫》**	《晋》	《萃》	《否》
《谦》	《艮》七	《蹇》	《渐》	《小过》	《旅》	《咸》	《遁》
《师》	《蒙》	《坎》六	《涣》	《解》	《未济》	《困》	《讼》
《升》	《蛊》	《井》	《巽》五	《恒》	《鼎》	《大过》	《姤》
《复》	《颐》	《屯》	《益》	《震》四	《噬嗑》	《随》	《无妄》
《明夷》	《贲》	《既济》	《家人》	《丰》	《离》三	《革》	《同人》
《临》	《损》	《节》	《中孚》	《归妹》	《睽》	《兑》二	《履》
《泰》	《大畜》	《需》	《小畜》	《大壮》	《大有》	《夬》	《乾》一

图5-6

从《彖》的论述可以得知“《复》其见天地之心乎”是毋庸置疑的。《剥》《复》对待，呈现真实不虚的义理，就构成所谓“不剥不复之故”。在方以智看来，《杂卦传》所谓“《剥》烂”“《复》反”能够呈现生生之德，也就是说“善于《图》《书》硕果之仁，浸长其‘乾元’之干者也，仁必克核而芽出反生，则仁烂矣。发而参天，全树皆仁，岂非显诸仁乎？仁者，人也。人者，天地之心”[①]。方学渐通过阐发《剥》《复》两卦的关系，表达自己对“颜子所乐何学”的基本看法。他认为，天地只有通过剥、复才能完整地体现生生之德，“一阳来复”之所以能够呈现“天心”，就在于一阳位居五阴之下，象征生机不但没有断绝，反而具有成长的潜力。方学渐认为《复》初九“不远复”有其特殊含义，以此作为解读“颜子之学”的切入点，指出：“是最初即复，非有失而

① 方孔炤．周易时论合编[M]//《续修四库全书》编委会．续修四库全书（第15册）．上海：上海古籍出版社，2001：311-312.

后复，此颜子之学也。余爻以初为主。下初者，休复；应初者，独复；五虽远而居中，敦复。频复，虽悔，犹可无咎，皆圣门之所乐与者，迷而不复乃凶。故学者莫要于《复》。”[①] 从爻辞来看，《复》初九“不远复”与六四“独复”相应，六二“休复”、六三“频复”、六五“敦复”、上六“迷复”都以初九“不远复”为主。正是因为初九“不远复”，才有《彖》所谓“《复》，其见天地之心乎？”在方学渐看来，初九“不远复”正是“颜子之学”的核心观念。

（十三）《无妄》《大畜》

从飞伏的角度来看，《无妄》震下乾上，《升》巽下坤上，所以说《无妄》伏《升》。从叠卦的角度来看，《大壮》乾下震上，内卦、外卦调换位置就变成《无妄》，所以说《无妄》叠《大壮》。从飞伏的角度来看，《大畜》乾下艮上，《萃》坤下兑上，所以说《大畜》伏《萃》。从叠卦的角度来看，《遁》艮下乾上，内卦、外卦调换位置就变成《大畜》。《无妄》之前是《剥》《复》，经历《剥》烂《复》反之后，妄念荡尽，义理呈现，可以视为“剥烂”的结果，而《大畜》强调对义理之学的秉持与扩充，可以视为“复反”的目的。方以智认为，《剥》烂《复》反之后应该呈现为真卦，但是文王在排列卦序时却以《无妄》承续前者，其中蕴含相当深远的意味。

在方以智看来，《无妄》的基本含义应该是“真”，文王却未曾设定一个《真》，而是以“无妄”统称消除“妄”“真”对待之后的状态。从究极层面来讲，消除所有妄念之后，人心呈现为灵明不昧的状态。如果执着于这种可以被称为“真”的状态，那么又会产生新的妄念。因而最佳的处理方式是扫除一切有关

① 方学渐：东游纪[M]//四库未收书辑刊·肆辑（第21册）. 北京：北京出版社，2000：622-623.

“真”“妄”之间的对待，以“无妄”作为衔接境界与工夫的基本途径，将“克己复礼为仁”落在实处。至于不立“真”“妄”的理想状态，只能从境界论加以考虑，而不能将它化作言语闲谈，以至于忽略做工夫的重要性。方以智对此有着深切的体会，认为必须以“童蒙”作为砥砺修持的警示标识，避免将“无妄”理解为肆无忌惮，不能凭借所谓“本自无妄”的说法，忽略对客观知识的获取。方以智将蒙昧比作疾病，将《无妄》比作治愈疾病的药物，不能因为机体本来是健康的，就忽略当下的疾病，更不能讳疾忌医，拒绝以药物治疗疾病。方以智在《大宗师》眉批也强调了“无妄”的含义，指出：“文王于《剥》《复》后不标真卦，而曰《无妄》。孔子曰：‘《无妄》，灾也；《大畜》，时也’，语甚可疑，将谓无妄而行有眚，必赖学问以畜之耶？曾疑此真知而定当否。若有一丝疑，是真善知识。”[①] 既然消除妄念之后所达到的不立“真”“妄”的状态是人人具足的“至体”，也就是方以智所谓的“天之四德”，即“元亨利贞”，那么洞察这种本来面目之后应该做些什么呢？方以智主张从《大畜》中体察葆任的重要性，用义理来充实道德主体的内心世界，进而达到日新又新的理想效果。方以智从“一”与“多”之间的关系考察从《无妄》到《大畜》的衍变过程，认为消除“真”“妄”对待的《无妄》体现的是“先天一贯”之“一”，而标举“君子多识前言往行以畜其德”的《大畜》则属于“今时”之“多”。二者之间构成互生的关系。“先天一贯”的义理必须以“今时”的学问积累作为根基，而“今时”所贯注的日新又新的知识积累则必须以“先天一贯”的义理作为指引，妥善处理“博”与“约”的关系，才能为德业渐增提供必要的动力。

---

① 方以智．药地炮庄[M]//《续修四库全书》编委会．续修四库全书（第957册）．上海：上海古籍出版社，2001：277.

方以智援引前人观点，认为《象》所谓“天下雷行物与无妄先王以茂对时育万物”应该断为“天下，雷行物与，无妄。先王以茂对时、育万物”，这里所说的“雷行物与”在古人的观念世界中有着特殊的意义。在传统的农业社会中，春雷被看作将万物从蛰居状态唤醒的力量，《系辞传》所谓“鼓之以雷霆”强调的正是这层含义。从大化流行的角度来看，雷震对于万物都是公平的，相应而言，万物一体，也不存在偏私任何一方的情况。《无妄》所谓“先王以茂对时”是指道德主体取法大化流行，在“至体”的统摄下，自由发动，而不夹杂任何利欲。从卦象来看，《大畜》强调的“日新其德”代表着儒家对于人类的期待。《大畜》乾下艮上，乾意指刚健有为，艮意指敦实践行。在先天八卦中，乾居于正南，是阳光最为明朗的时间，艮居于西北，是一天结束的时间。在方以智看来，从天行一周的自然现象可以获得这样的启示：人的道德修养需要周而复始地更新。结合儒家的教育观念，温故知新是提升德性与技艺的手段，倘若偏离德性的期待，不能“反求诸己”，致使“前言往行”成为戕害身心的蟊贼。从卦爻来看，这种有百害而无一益的知识积累属于《无妄》六三所谓“无妄之灾”、上九所谓“行有眚”的情况，必须认真加以反思，因而在德性指引下的知识积累显得弥足珍贵。方以智这种贯通“一”“多”的做法能够契合“古人天地之心”，用类似于“鹅笼书生”的志怪故事来看，《无妄》是伏藏良药的药笼，《大畜》是道德主体吞吐的山川。良药治愈疾病，阴阳平和，可以视为“空空”。吞吐山川，美景变化，可以视为“笃实”。“笃实”与“空空”在药地与药笼那里实现了统一，所以说“笃实即空空”。与“鹅笼书生”的志怪故事相比，方以智的遭遇可以用“药笼”来概括。面对疾病丛生的社会现状，困顿流离的方以智在考虑生计的同时，非常关心如何医治世道人心，不以一姓一家的私有财富作为价值归宿，而是以经营天下作为人生的追求。在天崩地裂的特殊时期，儒家的力量显得非常渺小，但是并不因为自己是涓涓细流而放弃百川朝海的理想。消除妄念之后，积累知识，为泽被苍生做好充分的准备。儒家的着眼点在于“先富而后教”。“先富”就是强调以丰富的物质生活满足社会成员的需求，“后教”是指在社会成员能够享有基本的衣食住用行等生活权利之后，自觉对其进行伦理道德方面的教化，避免出现多寡不均甚至诸多争端等问题。

（十四）《颐》《大过》

从重卦的角度来看，《颐》震下艮上，震为长男，艮为少男，二者皆得乾爻，因而可以视为天。从互体的角度来看，《颐》六二至六四、六三至六五皆互为坤，因而可以视为地。《颐》的核心思想是养，具体说来就是《彖》所谓“天地养万物，圣人养贤以及万民”，综观《颐》的结构，内卦象征动，外卦象征止，颐养不仅需要合乎时令，而且需要以礼仪加以节制，否则将会适得其反。《大过》巽下兑上，巽为入，兑为悦，象征人以阳生，以阴养阳，生命方能得到维持。如果过度颐养，将会使得所摄取的养料超出身体的承受能力而出现疾病，甚至是死亡。从卦象来看，巽为木，兑为泽，木在泽下，象征水灭木。从互体的角度来看，《大过》九二至九四、九三至九五皆互乾，而初六、上六为阴，也就是说内强外弱，阴不能承受阳。在古人的日常生活中，《小过》象征杵臼，能够加工食物，是“安生”的器具，《大过》象征着棺椁，能够盛殓死尸，是“送死”的必需品。方以智因而指出：“时其艮震于地天，而可以逍遥生死矣，《颐》，养生也。《大过》，送死也。始下动，终上止，阳向为生，下内入，上外悦，阴背为死，石斋公所谓颐养不饰而生疾疢，时命将颠而有《大过》，节慎之而无惧闷，是习明之心法教事也。”[①] 方以智引述黄道周的观点，

① 方孔炤．周易时论合编[M]//《续修四库全书》编委会．续修四库全书（第15册）．上海：上海古籍出版社，2001：330.

认为必须以礼乐制度来调节日常的颐养，否则就会诱发疾病，这里所说的“疢”就是热病。热病在很大程度上是由饮食不当引起的。《颐》与《大过》的关系可以视为旁通，也可以视为错，或者称之为颠《颐》而有《大过》。从象卦来看,《颐》象离,离为明,《大过》象坎，坎为志，强调礼乐制度的重要性，二者之间正好构成“习明之心法教事”。

（十五）《习坎》《离》

从卦象来看，坎为水，离为火，读者已经耳熟能详。水火都是气化的产物和具体表现形式。在古人的观念世界中，水有质而无形，火无质也无形。方以智主张“五行尊火为宗”，将火视为事物发展的动因，甚至声称“虚空皆火”的观点。这无疑是对火的地位的提升。就水火之间的关系而言，方以智并没有采取通常所谓的水火不容的说法，而是将注意力放在二者的同一性方面。方以智认为，从本原上讲，水、火都是一气所化的产物。一气化为阴阳，阴阳交感构成道，阴阳本身则是气。阴阳二气之中又可以分为阴阳，并且呈现为多种样态。方以智在《水火一本论》中指出：

本一气也，而自为阴阳，分为二气，而各具阴阳，有时分用，而本不相杂；有时互用，而不碍偏显；有时相制，而适以相成，特人不著察耳。天一生水，而反成阴润之性；地二生火，反成阳燥之性。呵气属火，而化为气水；精液为水，而反以成人。果二物耶？人身言之：肾，水也；心，火也。时时交济，不可间隔。以理言之：智，火也；仁，水也。理，水也；性，火也。是水直以火为性命矣。①

① 方以智 . 浮山文集前编 [M]//《续修四库全书》编委会 . 续修四库全书（第1398 册）. 上海：上海古籍出版社，2001：289.

在自然界和人类社会中，阴阳的表现形式非常明显，即便出现相互取用的情况，也不会模糊二者之间的界限，更不会混淆各自的属性。从《河图》的结构来看，天一生水，生数为阳，位居正北，而正北为阴，所以称之为“阴润之性”；地二生火，位居正南，正南为阳，所以称之为“阳燥之性”。从人的生理机能来看，呵气散发热量，故而称之为火；呵气成水，又可以视之为水；精液呈现为水的状态，精子与卵子结合，能够形成胎儿，因而可以视之为火。从人身的五脏来看，肾为水，心为火，水火交济，身体机能才能正常运作。从义理之学的角度来看，仁与智、理与性的对应关系也可以理解为水火交济，进而维系儒家学说的完整性。方以智并不满足于以儒家的视野来探讨水火之间的关系，他更进一步将目光投向了道教学说。

在道教学说中，性命双修占据着非常重要的地位。结合后天八卦的卦位来看，坎位于正北，对应于命，离居于正北，对应于性。从魂魄相合的角度来看，水火起到不同的作用。水对魂魄起到滋养的作用，火对魂魄起到混同的作用。坎、离构成《既济》《未济》。在两个重卦之中取互体，就会发现这两个重卦都蕴藏着坎、离。方以智对所谓“颠倒”学说非常熟悉，在这种阴阳和合的观念形态中，坎为水，呈现一阳陷于二阴之中，体阳而用阴，能够生人，因而称之为“真火”；离呈现为一阴陷于二阳之中，体阴而用阳，能够为人所用，因而称之为“理水”。通常所谓“水克火”是强调有形之水对火的克制，而所谓“水精”，即“无形之火”或“真火”则由水生。

在方以智那里，“易”被解释为“阳”，这个超越阴阳对待的“阳”能够衍生阴阳，因而可以断定“无阴阳皆阴阳”。从后天八卦中的坎离向先天八卦中的乾坤转变，正好就是所谓“抽坎填离”的过程。在这个过程中，原先作为“生人之水精”的坎，变成纯阴的坤；原先作为“人用之性火”的离，变成纯阳的乾。这就是方以智所说的“体转为阴，用转为阳”。再从先天八卦向后天八卦衍变的角度来看，乾第二爻直下，与坤相交，就变成坎；坤第二爻上升，与乾相交，就变成离。这就是方以智所说的“下止有一用，即贯阴阳，而交坎、离矣”。方以智将先天八卦对应于天道、后天八卦对应于人道，那么先天八卦可以概括为“诚”，也就是《中庸》所谓“诚者，天之道”，进而得到“自诚明”的启示；后天八卦可以概括为“诚之”，也就是《中庸》所谓“诚之者，人之道”，进而得出“自明诚”的启示。在方以智看来，后天八卦相当于“下学”，从后天八卦复归先天八卦相当于“下学而上达”，“下学”是“上达”的必要条件。从《象》对于《习坎》与《离》的概括来看，无论《习坎》所蕴含的“君子以常德行习教事”还是《离》所揭示的“大人以继明照于四方”，都说明“下学”对于德业的完善起到非常重要的推动作用。

从《三十六贞悔圆图》来看，《坎》《离》为上经的结尾，也是上经与下经的正中。上经以《乾》作为开端，以《离》作为结尾，二者正好位于一条直线上。从《象》对于《乾》《离》的概括论述来看，《乾》具有“大明终始”的德性，而《离》能够“重明以丽乎正”。从单卦的角度来看，乾为纯正，离为正中，以正中继承纯正，属于天经地义的情况。从重卦的角度来看，《乾》为“大明”,《离》为“重明”,“重明”承续“大明”,更能说明“尊阳”的重要性。再来考察《习坎》的义理价值。《习坎》上下皆为坎，坎为险，因而《习坎》表示“重险”。如前所述，《象》所谓“君子以常德行习教事”，突出“所教”的内容是“常德”，而不是侥幸或者肆无忌惮。如果“所教”的内容偏离“常德”，那么就会引发更多的混乱。

从体用关系来看，《乾》以“乾道变化，各正性命”、“万物资始，乃统天”为体，以“元者始而亨者也，利贞者性情也”为用，其间涉及对“情”的讨论。在《周易》下经各重卦的《彖》里面，《咸》有云“观其所感，而天地万物之情可见矣”，《恒》有云“观其所恒，而天地万物之情可见矣”，《大壮》有云“正大而天地之情可见矣”，《萃》有云“观其所聚而天地万物之情可见矣”。对比这四个重卦对于“情”的叙述，就会发现《咸》《恒》《萃》都涉及“天地万物之情”，《大壮》只讲“天地之情”，这两种“情”在适用范围上有着明显的差异。在邵雍所传《先天六十四卦圆图》中，《大壮》位于东南方，《恒》位于西南方，二者同为夏季。在《八际峙望中分互取图》中，《遁》《师》之际为秋分，《咸》承接《遁》，所以说《咸》接秋分；《否》《谦》之际为立冬，《萃》承接《否》，所以说《萃》接立冬。可以看出，在四季之中，夏、秋、冬都涉及“情”，唯独春不讲“情”。

（十六）《咸》《恒》

在《先天六十四卦圆图》中，《乾》居于正南方，是壮、老的分界线。在《先天六十四卦圆图》中，《萃》居于第八部分，在《先天六十四卦方图》中居于第八层，即所谓“《方》《圆》皆八也”。再者，《萃》坤下兑上，在后天八卦中，兑为悦，故而称之为“动悦也”。在《先天六十四卦方图》中，连接《恒》《咸》《益》《损》，正好构成一条对角线，将东北、西南连接起来，即所谓“寅、申之迤交”。《大壮》位于第一层第四位，《萃》位于第八层第二位，而《乾》为第一层之君，《坤》为第八层之君，所以可以断定“《壮》《萃》为君藏之上下”。再将《先天六十四卦方图》分为左右两半，左边一半以《坤》为主，右边一半以《乾》为主，《大壮》《萃》都位于右边一半，所以说“其皆统于《乾》之半”。从互体的角度来看，《咸》艮下兑上，九三至九五为乾，《恒》巽下震上，九二至九四为乾，二者皆有刚健精神。再者，艮为止，兑为水，所谓说“《咸》者溥寂之场”；巽为入，震为动，所以说“《恒》者动定之门”。在《八际峙望中分互取图》中，《咸》《艮》居于秋分之后、立冬之前。在《先天六十四卦方图》中，《咸》《艮》居于第三层，将这两个重卦的位置从图中抽出，就显得十分清楚，见图 5-7。

	《艮》七	《蹇》	《渐》	《小过》	《旅》	《咸》	
	《蒙》					《困》	
	《蛊》					《大过》	
	《颐》					《随》	
	《贲》					《革》	
	《损》	《节》	《中孚》	《归妹》	《睽》	《兑》二	

图5-7

《咸》近于东南，《艮》近于西南，按照古人的说法分别位于巳方与申方。从爻辞来看，《咸》《艮》都与身体相关。《咸》初六“咸其拇”，六二“咸其腓”，九三“咸其股”，九五“咸其脢”，上六“咸其辅颊舌”。《艮》初六“艮其趾”，六二“艮其腓”，九三“艮其限”，六四“艮其身”，六五“艮其辅”。方以智认为这些情况都说明周公以《咸》《艮》象征人的身体。

（十七）《遁》《大壮》

如果将《乾》六爻视为现世的六龙，那么《遁》则是潜藏起来的六龙，初九“遁尾厉”，六二“执”，九三“系遁”，九四“好遁”，九五“嘉遁”，上九“肥遁”，分别对应于《乾》上九“亢龙有悔”，九五“飞龙在天”，九四“或跃于渊”，九三“夕惕若”，九二“见龙在天”，初九“潜龙勿用”。方以智在沟通《乾》《遁》的基础上进一步指出：“肥、嘉、好、系、执、厉，即潜、见、惕、跃、飞、亢。而亡所之遁，以体潜而游六，即体肥而游六也。六十四卦皆潜，即六十四卦皆龙也。”(《一贯问答》)无论是《乾》初九“潜龙勿用”还是《遁》上九“肥遁无不利”，都是太极游于六爻的表现。在古人那里，《遁》上九“肥遁”所说的“肥”经常被解释为“飞”。这一点引起了方以智的高度重视。不唯《乾》《遁》两卦与“潜”“龙”有关，即便整部《周易》所涉及的六十四卦都可以视为“潜”“龙”。

在传统社会中，“潜”“龙”往往代指隐君子，这个特殊人群高卧林泉，睥睨王侯，成为世人仰慕的高士，但也有许多假托隐逸而为自身捞取政治资本的假隐士。方以智对这些人进行了批评，指出：“君子陋巷饮水而乐，即远贪竞者矣，爻象礼乐为娱，即远鄙倍者矣。孟子提出大舜之敝屣，即远万世之分香卖履矣。不睹不闻之龙，万世所睹闻者也。麒麟之手目，遁于《春秋》，盖以触万世之搒著也。其严乎，故《大壮》示之以礼。”[①]颜回是孔门弟子中最具龙德的一位道德君子，身居陋巷，箪食瓢饮，不改其乐，足以让很多假托隐逸的沽名钓誉之徒相形见绌。方以智将“舜发于畎亩之中”与曹操“分香卖履”相比较，使得世人能够清楚地分辨二者的差异。圣人不世出，但是圣人的德性亘古长存。就孔子作《春秋》而言，哀公十四年西狩获麟，孔子“反袂拭面涕沾袍”(《公羊传·哀公十四年》)。本来麒麟是仁兽，只有圣王治世、天下太平的时候才会出现，然而却在此时出现，非常不合时宜，孔子百感交集，不禁潸然泪下，退而作《春秋》，寄托王道理想，为万世垂示通向太平的路径。再者，《大学》所谓“十目所视，十手所指，其严乎”强调君子完善个人修养的必要性，而礼义能够促使君子不断检视身心，提升生命境界。这集中展示了《大壮》的义理价值。

从叠卦的角度来看，《遁》乾上艮下，《大畜》艮上乾下，二

① 方孔炤．周易时论合编[M]//《续修四库全书》编委会．续修四库全书（第15册）．上海：上海古籍出版社，2001：364.

者叠转。与此类同，《大壮》震上乾下，《无妄》乾上震下，二者叠转。在方以智看来，儒家“多识”与“一贯”构成“博”“约”关系，从《象》对《大畜》的解释来看，“君子以多识前言往行，以畜其德”可以概括为“多识”，而《无妄》具有“天下雷行物与”的属性，则能够起到九五所谓“无妄之疾，勿药有喜”的效果。再者，从《象》对《大壮》的解释来看，“君子以非礼弗履”强调了恪守礼义的重要性。在儒家的观念世界中，礼义的合理性来源是天道，或者说礼义是贯通三极之道的实践准则。天道没有具体的形象，超越于人的视听范围，因而无法睹闻。圣人能够将自己对天道的体认转化为义理学说，为社会成员的实践活动提供具体的指导方案，并且能够与社会成员同甘共苦，共同奋进。

在古人的生活形态中，“屋漏”是宗庙之室的西北角，即所谓“西北隅谓之屋漏”（《尔雅·释宫》），《中庸》的作者引用“相在尔室，尚不愧于屋漏”（《毛诗·大雅·抑》）作为反身修德的诫命，因为神明在“屋漏”审视祭祀者的一举一动，赏善罚恶，丝毫不爽。按照郑玄的说法，“诸侯卿大夫助祭，在女宗庙之室，尚无肃敬之心，不惭愧于屋漏，有神见人之为也”[①]。当然，君子修养不能脱离社会生活，必须与社会成员共历患难，方能成就德性。前此已经论及方以智对孔子所说的“攻乎异端，斯害也已”（《论语·为政》）做出一番新解，认为孔子主张畜养异端外道，反对无谓的攻击，以防出现祸患，这就是方以智所讲的“大成之畜异端外道”。在政治生活中，人才的发现与任用尤为重要，具有大人之德的政治家应该像秦穆公那样以开阔的胸怀容纳人才，即所谓“人之有技，若己有之；人之彦圣，其心好之，不啻若自其口出，是能容之”（《尚书·秦誓》）。就是说，应该积极吸纳各种人才，

① 郑玄．毛诗笺[M]// 中华书局编辑部．汉魏古注十三经．北京：中华书局，1998：139.

给这些人才创造施展才能的空间，使得他们能够发挥各自的特长。儒家不仅应当善于礼遇人才，还应尊重一切社会成员的人格。因为上天赋予每个人平等的道德本体，只不过个人的具体情况有所差别。当儒家在全社会范围内推行礼乐教化时，无论乡愿还是无忌惮者都在某种程度上有所收敛。在《周易》六十四卦中，《履》象征礼，能够促成君子日新又新，《无妄》是平等不二的道德本体，《大壮》能够呈现“天地之情”，不唯如此，还应该依凭礼乐教化，达到“节万物之情”的目的。当然，不能忽视自我反省以及不断进行的自我修养。只有在修己治人的基础上，才有资格谈论所谓“龙”“遁世无闷”等话题。圣人以《晋》作为“自照”的具体实践方案，有助于君子实现自己的社会理想。

（十八）《晋》《明夷》

从重卦的角度来看，《晋》坤下离上，即火在地上，对应于昼，《明夷》离下坤上，火在地下，对应于夜。以天文学的视野来分析昼夜成因，其关键在于地。人居于地球的不同位置，所以才经历昼夜变化，从天的角度来看，并没有昼夜变化。由天象落实到道德修养，明相当于正确处理群己关系，晦相当于自我修养，君子不愧于屋漏。当然，今人已经全然无法理解这种极具宗教色彩的警示形式。无论“用明”还是“用晦”，最终都落实于“一明”，或者说是“重明”，也即是天理昭彰。在后天八卦的卦位中，离居于正南方，对应于先天八卦的乾。在先天八卦中，坤居于北方，对应于后天八卦中的坎。既然坎离可以交济，那么从方位来看，地火《明夷》则可以被视为“藏天与地之道”。方以智深入探讨明晦在促成道德实践方面的作用，指出：“于自言昭，于众言晦，故众人不知耳。《遁》所以晦《咸》《恒》之情，乃所以明《乾》《坤》之性，礼所以明《大壮》之《无妄》，即所以晦《大壮》于《大畜》，有明此者乎？天下一家而异即是同矣。”[①]从《明夷》的卦象来看，藏明于地，自己内心恪守明德，对众人隐藏实情，希望以此作为渡过困厄的方式。倘若以“晦”作为考察卦象的准则，那么《咸》兑上艮下，《恒》震上巽下，二者互卦皆有乾，乾藏于坤中。

《遁》乾上艮下，二者不相交，故而隐藏《咸》《恒》之情。再者，《彖》对《遁》的解释是“刚当位而应，与时行也”，这正是对《乾》《坤》之性的展示。《大壮》震上乾下，《无妄》乾上震下，《大壮》叠为《无妄》。《大畜》艮上乾下，反艮为震，就将《大壮》藏于《大畜》。方以智所谓“天下一家而异即是同”至少包括两个层面的问题：一是如何实现“天下一家”的社会理想？二是怎样达到“异即是同”（也就是方大镇期待的“野同”）的效果？在儒家传统中，圣人与天下观念占据相当重要的位置，其中最为突出的莫过于“圣人耐以天下为一家，以中国为一人者。非意之也，必知其情，辟于其义，明于其利，达于其患，然后能为之”（《礼记·礼运》）。方以智对于“平天下”的理解建立在“至善”或“纯阳”的基础上，强调所谓“阳贵阴贱”的观念，但是这种观念并非完美无缺。陆九渊曾经以《晋》作为例证，反驳这种观念。陆九渊以“卦主”作为切入点，认为《晋》六五为卦主，而内卦坤则以三阴顺从于外卦离。这样一来，外卦的两个阳爻就失去了主动地位，而离之所以象征光明，就在于一阴陷于二阳之中，“离之所以为明者，明是理也；坤之三阴能顺从其明，宜其吉无不利。此以明理顺理而善，则其不尽然者亦宜其不尽善也。不明此理，而泥于爻画名言之末，岂可以言《易》哉？阳贵阴贱、刚明柔暗之说，有时而不可泥也”[②]。外卦离能彰显义理，内卦坤

① 方孔炤. 周易时论合编 [M]//《续修四库全书》编委会. 续修四库全书（第15册）. 上海：上海古籍出版社，2001：368.

② 陆九渊. 陆九渊集 [M]. 北京：中华书局，1980：257.

所要顺承的就是义理。就此而言,《晋》六五为阴贵柔明之爻。这无疑是对“阳贵阴贱”的否定。

儒家在处理群己关系时,坚持“修己治人”的原则。二者构成同一体。倘若坚定不移地沿着这条道路前进,就能实现“内圣外王”的社会理想。如果以明晦关系解释“修己治人”,那么明对应于修己,晦对应于治人,而所谓“养日于夜”是指以修己作为教化群萌的根基,在潜移默化的进程中促成社会生活朝向良性状态运转。方以智只不过将传统的“风草之喻”用“明明德”的形式加以表达。在《八际峙望中分互取图》中,《明夷》与《无妄》居于东北方,对应于立春。在先天八卦中,震居于东北。在后天八卦中,震居于东方,即所谓“帝出乎震”。方以智认为:“此帝出之关也,即忧惕之场也,惟危乃微,而无妄日新矣。《易》与《洪范》,并明于商周患难之中,非天地所以造中土之心学乎?”[①]这里提到《周易》与《洪范》是为了说明文王与箕子在不同处境下都怀有忧患意识,《彖》所谓“内文明而外柔顺,以蒙大难,文王以之。利艰贞,晦其明也。内难而能正其志,箕子以之”,结合所谓“人心惟危,道心惟微,惟精惟一,允执厥中”(《尚书·大禹谟》),在患难之中磨炼心智,有助于转变“人心”而为“道心”。儒家有“临难毋苟免”(《礼记·曲礼》)的传统,惨淡的现实世界成为“自炼其生死”的场所。方以智久经磨炼,以易学统摄一切学问,为后世留下了宝贵的精神财富。在方以智看来,易学能够解决世人在生死问题上的困惑,能够指明一条清晰的超脱生死的道路。这条道路不是废弃伦常,而是主张在人伦日用中消除烦恼,尤其是正视男女大欲的问题。这就牵涉如何维系家庭伦理这一古老而又现实的问题。

---

① 方孔炤.周易时论合编[M]//《续修四库全书》编委会.续修四库全书(第15册).上海:上海古籍出版社,2001:376-377.

（十九）《家人》《睽》

《周易》下经以《咸》《恒》作为开端，表明男女婚媾的重要性。《咸》兑上艮下，兑少女，艮为少男，男下女，有婚媾之象。《恒》震上巽下，震为长男，巽为长女，男下女，有婚媾之象。在儒家传统中，婚媾有着相当重要的位置，它是人欲的主要内容之一，因而有“饮食男女，人之大欲存焉”（《礼记·礼运》）的说法。男女之欲必须纳入礼制，才能成就夫妇之伦，否则与禽兽没有什么区别。夫妇是人伦之始，那么以夫妇之伦为基础的家应该如何维系呢？儒家因而倡导所谓“男主外、女主内”的家庭模式，以此作为起点实现修齐治平的社会理想。这种观念模式集中地体现在《彖》对《家人》的解释，即所谓“女正位乎内，男正位乎外。男女正，天地之大义也。家人有严君焉，父母之谓也。父父，子子，兄兄，弟弟，夫夫，妇妇，而家道正。正家而天下定矣”。这一链条式推理的起点是夫妇之伦，而《家人》的重心在于治理“妇子”，防止出现“失家节”的情况。在儒家的家庭观念中，“妇顺备，而后内和理；内和理，而后家可长久也。故圣王重之”（《礼记·昏义》）。按照郑玄的理解，“顺备者，行和当事成审也”[①]，女性在维系家庭方面有着不容忽视的作用。《睽》离上兑下，离为火，兑为泽，火炎上，泽动下，离为中女，兑为少女，这正是《彖》所谓“二女同居，其志不同行”的依据。君子对此有所深思，力求正确处理同异关系，即《象》所谓“君子以同而异”，也就是求同存异，以此作为克服困境的方法。

（二十）《蹇》《解》

在《周易》六十四卦的卦序中，从《屯》《蒙》到《蹇》《解》一共经历了三十六卦。在《先天六十四卦圆图》中，取《蹇》《解》

---

① 郑玄．礼记注 [M]// 中华书局编辑部．汉魏古注十三经．北京：中华书局，1998：228.

《屯》《蒙》共在的一段弧线，从《屯》至《解》共有二十四卦。三十六为四九，二十四为四六，因此可以断言："文序《屯》《蒙》至《蹇》《解》，中隔三十六卦，《蹇》《解》环至《屯》《蒙》，中隔二十四卦，此阳四九，阴四六也。老阴老阳之策主变，故相沿以阳九、阴六为难限。"① 从卦象来看，坎象征险境，艮象征阻隔，《蹇》坎上艮下，将人世间的险阻囊括无遗。方以智指出："上经以天道之始难习坎，故《屯》之经纶在人造天，下经以人情之《睽》乖习坎，故《蹇》之反修，即以天止人。君亲之人间世，何所逃乎？无行地难，知《蹇》之时用者，不择地而蹈之，是反修即经纶也。"② 方以智以"毅豹之养"指代人的内外困境，大致情况是"豹养其内而虎食其外，毅养其外而病攻其内"（《庄子·达生》），意思是说单豹重视内心修养，而老虎吃掉了他的身体；张毅注重身体调养，而疾病搅扰着他的内心。二者无法兼得。《周易》上经"六卦有坎"，强调德性与心性在脱离困境方面的积极作用。《屯》坎上震下，震为动，坎为雨，故而有"人造天"之象。在《周易》下经中，《睽》离上兑下，《睽》六三至六五取互体，为坎，坎为志，兑为少女，离为中女，《象》所谓"二女同居，其志不同行"正是由此而发，因而断言"《睽》乖习坎"。方以智提到的"君亲之人间世，何所逃乎"是指庄子引述孔子之语"子之爱亲，命也，不可解于心；臣之事君，义也，无适而非君也，无所逃于天地之间"（《庄子·人间世》）。也就是说，父子、君臣的伦常是不容逃避的。

从重卦的义理价值来看，《蹇》《解》寄托朋友情谊，《屯》《蒙》揭示君师治道，力图说明政治家以高朋明友作为辅弼，方能实现远大的政治抱负。在《八际峙望中分互取图》中，《解》居于立秋与秋

① 方孔炤. 周易时论合编 [M]//《续修四库全书》编委会. 续修四库全书（第15册）. 上海：上海古籍出版社，2001：386.

② 方孔炤. 周易时论合编 [M]//《续修四库全书》编委会. 续修四库全书（第15册）. 上海：上海古籍出版社，2001：390.

分之间,《蹇》居于秋分与立冬之间，秋季对应于义,《蹇》上六“往蹇来硕”象征志向在内，能够联合同道，追随贵人。这正好说明朋友之义的重要性。再者，从飞伏的角度来看,《蹇》坎上艮下,《睽》离上兑下，故而《蹇》伏《睽》;《解》震上坎下,《家人》巽上离下，故而《解》伏《家人》。从这两对伏卦可以看出“家事”与“王事”的区别，家必须服从于王法，这是传统政治的重要观念。方以智又从“时”与“时用”之间差异入手，对相关重卦的内在联系进行解读,《彖》所谓“解之时大矣哉”强调“时”而没有讲道“用”,《解》必须以《睽》《蹇》为用，进而将《象》所谓“君子以赦过宥罪”的具体行为落实在《损》《益》之中，维系社会正义与道德理想。

（二十一）《损》《益》

在《八际峙望中分互取图》中,《乾》《姤》之际为夏至,《升》《讼》之际为立秋,《恒》《巽》位于夏至之后、立秋之前。《坤》《复》之际为冬至,《无妄》《明夷》之际为立春,《益》《震》位于冬至之后、立春之前。《遁》《师》之际为秋分,《咸》位于《遁》后。《临》《同人》之际为春分,《损》接近《临》,具体说来就是《损》《益》在《先天六十四卦方图》中正好位于对角线上,即《泰》《损》《既济》《益》《恒》《未济》《咸》《否》构成的对角线,而《乾》《兑》《离》《震》《巽》《坎》《艮》《坤》构成另外一条对角线。大致情况如图 5-8 所示。

《坤》八							《否》
	《艮》七					《咸》	
		《坎》六			《未济》		
			《巽》五	《恒》			
			《益》	《震》四			
		《既济》			《离》三		
	《损》					《兑》二	
《泰》							《乾》一

图5-8

依据虞翻的卦变学说，《损》自《泰》来。《泰》乾下坤上，坤为民，乾为君。九三上升至六、上六下降至三，就变成《损》，即所谓“损下以益上”。“三主损”是指《泰》九三变为阴爻，“上受损”是上六变为阳爻。方以智延续这种观念，阐发自己对“三一”“一三”的理解，指出：“《泰》三天地之际，交上成《损》，人道之始也。故系情表化焉，何思何虑，不嫌往来，此三一、一三之可疑者，而悱之举一反三，必喜而得志矣。”[①] 孔子主张以启发作为教育手段，曾经指出“不愤不启，不悱不发，举一隅，不以三隅反，则不复也”(《论语·述而》)。按照郑玄的注解，“孔子与人言，必待其人心愤愤，口悱悱，乃后启发为说之，如此则识思之深也。说则举一隅以语之，其人不思其类，则不复重教之”[②]。也就是说，如果学生不经过认真思考，对相关问题没有深刻体会，想要表达却怎么也表达不出来时，就不去开导他；不殚精竭虑，无法通晓相关问题，就不去启发他。为了形象地揭示“三”与“一”之间的关系，方氏以《损》所谓“三人行，则损一人；一人行，则得其友”作为例证，指出：“此三即一、一即三之表法也。三之表法也。三主损，故爻极赞《损》之经义，上受损，故爻极论《损》之成功。乾、坤各三，损一合二而乃以致一，男与女也，君与民也，道与法也，浑然与森然也，皆此举一明三，而究止有一实之道也。”[③] 从卦象来看，《损》兑下艮上，兑为少女，艮为少男，各自得乾坤之体。在《周易》六十四卦中，《否》《泰》侧重于谈论“消长”，《损》《益》侧重于谈论“盈虚”。在方以智看来，盈虚潜藏着消长的端倪，探求阴阳二气的奥秘必须由此入

① 方孔炤．周易时论合编[M]//《续修四库全书》编委会．续修四库全书（第15册）．上海：上海古籍出版社，2001：399.

② 何晏．论语集解[M]//中华书局编辑部．汉魏古注十三经．北京：中华书局，1998：31.

③ 方孔炤．周易时论合编[M]//《续修四库全书》编委会．续修四库全书（第15册）．上海：上海古籍出版社，2001：397.

手，天道变化，二气消长，世风抑扬，都可以通过盈虚来考察。即便以象数作为工具对具有“费而隐”的大道进行研究，也无法避免有关盈虚问题的讨论。尽管《中庸》对“天命之谓性”有全面阐述，但是如何落实性命之理仍旧是一个亟待解决的实践问题。方以智仍旧强调所谓“伦物分艺”的实际功用。方以智对“风雷”做出泛化理解，在他看来，《中庸》所谓“戒慎乎其所不睹，恐惧乎其所不闻”是“子思之风雷”，蓍龟能够用来决疑，因而被视为“万世奏鼓驰走之风雷”。前此已经对孔子所见的“加我数年，五十以学《易》，可以无大过矣”（《论语·述而》）进行分析，侧重于协调有关“五十以学《易》”的争论。方以智在这里又提到“圣人无大过”在何种意义上成立这一复杂的理论问题。

（二十二）《夬》《姤》

从重卦的角度来看，《夬》乾下兑上，《姤》巽下乾上，这两个重卦是由乾与兑、巽构成。在《先天八卦圆图》中，乾居于正南，兑居于东南，巽居于西南，因而可以视为“巽、兑辅乾”。在《先天八卦横图》中，乾一、兑二属于太阳，巽五为少阳之首，因而为《周易》下经之主，目的在于以阳来制约阴、利用阴。在《先天六十四卦圆图》中，《乾》居于正南，《夬》《姤》居于《乾》两旁，因而可以视为“《夬》《姤》夹《乾》”。《乾》居于正南，象征“大明”，能够以君师之法教化天下。在方以智看来，君师之道的主要内容是高树男女之大防，防止出现诸如吕后、武则天之类的“女祸”，维护父权家长制的控制力和约束力。从卦象来看，《夬》乾下兑上，乾为健，兑为悦，而《彖》所谓“夬，决也，刚决柔也”象征君子能够冲决小人，化解政治危机。从叠卦的角度来看，《履》兑下乾上，象征完善的礼乐制度。方以智将目光转向《春秋》大义，强调君子冲决小人的必要性，认为这样可以使得万世小人失去名号，充分展示素王斧钺的威力。从五伦的角度来看，夫妇伦常尤为重要，必须防止“女祸”的出现。方以智本着防微杜渐的心态，指出：

> 如几者，忧午会之女祸邪教，而决理者以午会之文法，决夫妇之魂魄而治之，民志决辨，王庭决扬，伦常之号，决然相信，莫夜之惕，决不至死，则不知父之麀场，女传家之狸俗，万无忧矣。[①]

如前所述，方以智主张“尊阳”，也就是所谓“扶阳抑阴”，在政治生活中表现为扶持君子、压制小人，防止小人掌握实权，对君子实施迫害。在方以智看来，“从天地未分前来者，曰性善。尊德性者，尊阳也，尊始也，尊先也。榜之曰善，犹榜之曰无也”（《东西均·公符》）。如果小人肆无忌惮，以恶攻善，那么必须以刑罚制止恶行的蔓延。在儒家传统中，《春秋》曾经一度被视为“圣人之刑书”，作用在于拨乱反正，垂宪万世，使得小人无处匿形，其中最主要的途径就是“道名分”。方以智认识到了这一点，强调“以《春秋》决之”，消除“万世小人”的名号，作为惩处的手段，借以警告世人。在论及处理性别与政治之间的关系时，方以智极力主张严防出现所谓“女祸”，甚至将《姤》的义理价值理解为“忧午会之女祸邪教”。这种思想带有明显的时代印记。方以智认为，《乾》所代表的纯阳与正大光明，足以担当“午会之文法”的角色，用来确立夫妇之道，使得这种伦理道德的观念深入社会成员的内心世界，达到所谓“决夫妇之魂魄而治之”的实际效果。夫妇之道的确立能够为父子之道提供坚实的基础，儒家对母系社会的“不知父”的情况深恶痛绝，甚至将其比作禽兽。这里论及的“麀”是指母鹿，可以将其延伸为对雌性禽兽的统称，而“麀场”一词则

① 方孔炤．周易时论合编[M]//《续修四库全书》编委会．续修四库全书（第15册）．上海：上海古籍出版社，2001：409-410.

是用来对只知其母、不知其父的母系社会的批判。在儒家看来，母系社会属于“无礼”的场所，甚至等同于禽兽群体，所以说“夫唯禽兽无礼，故父子聚麀”（《礼记·曲礼》）。此外，诸如“牝鸡无晨”等成语，也反映了儒家对于女性参与政治所持有的否定态度。方以智在这种观念的影响下，将妇女传家视为“狸俗”，对此进行严厉的批判，再一次强调“阳统阴阳”的重要性。

方以智将“易”解释为“阳”，这个超越阴阳对待的“阳”能够统摄阴阳。如果将方以智所谓的“易”对应于邵雍所传《先天八卦横图》和《先天六十四卦横图》中的太极，就会发现无论八卦还是六十四卦都是从“阳”生出。再者，以《先天八卦横图》中的乾或者是《先天六十四卦横图》中的《乾》作为变化的开端，就会发现其余所有的单卦或重卦都是纯阳变化的结果。反过来讲，以《先天八卦横图》中的坤或者是《先天六十四卦横图》中的《坤》作为变化的开端，就会发现其余所有的单卦或者重卦都是纯阴变化的结果。这两个情况与超越阴阳对待的“阳”相连接，就构成方以智非常认可的“阳统阴阳者，全阴全阳”的观点。方以智指出：“变者从天，应者从日，阳尊而神，阳来则生，君统臣，夫统妻，此扶阳之权也。”（《易余·权衡经纬》）《贲》《小畜》和《姤》与“文”或“章”有着密切的关系。《贲·彖》主张“（刚柔交错），天文也；文明以止，人文也。观乎天文，以察时变；观乎人文，以化成天下”，《小畜·象》主张“君子以懿文德”，《姤·彖》指出“天地相遇，品物咸章也”。在《八际峙望中分互取图》中，《贲》居于东北方，即所谓“《贲》文起寅”；《小畜》居于东南方，即所谓“《畜》文在巳”；《姤》居于《乾》的右侧，而《乾》居于正南，所以“《姤》章常午”。

（二十三）《萃》《升》

在《先天六十四卦圆图》中，《升》位于西南方，《萃》位于西北方，即所谓“《升》在未方，《萃》交戌”。在《先天六十四卦方图》中，《乾》一、《兑》二、《离》三、《震》四、《巽》五、《坎》六、《艮》七、《坤》八正好构成一条对角线。按照自下而上、自右而左的次序，《乾》位于第一层的第一位，《兑》位于第二层的第二位，《离》位于第三层的第三位，《震》位于第四层的第四位，《巽》位于第五层的第五位，《坎》位于第六层的第六位，《艮》位于第七层的第七位，《坤》位于第八层的第八位。分别考察《萃》《升》在《先天六十四卦方图》中的位置，就会发现《萃》位于西南方，居于《坤》所在一层，《升》位于东方，居于《巽》所在一层。从横向来看，《萃》在《坤》所在的第八层；从纵向来看，《升》在《坤》所在第八列，所以说《萃》《升》皆统摄于《坤》，见图 5-9。

《坤》八	《剥》	《比》	《观》	《豫》	《晋》	**《萃》**	《否》
《谦》							《遁》
《师》							《讼》
《升》							《姤》
《复》							《无妄》
《明夷》							《同人》
《临》							《履》
《泰》	《大畜》	《需》	《小畜》	《大壮》	《大有》	《夬》	**《乾》一**

图5-9

从重卦的角度来看，在《周易》下经中，坤与离相合，成《晋》《明夷》；坤与兑、巽相合为《萃》《升》。在后天八卦中，坤为致役，兑为悦，巽为齐，故而可以将《萃》《升》视为“致役成物之教养”。从飞伏的角度来看，《萃》与《大畜》、《升》与《无妄》、《剥》与《复》之间具有相同的关系。从卦象来看，《萃》与《涣》都有立庙祭祀之象。在儒家传统中，宗庙发挥着维系人心的作用。

例如，武王伐纣时就承载在文王的木主，汉高祖龙兴之时就为汉树立社稷。从字音与字义之间的关系来看，“萃”是要萃取亡者的精神，“涣”是为了防止亡者精神涣散，故而设立宗庙加以祭祀。《涣》坤下巽上，初六为立庙，《萃》坤下兑上，为“王假有庙”之象，方以智从解释“假”的含义入手，讨论《萃》的基本含义，指出：

> 假者，至也，格也，大也，嘏也，神与人皆来格骏奔矣。《萃》《临》《升》《观》，皆互明教思，此坤载所以转风润泽者也。见象生心，神于观感，雅颂诗歌，各称神格，《盘庚》《洛诰》，呼其祖父，此知咨嗟号笑之中，皆孝享矣。[①]

也就是说，“王假有庙”的“假”具有感格、光大、崇高等含义，强调其宗教意蕴。在儒家的宗教观念中，祭祀活动是血亲之间以气作为纽带的沟通活动，后嗣对先祖的缅怀与悼念能够感召先祖之气，二者之间的神秘交流可以称为“感格”。从重卦的角度来看，坤、巽、兑可以组成四个重卦，即《萃》《临》《升》《观》，都与立庙祭祀相关。《萃》坤下兑上，《升》巽下坤上，《临》兑下坤上，《观》坤下巽上。在《先天六十四卦方图》中，《升》位于东方。在《先天六十四卦圆图》中，《升》位于西南方。在后天八卦中，坤位于西南方，也就是所谓“致役乎坤”。在先天八卦中，巽居于西南方。在古人的观念世界中，西南方是“人之初”。明堂也位于西南方，与灵台、辟雍一起在宣扬国家宗教方面发挥着重要的作用。

结合《先天八卦圆图》来看，坤居于北方，巽居于西南方，

① 方孔炤. 周易时论合编[M]//《续修四库全书》编委会. 续修四库全书（第15册）. 上海：上海古籍出版社，2001：420.

《升》以巽为体，以坤为用，所以称之为“用北于南”。在五常之中，礼居于南。从卦象来看，《升》象征树木从土中生出，《象》由此引申出“君子以顺德积小以高大”这一道德启示。方以智在这里区分了“荒冥”与“大冥”的不同含义。荒废积渐工夫，直接畅谈玄冥，属于“荒冥”；注重修养次第，敦实用功，最终与大化同流，属于“大冥”。从卦爻来看，《升》以六爻次第积渐作为论证“不息”精神的途径：所谓“允”是指初六“允升，大吉”，因为《升》强调坤养的重要性，坤为土，土德为信，变初爻为阳，就变成乾应坤的情况，因而能够与“上合志”；所谓“孚”是指九二“孚乃利用禴，无咎”，而《升》六五“贞吉升阶”，《象》对它的评价是“贞吉升阶，大得志也”；上六“冥升，利于不息之贞”，《象》对它的评价是“冥升在上，消不富也”。

（二十四）《困》《井》

如果按照《周易》上下经的重卦次序将《三十六贞悔圆图》等分，就会发现《困》与《井》，《革》与《鼎》就位于下经的中间。方以智对胡仲虎所谓“《困》安命，《井》尽性”非常赞同，认为还可以结合这两个重卦的内在关联，将这句话阐发为“《井》以所以安命，《困》亦所以尽性”。在方以智看来，《井》是通变之候，这就是《系辞传》所谓“德之地”。再者，《困》揭示走出困境的途径，《井》阐述礼义的基本内容，儒家坚守礼义，以礼义作为摆脱困厄的手段。在这层意义上讲，《井》已经兼取《困》的义理价值。方以智考察《困》《井》在《先天六十四卦方图》中的位置，指出：“《坎》《离》双纵双衡，正如井法，建国师律之象，皆从此出，井田行道，一义也。五祭，祭井者，祭行也。沟浍之上，所通行之道也。故以‘德之地’称之，《震》《巽》纵横，亦在中交；《艮》《兑》纵横，则近外廉；《乾》《坤》君藏，则在周围，皆有至当对峙变化之妙。”[①] 方以智试图协调有关“祭井”与“祭行”的聚讼。在传统社会中，“五祀”是指祭祀门、户、井、灶、中霤，还有一种说法是以“行”替代“井”。这在经学史上引起了许多争论。根据陈立的考证，“祀行即所以祀水，与祀井之义合也。两汉、魏、晋之五祀，皆祀井，隋、唐参用《月令》《祭法》，五祀则祭行。及李林甫之徒复修《月令》，冬又祀井，而不祀行。其实井、行一也”[②]。此外，在陈立看来，所谓“道祭”并非祀行，依据在于“郊止乎天子，社止于诸侯，道及士大夫”(《荀子·礼论》)。这里所说的“道”是指行神，然而依据“大夫祭五祀”(《礼记·曲礼下》)，“五祀”只大夫这一级，由此可以判定“行”不是“道祭”。这与方以智的说法有所不同。所谓“《坎》《离》双纵双衡，正如井法”是在《先天六十四卦方图》中，分别连接《坎》《离》所在横线与竖线，就构成一个井字形，而《困》《井》正好位于井字形之上。这可以用图5-10表示。

		《比》			《晋》		
		《蹇》			《旅》		
《师》	《蒙》	**《坎》**六	《涣》	《解》	《未济》	**《困》**	《讼》
		《井》			《鼎》		
		《屯》			《噬嗑》		
《明夷》	《贲》	《既济》	《家人》	《丰》	**《离》**三	《革》	《同人》
		《节》			《睽》		
		《需》			《大有》		

图5-10

① 方孔炤. 周易时论合编[M]//《续修四库全书》编委会. 续修四库全书（第15册）. 上海：上海古籍出版社，2001：425.

② 陈立. 白虎通疏证 [M]. 北京：中华书局，1994：78.

所谓"《震》《巽》纵横，亦在中交"是指在《先天六十四卦方图》中，分别连接《坎》《离》所在横线与竖线，就构成一个十字形，可以用图 5-11 加以表达。

			《观》	《豫》			
			《渐》	《小过》			
			《涣》	《解》			
《升》	《蛊》	**《井》**	**《巽》五**	《恒》	《鼎》	《大过》	《姤》
《复》	《颐》	《屯》	《益》	**《震》四**	《噬嗑》	《随》	《无妄》
			《家人》	《丰》			
			《中孚》	《归妹》			
			《小畜》	《大壮》			

图5-11

所谓"《艮》《兑》纵横,则近外廉"是指《井》居于由《艮》《兑》构成的井字形的旁边，而不像《困》那样居于井字形上。大致情况见图 5-12。

	《剥》					《萃》	
《谦》	**《艮》七**	《蹇》	《渐》	《小过》	《旅》	《咸》	《遁》
	《蒙》					**《困》**	
	《蛊》	**《井》**				《大过》	
	《颐》					《随》	
	《贲》					《革》	
《临》	《损》	《节》	《中孚》	《归妹》	《睽》	**《兑》二**	《履》
	《大畜》					《夬》	

图5-12

方以智将人世间视为"困场"，追名逐利，尔虞我诈，彼此残害，相互倾轧。从卦象来看,《贲》艮上离下,《困》兑上坎下，因而说《贲》伏《困》。从叠卦的角度来看,《节》坎上兑下,《困》

兑上坎下，因而说《节》叠为《困》。《贲》九五“白贲，无咎”象征君子具有质朴的德性，能够实现志向；《节》六四“安节，亨”象征君子恪守节操，亨通顺利。方以智结合这两个重卦的义理，谈论孔子的言行，指出：“削迹伐木，惧邪转风，皆困中弦歌，成万世之福庆焉。相遇穷通，有冥权矣。知命者，勿以《困》《井》《革》《鼎》二视之也。”[①]孔子的遭遇与选择可以看作“白贲”与“安节”的例证。孔子“自筮得《贲》”，表明素王没有权位，只能代天发意。孔子周游列国，屡遭坎坷，有所谓“再逐于鲁，削迹于卫，伐木于宋，围于陈蔡”的坎坷经历，但是却能困厄之中“弦歌不辍”，高风亮节，令人钦佩。方以智所谓“勿以《困》《井》《革》《鼎》二视之”在“《坎》《离》双纵双衡，正如井法”中显现得最为清楚，详见图 5-11。方以智希望能够以孔子的言行作为救世良药，挽回当时日益颓丧的世风。

世俗与方外都陷于无耻，仁人志士痛心疾首。一般来说，世俗社会中难免会出现媚俗的现象，这似乎成为出世的有力借口，但方外也不是理想中的净土，争名夺利，猜忌斗狠，无所不用其极。即便阳明后学四处讲学，企图教化民众，但其实际行为却与宣讲的内容大相径庭。作为精通物理的易学家，方以智早年的老师王宣曾经悲愤地指出：“世人俗于嗜欲，而讲学人之鄙吝相媚俗，护短忮懻，俗何如耶？以方内为拘，而逊之方外，今方外人之造险斗狠以争名高，俗何如耶？俗无首，便是无耻；俗忠恕，便是乡愿；俗刚毅，便是卤莽；俗出格，便是隐怪。雅俗对称，一步深一步，亦各以其所好而称之耳。”[②]就当时的社会情形而言，媚俗是俗人与讲学之人的通病，迫使儒家道义淡出社会生活。乡愿、

① 方孔炤．周易时论合编[M]//《续修四库全书》编委会．续修四库全书（第15册）．上海：上海古籍出版社，2001：429-430.

② 方以智．药地炮庄[M]//《续修四库全书》编委会．续修四库全书（第957册）．上海：上海古籍出版社，2001：331.

卤莽，大行其道；无耻、隐怪，畅通无阻。民众生活陷于道德失范的尴尬境地。社会风气每况愈下，极易诱发更深层次的社会矛盾。当社会矛盾积累到一定程度，就会出现革故鼎新的要求。

（二十五）《革》《鼎》

方以智将《三十六贞悔圆图》用十字中分，第四部分以《革》为首，统领从《鼎》到《未济》这十五个重卦。这种划分方式区别于黄元公的观点。在后者看来，从《损》《益》到《革》《鼎》共有十卦，而这种看法与萧汉中（字景元）所讲的“兑、巽包乾、坤、坎、离之节”相吻合。在《先天六十四卦圆图》中，《鼎》位于西南方，《大有》位于东南方。在《先天六十四卦方图》中，《鼎》居于第三层，《井》居于第二层。从《象》的论述来看，《鼎》的义理价值在于“君子以正位凝命”，《大有》的义理价值在于“君子以遏恶扬善，顺天休命”。陆九渊曾经将所谓“舜隐恶扬善”中的“隐”解释为“伏”，也就是“伏绝其恶，而善自扬耳”[①]，以此作为解释“恶扬善，顺天休命”的例证。方以智认为，“命”不能改，只能选择在“顺命”的基础上“凝命”。结合《先天六十四卦圆图》来看，《大有》与《鼎》耸峙于南方，正好实现“顺命”与“凝命”之间的会通。在《周易》六十四卦中，《井》《鼎》都与“养”有关，从《先天六十四卦方图》来看，《鼎》《井》对峙于第二层，方以智认为这再一次证明了“《井》养亦此《鼎》养”的观点。

在儒家观念世界中，火的重要作用在于“燔”与“烹”，前者是指不假器皿直接烧烤，后者多依赖于鼎。烹饪是养生的重大事件。养生并非是狭隘的自养，还包括“宾”“祭”之礼，按照嵩泉老人的看法，“宾、祭之大，莫大于享上帝、养圣贤。故曰圣人烹以享上帝，大亨以养圣贤。然享帝以烹，养贤加大，重人

① 陆九渊．陆九渊集 [M]. 北京：中华书局，1980：425.

轻天，无乃不可乎？不知不养贤，则上帝不享，重人正所以重天也”[①]。圣人指上九，圣贤指六五。祭祀上帝，奉养圣贤，共同构成人类社会的主要活动内容。从天人之际来看，尊崇上天，就必须奉养圣贤；而尊重圣贤的目的就在于重视天的崇高价值。

方鲲认为，《周易》六十四卦从《乾》至《革》共有四十九卦，正好是大衍的用数，“《乾》《坤》为易之门户”，因而卦序到《革》就应该出现变革。方鲲依据卦辞、《象》以及爻辞的论述来证明自己的观点。在他看来，《乾》的卦辞提到“四德”，即元亨利贞，也出现在《革》的卦辞中。从卦辞来看，《乾》初九“潜龙勿用”，而《象》对《革》初九“巩用黄牛之革”的解释是“巩用黄牛，未可有为”，《革》六二“巳日乃革”对应于《乾》九二“见龙在田”，《革》九三“革言三就”对应于《乾》九三“夕惕若厉无咎”，《革》九四“改名”对应于《乾》九四“或跃于渊”，《革》九五“大人虎变”对应于《乾》九五“飞龙在天”，《革》上六“君子豹变”对应于《乾》上九“亢龙有悔”。再者，《系辞传》所谓“天地革而四时成，汤武革命，顺乎天而应乎人”至少牵扯天道与人道之间的关系，尤其是对圣王所具备的君道进行评论，因而断言“故惟知乾道者，方可与言《革》”[②]。方以智从历法方面强调《革》的重要性，依据在于《象》所谓“天地革而四时成”，指出：“天以日月星之变成时。历者，历也。天日月星互相差以成历，故历以正差，岁差其最微者也。于穆之天何差，而于穆之天，在表法之天中，不得不差，不得不历，历亦不得不差，差则不得不治，治必明时。”[③]崇祯年间采用西洋传教士带来的

① 嵩泉老人．周易清言 [M]．海口：海南出版社，2000：34．

② 方鲲．易荡 [M]//《四库全书存目丛书》编纂委员会．四库全书存目丛书·经部（第 35 册）．济南：齐鲁书社，1997：476．

③ 方孔炤．周易时论合编 [M]//《续修四库全书》编委会．续修四库全书（第15册）．上海：上海古籍出版社，2001：441．

历法，纠正了此前的许多错误。方孔炤亲身经历了这一历史事件，在《图象几表》中专门设有《崇祯历书约》一条，专门讨论相关问题。

（二十六）《震》《艮》

对比先天八卦和后天八卦的卦位，艮在先天八卦中居于西北方，乾在后天八卦中居于西北方，艮在后天八卦中居于东北方，震在先天八卦中居于东北方，震为动，艮为静。在自然界中，人属于动物。然而“人生而静，天之性也”（《礼记·乐记》）却从人性论的角度对“静”做了进一步的追溯。这里所说的“人生而静”被方以智称为“至静之天”，也就是不落动静、超越动静又在动静之中的“至静”。方以智指出：

人，动物也。动于至静之天而人不知也。天不落动静，而时此动几，非以动动之，则罕有知至静之几者矣。先天艮居后天之乾，而后天艮居先天之震。文王《序卦》，又以《震》统《下经》之末十四卦，明人道奉天之终也、明后之用先也，得也、丧也，往也、来也，言也、事也，躬也、邻也，皆有先几焉，能不失先天之七鬯者谁乎？[①]

方以智所说的“下经之末十四卦”是指《震》《艮》《渐》《归妹》《丰》《旅》《巽》《兑》《涣》《节》《中孚》《小过》《既济》《未济》。综观这十四个重卦，都是由六子之卦构成的，而乾、坤并没有介入。在父母六子的观念中，震为长男，因而《周易》下经最后十四个重卦以《震》作为开端。既然《震》象征动，《艮》象征静，那么动静是否普遍存在于天地之间呢？方以智非常肯定地回答了这个问题，并以动静作为考察世间万象的切入点，认为

① 方孔炤. 周易时论合编[M]//《续修四库全书》编委会. 续修四库全书（第15册）. 上海：上海古籍出版社，2001：451.

“夜息”“坐”“默”“无事”与“日用”“行”“语”“云为”属于“显动静”；“未生前”“动中之静”与“生后”“静中之动”属于“密动静”；方以智试图从易学的角度对动静问题做进一步研究，寻求超越动静的“一”，从超越动静的至静来看，亘古动静都是自身的呈现。统摄亘古动静的“一”就是超越动静的“一”。二者只不过是同一实体的不同展现，这些情况属于“弥动静”。可以说，“弥动静”能够统摄“显动静”与“密动静”。尽管有些动静非常难以捉摸，甚至无法分清动静的差异，但是都能够以《中庸》所谓“未发”和“已发”加以概括，进而统摄于心体。当道德主体洞察动静之理以后，就能随心运用，毫无凝滞。当然，方以智所描述的“弥动静”是一种理想境界，需要做足体认工夫，方能窥察一二。这种“弥动静”的境界被周敦颐称为“神”。周敦颐曾经在《通书》中对动静问题展开全面讨论，指出：“动而无静，静而无动，物也。动而无动，静而无静，神也。动而无动，静而无静，非不动不静也。物则不通，神妙万物。”[①] 周敦颐所说的“神”能够超越动静，又能在动静之中发挥作用，与动静构成体用关系。可以说，这就是《系辞传》所谓的“唯神也，故不疾而速，不行而至”。

（二十七）《渐》《归妹》

从重卦的角度来看，《渐》艮下巽上，艮为止，巽为入，在儒家传统中，巽象征教化，或者说是“《诗》教”所谓“风化”，有“风”必有“化”。正如孟子对滕世子所言：“君子之德，风也；小人之德，草也。草上之风必偃。”（《孟子·滕文公上》）按照赵岐的理解，“以风加草，莫不偃伏也。在世子以身帅之也”[②]，也就是说，君子的德性犹如风，吹拂万物，无处不在。民众在君子的

① 周敦颐．周敦颐集 [M]. 北京：中华书局，1990：27.

② 赵岐．孟子注 [M]// 中华书局编辑部．汉魏古注十三经．北京：中华书局，1998：46.

感召之下，能够改过迁善，日新其德。感化与德教必须从情感方面赢得民众的好感，否则就会陷入自说自话的尴尬局面。再者，震象征君子的内自反省，艮象征着思虑，二者交织在一起，就构成《渐》的基本含义。《周易》下经以《咸》《恒》作为开端，象征夫妇之道是天经地义、亘古不变的真理。《咸》的基本含义是“感”，《恒》的基本含义是“恒”，这两个重卦的卦辞提到了“天地万物之情”。二气交感，其中蕴含着自然秩序。男女交感，必须遵循礼法，否则就会流为淫乱。《咸》艮下兑上，艮为止，兑为悦，意指礼乐制度对人欲的制约。《渐》强调的也是礼乐制度的重要性，方以智指出：

《震》《艮》之后，以《渐》为道法之常，统理其人情，巽入于止，即能止万世于大止，而动悦皆得所归焉。是《震》省《艮》思，渐善归义，乃所以终《咸》《恒》“天地万物之情”者也。欲感贪进，果于为乱，且得不果，亦可渐止，故近尝不能正之而违，则可以仪之。内逼其利，则反穷；而外观其仪，则善恶。道在法中，内外交化，渐浸风俗，必以礼乐为羽仪，因顿知本无内外者，止归于进退得失当位之用而已。[①]

人类社会得以维系和发展离不开基本的欲望。在诸多欲望之中，男女之欲属于最为根本的。它不仅能够保证人类自身的繁衍，更是促进家庭和谐的基本要素。正确引导人类的欲望能够促进社会发展，一味地否定欲望的合理价值，甚至采取强制的禁欲措施，不但不能维持社会稳定，反而会激发社会成员的反感，甚至导致人欲横流，最终无法收拾。从社会治理的层面来看，处理人欲的

① 方孔炤. 周易时论合编[M]//《续修四库全书》编委会. 续修四库全书（第15册）. 上海：上海古籍出版社，2001：461.

最好办法莫过于“渐”，也就是以较为完善的礼乐制度来规范人欲的宣泄。具体来说，就是确立妥帖的善恶观，以天道作为法规的合理性来源，避免出现“以礼杀人”或者“以理杀人”的历史悲剧。社会风气的形成与优化必须以道德教化作为最主要的途径，强制手段只能作为违反公共生活规则的相应惩治辅助，而不能将其上升为社会治理的核心观念。只有从人类的情感出发，制定符合人性的公共生活规则，不失时机地感化社会成员，才能达到儒家梦寐以求的理想境界。

如果说《渐》强调教化的社会功用，那么《归妹》则突出教化的最终结果。《归妹》兑下震上，兑为悦，震为动。君子的德性能够取悦民众。民众在君子的感化之下，日渐克服自身的弱点，以圣贤作为蕲向，不断朝向完善的目标前进。从卦象来看，兑为少女，震为长女，落实于夫妇伦理，就是女子深受男子感动，以室家协和作为自身价值的体现。在儒家的观念世界中，一切事物都是阴阳交合的产物，如果天地不相交，那么万物就无从生长。正如《象》所叙述的那样，“《归妹》，人之终始也。说以动，所《归妹》也”，人伦的开端是夫妇，由此可以衍生其他伦常。夫妇交感是生生之德的最佳展示。整个宇宙的衍化过程也可以看作永不停息的生命。生命欲望是推动人类繁衍的不竭动力，这种动力在礼乐制度的疏导下能够促成人类社会的不断进步。《归妹》初九所谓“跛能履”，九二所谓“眇能视”，正是强调生生之德的伟大之处。这就像古人赞美圣王能够使得枯骨生肉一样，代表着一种美好的期待。方以智又援引邵雍与黄道周的观点，以《伏羲六十四卦圆图》作为例证，阐述“女祸”对传统政治的影响。在《先天六十四卦圆图》中，《乾》与《姤》正好位居正南，即所谓“午会之《姤》”。《乾》象征着父权家长制，而《姤》与《乾》毗邻，代表女性对于这种威权的觊觎。从阴阳派的观点来看，在后天八卦中，坎居于正北，离居于正南，只有“抽坎填离”，才能复归先天八卦中的乾坤正位。这就是方以智引用的“姹女”“泛泽”的基本含义。结合方以智秉承的“阳统阴阳”的观点，从右至左来观察《伏羲六十四卦次序图》，右端为纯阳，左端为纯阴，以纯阳作为开端，则《乾》为其余六十三卦的本来面目，从《乾》到《坤》的次序可以看作纯阳变为纯阴的衍化过程。

（二十八）《丰》《旅》

如果按照将《三十六贞悔圆图》四等分，那么介于西方和北方之间的九贞悔就成为最后一段。这九贞悔分别是《革》与《鼎》、《震》与《艮》、《渐》与《归妹》、《丰》与《旅》、《巽》与《兑》、《涣》与《节》、《中孚》与《中孚》、《小过》与《小过》、《既济》与《未济》。可以明显看出，《巽》与《兑》位于最后一段的中间，《丰》与《旅》、《涣》与《节》分别位于二者前后。方以智指出：“以六贞悔收场，而九贞悔，亦以《兑》《巽》为中，以参言之，亦以《巽》《兑》为中，而先倡之以《丰》《旅》，后辅以《涣》《节》也。下经末六之一《丰》一《旅》，犹上经末六之一《剥》一《复》也。以《旅》出《丰》而涣其入物悦物之蔀沫，即安其行事、讲习之通节矣。”[①] 所谓“以六贞悔收场”是指将《三十六贞悔圆图》六等分，《丰》与《旅》、《巽》与《兑》、《涣》与《节》、《中孚》与《中孚》、《小过》与《小过》、《既济》与《未济》就成为最后一部分。上经末尾的六贞悔是《剥》与《复》、《无妄》与《大畜》、《颐》与《颐》、《大过》与《大过》、《坎》与《坎》、《离》与《离》。将两组六贞悔加以对应，下经末六贞悔的开端对应于上经末六贞悔的开端，也就是《丰》与《旅》对应于《剥》与《复》。

① 方孔炤.周易时论合编[M]//《续修四库全书》编委会.续修四库全书（第15册）.上海：上海古籍出版社，2001：467.

方以智经过周密的统计，认为在《周易》六十四卦中，只有《泰》《否》讨论“消长”(《彖》对《泰》的论述是“君子道长，小人道消”,对《否》的论述是“小人道长,君子道消”),《损》《益》讨论“盈虚”(《彖》对《损》的论述是“损益盈虚，与时偕行”),而《剥》与《丰》则“深叹盈虚消息”(《彖》对《剥》的论述是“君子尚消息盈虚，天行也”，对《丰》的论述是“天地盈虚，与时消息”),《乾》《谦》《丰》“深叹天地鬼神”,《文言》对《乾》的论述是“夫大人者，与天地合其德，与日月合其明，与四时合其序，与鬼神合其吉凶。先天而天弗违，后天而奉天时。天且弗违，而况人乎？况于鬼神乎？”而《彖》对《谦》的论述是“天道下济而光明，地道卑而上行。天道亏盈而益谦，地道变盈而流谦，鬼神害盈而福谦，人道恶盈而好谦。谦，尊而光，卑而不可逾，君子之终也”，此外《彖》对《丰》的论述是“天地盈虚，与时消息，而况于人乎？况于鬼神乎？”方以智结合《周易》上下经首卦的主要内容，论述盈虚在道德修养方面的作用，从《象》对《乾》《咸》与《丰》的论述来看,《乾》上九“亢龙有悔,盈不可久也”,而《象》在解释《咸》时提出“君子以虚受人”的观点，试图说明《周易》上下经的开端都在强调盈虚的道德启示。尽管将盈虚相提并论，但是却主张“以虚用盈”。这又一次强调了生生之德的义理价值。

(二十九)《巽》《兑》

从《先天六十四卦横图》来看,《兑》与《乾》都是太阳之卦,《巽》为少阳之卦。在先天八卦中，乾居于正南方，兑居于东南方，巽居于西南方，正好构成“巽、兑辅乾”的样态。在后天八卦中，震居于正东，巽居于东南方，艮居于东北方，正好构成“巽、艮辅震”的样态。在后天八卦中，兑居于正西，坤居于西南方，乾居于西北方，正好构成“乾坤夹兑”的样态。如果以后天八卦配比四时，那么艮、震之间是冬春之交，巽介于春夏之交，兑为秋季。综观先天八卦与后天八卦，乾、坤为纯体，离、坎始终居于正位，震、艮、巽、兑始终居于偏位。方以智结合“父母六子说”的基本观念，对这个问题展开讨论。从卦序的角度来看，《周易》上经以乾、坤、坎、离为主，兑、巽、艮、震为客，而主卦又以乾、坤为君。大致来说，在《泰》之前的重卦中，乾为主，坤为从，有坎而无离；在《泰》之后的重卦中，坤为主，乾为从，有离而无坎。乾下降，因而位于北方；坤上升，因而位于南方。巽为长女，兑为少女，二者统摄于坤；震为长男，艮为少男，二者统摄于乾。因而在上经中，坤位于南方，因而合兑、巽；乾位于北方，因而合震、艮。下经以兑、巽、震、艮为主，乾、坤、坎、离为客，诸卦之中，兑、巽的位置最为高贵。

在《先天六十四卦圆图》中，按照顺时针的次序，《巽》与《乾》之间相隔《姤》《大过》《鼎》《恒》这四个重卦，方以智称之为“大圆《巽》去《乾》五”。再来考察各个重卦的具体位置。《恒》《巽》居于西南方，《益》《震》居于东北方。在先天八卦中，巽居于西南方，以《河图》之数相配比，巽对应于中五。如果以后天八卦与《洛书》相配比，那么坤对应于四，巽对应于二。在后天八卦中，按照顺时针的次序，从巽至乾，正好是巽以长女的身份带领中女、少女遵从乾父、坤母之命的样态。在从父母六子的观念来看，震得乾父之初爻，巽得坤母之初爻，因而称之为“初用”。艮得乾父之上爻，兑得坤母之上爻，故而称之为“究用”。儒家非常注重经权之间的关系。在《周易》六十四卦中，《巽》有“行权”的功效。从卦象来看，《巽》为风，风能吹到一切事物，因而《象》讲述了《巽》的政治功用，那就是“君子以申命行事”。从卦象来看，《巽》代表行事，《兑》象征讲习，能够打通“凡→贤→圣→天”的修养路径。究天人之际的工夫以此作为主要内容。

（三十）《涣》《节》

在《周易》六十四卦中，《涣》《节》居于《巽》《兑》之后，正好构成前六十卦的结尾。方以智认为《兑》为太阳、《巽》为少阳，相当于张仲景所说的“太阳病”，有病就要用药，进而将《涣》比作麻黄汤，主治“太阳病”，症状为头疼发热，身体疼痛，尤其腰部与四肢的痛感最为强烈，怕风，身体不出汗却伴有气喘。方以智将人事比作疾病，将卦画比作药剂。在他看来，“《涣》如麻黄汤，《节》如枳术丸。言空劫，皆寥阔以发汗者也。言守黑，言死心，皆暂歇以息喘者也。总在《易》《范》，用药制药，变化无方，而汗下归于调理，知调理者，可以勿药，即病亦自愈也。”[①] 这里所说的麻黄汤的主要成分是：麻黄三两，去节，桂枝二两，去皮，甘草一两，炙，杏仁七十个，去尖皮。煎药的次序是先用九升水煮麻黄，当水煮去二升时，去掉药汤上的泡沫，将其余三味药材置于汤中，煮到二升半，去掉药渣，将药汤分为八份，发汗之后就能缓解症状。方以智将《节》比作张元素所创的枳术丸，主要功效在于消除胸腹之间的气拘阻塞，消食，强胃，药方为白术二两，枳实（麸炒黄色，去穰）一两。方以智将《周易》六十四卦的义理视为药，而以《涣》《节》来对治《巽》《兑》，则属于“用药制药”的情况。麻黄汤发汗，枳术丸消食，但最终必须落实于患者自身的调理。从究极层面讲，治病就是调理，促成阴阳平衡。

（三十一）《小过》《中孚》

在《八际峙望中分互取图》中，《临》《同人》之际为春分，《中孚》为春分的结尾，《遁》《师》之际为秋分，《小过》为秋分的结尾。《乾》《姤》之际为夏至，《坤》《复》之际为冬至，《大

---

① 方孔炤．周易时论合编[M]//《续修四库全书》编委会．续修四库全书（第15册）．上海：上海古籍出版社，2001：487.

过》《颐》分别居于夏至、冬至之后。在《先天六十四卦方图》中，作子午线，《中孚》与《小过》正好居于子午线上，再取子午线中点，作与之垂直的横线。《颐》与《大过》正好居于横线之上，《颐》居于正东，《大过》居于正西。方以智指出："《方图》:《中孚》《小过》居三层之子午，而十字变纵横，则《颐》《大过》居东西，《横图》:《中孚》去《乾》十二，《颐》去《乾》三十;《小过》去《坤》十二,《大过》去《坤》三十。"[①] 将方以智论述《小过》《中孚》在《先天六十四方图》中的位置用图象来表示，就会发现这两个重卦居于第三层，正好居于子午线两侧，结合文字论述，绘制图表，就会出现图5-13的情况。

	《艮》七	《蹇》	《渐》	**《小过》**	《旅》	《咸》	
	《蒙》					《困》	
	《蛊》					《大过》	
	《颐》					《随》	
	《贲》					《革》	
	《损》	《节》	**《中孚》**	《归妹》	《睽》	《兑》二	

图5-13

在《先天六十四卦横图》中，以《乾》作为开端，从《乾》到《中孚》，共有十三卦，也就是说《中孚》距离《乾》有十二卦。从《乾》到《颐》共有三十一卦，也就是说《颐》距离《乾》有三十卦。以《坤》作为开端，从《坤》到《小过》，共有十三卦，也就是说《小过》距离《坤》有十二卦。从《坤》到《大过》共有三十一卦，也就是说，《大过》距离《坤》有三十卦。方以智

① 方孔炤.周易时论合编[M]//《续修四库全书》编委会.续修四库全书（第15册）.上海：上海古籍出版社，2001：498.

认为这种位数上的契合说明关朗、邵雍用十二、三十的做法是有其合理性的。依据陆绩所注《京房易传》所述卦序的大致情况，六十四卦中的八个纯卦各领一宫，其余五十六以一世、二世、三世、四世、五世、游魂、归魂的准则，分别居于八宫之中。《中孚》为《艮》宫游魂之卦，《小过》为《兑》宫游魂之卦，二者都与“哀”和“生死”问题紧密相关。

方以智深刻体验“哀”与“生死”的状态，主张深入研究“五至”与“三无”等问题。这里所说的“五至”是指孔子与卜商之间有关礼乐的讨论，见于《礼记·孔子闲居》《孔子家语·礼论》，大致内容是：“志之所至，诗亦至焉。诗之所至，礼亦至焉。礼之所至，乐亦至焉。乐之所至，哀亦至焉。哀乐相生。是故正明目而视之，不可得而见也。倾耳而听之，不可得而闻也。志气塞乎天地，此之谓‘五至’。”所谓“三无”是指“无声之乐，无体之礼，无服之丧”。方以智将《中庸》所谓“戒慎乎其所不睹，恐惧乎其所不闻”视为“终身之丧”，指出：“戒惧是终身之丧也。机心械事，罘罟弥天，无穴可居，疑之则举，而犹侈然傲色乎？过而不留，可矣。惟死养生，危辞怵戒，无非绝后，可怨乃兴。”[①] 这无疑将儒家的“心丧”理论向前推进了一大步。方以智赞同庄子对“机心”的批评，后者认为“有机械者必有机事，有机事者必有机心”（《庄子·天地》），因而必须彻底消除一切机巧，回归纯朴的理想社会。当然，这只是一种社会批判理论，而没有任何可供实践的基础。养生送死是孝子的本分。孝道不能仅仅停留于外在的表现，而必须从内心深处思慕父母。方以智经常以“雨雪之操”表明孝子之心。这则典故出自蔡邕所撰的《琴操》，是对曾子大孝的生动描述。

① 方孔炤. 周易时论合编[M]//《续修四库全书》编委会. 续修四库全书（第15册）. 上海：上海古籍出版社，2001：508.

(三十二)《既济》《未济》

从卦序来看,《周易》六十四卦的最后两卦是《既济》和《未济》。从先天八卦的方位来看，乾坤坎离是四正卦。《周易》上经以《乾》《坤》为首,《坎》《离》为尾，这四个重卦正好是由先天八卦中的四个正卦构成。《周易》下经以《咸》《恒》为首,《咸》艮下兑上,《恒》巽下震上，这两个重卦都由先天八卦中的偏卦构成。《周易》下经以《既济》《未济》作为结尾，这两个重卦都由先天八卦中的正卦构成。在处理阴阳关系时，方以智主张“尊阳”或“扶阳抑阴”，然而这种观念如何解决日月之间的关系呢?在儒家的观念世界中，“尊日统月”是不容置疑的。就卦象而言，离为日，坎为月。从先天八卦的卦位来看，离居于东方，坎居于西方，与天象没有明显的冲突。但是从单卦的阴阳属性来看，离为阴，坎为阳，这似乎与日月的属性相反。对于这个问题，方以智用中爻作为解决方法，认为这两个单卦的属性应该以中爻作为依据，而日月的属性则必须借助气质的差异加以限定。日为火气，有气而无质，外阳内阴，因而对应于离；月为固体，气凝为质，外阳内阴，故而对应于坎。

结合《离》《坎》的理论架构，考察《彖》对《离》的解释，就会发现“重明以丽乎正”是《离》的显著特点，而《象》对《坎》的阐发则是“水洊至，习坎。君子以常德行习教事”。方以智将《既济》六二卦辞提到的“七日得”与六四卦辞提到的“终日戒”称为“《既济》两表日象”，将《未济》六五之《象》提到的“君子之光，其晖吉也”称为“《未济》则表光晖”。方以智从卦辞中寻找《既济》《未济》的共同点，认为《既济》九三“高宗伐鬼方。三年克之，小人勿用”与《未济》九四“贞吉悔亡。震用伐鬼方，三年有赏于大国”都提到了“三年”。从历法来看，一年分为十二个月,而一天可以分为十二个时辰。方以智延续《中孚》

藏有月象的说法，将《周易》最后四卦——《中孚》《小过》《既济》《未济》视为"闰"。结合《八际峙望中分互取图》中的方位来看，《既济》位于立春和春分之间，《未济》位于立秋和秋分之间。《既济》《未济》都是由离、坎构成的。在后天八卦中，离居于正南，坎居于正北。季节与方位之间存在对应关系：春居于东，秋居于西。

从《象》对《既济》的解释可以看出，"豫"是一种未卜先知的状态。在方以智看来，"君子以思患而豫防之"与《中庸》所谓"凡事豫则立，不豫则废"有着共通之处。方以智认为，《周易》以《未济》承续《既济》，是为了突出"交济"的观念。这里所说的"《既》五示'东''西'"是指《既济》九五"东邻杀牛，不如西邻之禴祭"，"两伐"分别指代《既济》九三"高宗伐鬼方"，《未济》九四"震用伐鬼方"。在方以智易学思想中，相克能够促成相生，如《河图》主生，《洛书》主克，从表面来看，二者似乎并没有可以融通的地方，但是从"金火易位"的角度来看，相克可以维护相生，展示天地之间的生生之德。再者，以五常为例，仁是生，义为杀，只有善于利用杀气，方能藏养生气。道教的"抽坎填离"之术也可以被视为将相克转化为相生的例证。不唯如此，就连君臣、文武、心迹、有无等看似相互对立的关系都可以视为"交济"的具体形态，而疑与信、戒与福、惫与安、丧与得都属于首尾相衔的"轮"。以周敦颐《太极图》作为实例，该图形象地描绘了《系辞传》中所说的"一阴一阳之谓道"，就是以水火交济的图式来表达的。方以智结合周敦颐对"刚柔""善恶"问题的看法论展开论述，指出："周子知因二以济之故，从刚柔分善恶，从此穷其交网，首尾皆濡，天三在地两中，生克同时，全存全泯，冒天下之道矣。"[①] 周敦颐将"性"解释为"刚柔、

① 方孔炤. 周易时论合编[M]//《续修四库全书》编委会. 续修四库全书（第15册）. 上海：上海古籍出版社，2001：520.

善恶，中而已矣”，具体说来就是《通书》中所讲的“刚善，为义，为直，为断，为严毅，为干固；恶，为猛，为隘，为强梁。柔善，为慈，为顺，为巽；恶，为懦弱，为无断，为邪佞”[①]。可见，必须对禀赋进行妥善利用，否则很容易使禀赋沦为邪恶。方以智提到的“天三在地两中”是指坎，坎离《既济》，离坎《未济》，火性炎上，水性润下，因而称之为“生克同时”。

① 周敦颐．周敦颐集［M］．北京：中华书局，1990：20.

第六章　方以智易学思想中的新精神

方以智运用易学的表达方式，注重观察和实验，改造传统学术,开创全新格局。在自然科学领域,方以智将“质测”与“通几”作为新方法, 初具归纳法与演绎法的理论形态, 力主“藏智于物”,扭转了宋明以来儒家偏重道德修养而忽视对客观世界的研究的倾向。方以智回顾中国固有的物理学说，吸收同时代的西方科学理论，用本民族的语言对其进行解读，既推进了中西文化的交流，又为传统易学的理论创新指明了道路。侯外庐先生给予方以智高度评价，指出:“方以智是以当时的圣人、集大成者、通人自居，是以大科学家和大哲学家自豪。他对于世界认识的唯物主义的态度，显然和中世纪宋、明的正宗道学家的态度相反。”① 方以智将“资格”视为一切事物的存在方式，由此展开对自然界和人类社会的深入研究，不仅在自然科学方面取得了显著的成就，而且为儒家伦理与政治观念的革新做出巨大贡献。在社会治理方面，方以智提出“宰理”这一重要观念，以天道作为合法性来源，克服专制王权对儒家伦理的篡改和扭曲；在兼顾知识与道德的前提下，对“自由”进行系统解读，注重构建必要的公共生活规则，关注个体的精神世界，反对乡愿与肆无忌惮；以“空空慎独心法”作为个体实现“自由”的基本途径，以“孔颜之乐”作为“自由”

① 侯外庐 . 侯外庐史学论文选集（下册）[M]. 北京：人民出版社，1987 :98.

的实质，最终实现人的全面发展。在政治观念中，方以智主张“政府宰民而并宰君”，在反思“帝学”“相道”与“中消义”的基础上，将儒家传统的君臣伦常转化为君主、“政府”与民众三者之间相互制衡的关系，将君与民的关系转化为国与民的关系；在“藏天下于天下”的基础上，实现“就天下而用天下”的社会理想。

第一节　作为新工具的“质测”与“通几”

明末清初，中西方交流频繁，知识界出现了前所未有的繁荣。作为那个时代的先知先觉者，方以智对自然科学怀有浓厚的兴趣，侧重于从科学实验和研究具体事物中获取知识。任何玄妙说教都无法代替对客观世界的研究。他在变化中探求事物的本质，考察古往今来在“物理”方面的研究成果，用统一的语言加以整理和重新解读，同时注重方法的创新，不断加深对“质理”的认识。在研究所谓“质理”之前，必须对易学中的“几”与“测”进行较为全面的分析。

一、“几”与“测”

方以智从变化的角度对“几”的含义进行概括，认为：“几者，微也，危也，权之始也，变之端也。”（《东西均·三征》）就是说，“几”是变化的微细环节，本身变动不居，能够给人类的认识活动提供丰富的素材；与原有的变化相比，“几”构成新的变化开端。桐城方氏易学在诠释方法上遵循“寓义理于象数”的原则，以不可摹勒的太极为出发点，勾画阴阳变化的历程：由阴阳产生太阴、太阳、少阴、少阳，这样就形成了四方，四方与中央构成五方。从源头上的一来看，二是一的产物，二与一构成三，三的任何两点以第三点为对称中心都可以形成五。再者，从《先天八卦横图》来看，太阴与太阳、少阴与少阳相合之数各为六，四者相合之数为十二。我们可以将“一在二中”的“一”理解为“大一”，与“大一”相对的则是“大两”。从一多关系来看，“大一”是一，“大两”是多。从理气关系来看，“大一”属于理，“大两”属于气。二气交感，“大一”居于其中。在邵雍的易学观念中，确立一点，就能够打开“四破”的局面，“四破”与中央构成“五”。从立体的观念来看，只要能够明确中央，就能延伸出上下与四方，从而构成“六”。这里所谓的“研几”就是对事物的运动做细致入微的研究。《系辞传》所谓“圣人之所以极深而研几也，唯深也，故能通天下之志，唯几也，故能成天下之务，唯神也，故不疾而速，不行而至”有着深层的含义，季本采用简洁的语言对此进行诠释，指出：“深者，静深而无迹也。研，审也。几者，动之微也。不神则不能精且变，极深以入至精，研几以入至变，则神矣。所以为至此，申上文圣人能尽易道之意。”[①]对于一般人而言，事物的变化高深莫测，只有圣人才能对其进行深入研究，从中探求真理，将人类的认识水平提升到一个更高的层面。“几”是指事物变化的细微环节，通常被人们所忽视。只有圣人才善于发觉并把握这些微妙的变化。

在儒家传统中，道德文章享有崇高的地位，任何物理研究、器物制度都有浓厚的德性色彩。“几”被赋予德性的价值意蕴。方学渐指出：“凡言几，皆善几也。《易》曰：‘几者，动之微，吉之先见者也。’随时而谨于几微，以时保其善心，所以敕天命也。”[②]之所以将“几”解释为“善几”，并不是说一切变化都是善的，而是指人们在认识和把握变化之道的过程中必须恪守

① 季本. 易学[M]//《四库全书存目丛书》编纂委员会. 四库全书存目丛书·经部（第3册）. 济南：齐鲁书社，1997：552.

② 方学渐. 心学宗[M]//《四库全书存目丛书》编纂委员会. 四库全书存目丛书·子部（第12册）. 济南：齐鲁书社，1997：137.

伦常，遵循“生生之德”，将儒家的性善学说落实在百姓生活日用之中。在儒家的观念世界中，道德秩序与自然秩序具有同一性，二者都以“仁”作为最高的主宰。这一点在周敦颐的学说里显得尤为突出。周敦颐在《通书》中开宗明义，认为同时具备“诚”“神”和“几”的人就是圣人，圣人是仁的集中体现；并分别对“诚”“神”和“几”做出解释，认为：“寂然不动者，诚也；感而遂通者，神也；动而未形、有无之间者，几也。诚精故明，神应故妙，几微故幽。”[①]这样一来，易学传统中的“寂”“感”之间的关系就被用来解释“诚”“神”的特殊含义，而所谓“几”则是对气化过程中的微妙征兆的概括。方以智则从天人之际考察“几”的含义，认为《复》初九呈现为“一阳来复”，它能够在德性方面给予世人启发。一阳位居五阴之下，力量薄弱，亟须积蓄实力，寻求进一步的发展。结合君子的道德修养，即所谓“天心之复，在乎初几。圣人戒惧，即无为也。生机即神武也”[②]。当然，这是以《中庸》之所谓“戒慎乎其所不睹，恐惧乎其所不闻”解释《复》初九，引人入胜，发人深思。细究起来，其实是将“天人合一”的观念落实于对卦爻的解读上，衔接德性与天道的关键是所谓“几”。

二、“质测”与“通几”

结合历史事实，明朝万历年间，西方传教士带来了钟表、科学知识和基督教信仰。对当时的士大夫来讲，西方传教士所宣讲的许多内容都是非常新奇的。方以智与西方传教士中的许多人进行过论辩，涉及神学知识，以及对“质测”与“通几”的不同看

① 周敦颐．周敦颐集[M]．北京：中华书局，1990：17.

② 方孔炤．周易时论合编[M]//《续修四库全书》编委会．续修四库全书（第15册）．上海：上海古籍出版社，2001：448.

法。可以说，正是有关“质测”与“通几”的辩论促使方以智更加深入地研究西方的科学知识。当然，方以智所依据的理论仍旧是传统的易学，只不过对其进行全新的解释。在方以智看来，中国固有的学问优于西方传教士带来的基督宗教和科学知识，并以“质测”与“通几”为例，审视两种异质学问之间的根本性差异，指出：“万历年间，远西学入，详于‘质测’，而拙于言‘通几’。然智士推之，彼之‘质测’，犹未备也。儒者守宰理而已。圣人通神明、类万物，藏之于《易》。呼吸、图策，端几至精，历律医占，皆可引触学者，几能研极之乎？”[①]在方以智看来，西方传教士带进来的学问比较擅长“质测”，而在“通几”方面略显劣势。当然，这只是一般学者的观点。经过大量的科学实验和理论分析之后，方以智认为即便西方传教士擅长的“质测”也有缺陷与不足。

西方传教士在自然科学方面有着精深的造诣，能够用最新的技术成果吸引当时的王公大臣和达官显宦。相比之下，许多儒者抱残守缺，空谈心性，无法精研“宰理”，更不能在“质测”与“通几”方面取得成就。儒者不作为，已经成为最大的社会问题。这与圣人之道截然相反。积弊丛生，沉闷压抑。中国应该往哪里去？是背弃民族文化的经典义理而后受洗入教，还是创造性地推进文化综合创新？毋庸置疑，方以智选择了后者。既然如此，我们就要进一步追问——“坐集千古之智”能否扭转残局？

每一个时代都有极少数的先知先觉，他们敏锐地捕捉到变化的信息，总想通过不懈努力去改变落后的现状。然而个人的不幸纷至沓来，各种磨难突如其来，不断考验他们，使得他们步履艰难，崎岖前行。明知道路有艰险，千难万险勇向前。方以智再一

① 方以智．物理小识 [M]// 纪昀．文渊阁四库全书（第 867 册）．上海：上海古籍出版社，1987：742.

次将目光投向了《周易》，认为儒家圣人经世的才能与德性都隐藏于经典文本之中，有必要对其进行深入的解读。此外，既然以圣人的德行作为价值追求，那么能够满足百姓日用的天文、历律、医学等具体知识也是儒者所必须精通的，否则无法正确处理日常事务，遑论通达三极之道。从个体与知识之间的关系来看，“几”无处不在，无时不有，构成认识对象，然而个体的有限性往往成为限制认识活动的不利条件。在这层意义上讲，“几”是无法穷尽的。

“几”是无法穷尽的。这并不意味着方以智将理论引向了神秘主义和不可知论。在方以智看来，天地无外乎事物，人禀受天地中和之气，人的生命寓于身体机能的正常运作，而身体机能则以时间性作为存在的维度。人与其他事物一同生活，因而有必要通过认识世界和改造世界的活动彰显自身的价值。在论及“质测”与“通几”时，方以智对儒家的话语体系做出大幅度的修正，认为社会成员每天所看到和所使用的都是具体的事件。所有的事件都是一个统一的事物。《系辞传》论述“制器尚象”，列举大量事例。例如，伏羲氏结绳为网罟、神农氏制作耒耜等传说，试图说明圣人制作器具的目的在于安排社会成员的生活，儒家盛赞的义理有助于调节社会成员的心理。不唯具有认知能力的心可以看作物，即便儒家谈论的性命也是物，就连天地也可以看作一个整体的物。方以智在《物理小识·自序》中讲道：

推而至于不可知，转以可知者摄之，以费知隐，重元一实，是物物神神之深几也。寂感之蕴，深究其所自来，是曰“通几”。物有其故，实考究之，大而元会，小而草木蠢蠕，类其性情，征其好恶，推其常变，是曰“质测”。“质测”即藏“通几”者也。有竟扫“质测”而冒举“通几”，以显其宥密之神者，其流遗物。

谁是合内外，贯一多而神明者乎！[①]

人与天地构成三极之道。天道深邃幽远，个体的生命十分有限。人类认识天道是一个漫长的过程，必须以群体的力量延续和方法的不断改进作为必要条件，否则无法全面认识天道。既然天地万物都具有物质属性，那么从人类已知的事理推求未知的事理，则是扩宽认知范围的必由路径。在这个推及过程中，已经为人类所掌握的事理属于“费”，尚未被发掘和认识的事理属于“隐”，凭借“费”的知识结构来探寻“隐”的大致内容则是人类提升认知水平的实质。必须指出的是，方以智在这里默认了一个前提，那就是儒家秉承的一元论，只不过将其设定为气。在这种观念的支配下，《系辞传》所谓的“寂然不动，感而遂通”也有其开端，即所谓“其所自来”，而方以智确定的“通几”的方法就在于探寻这个“重元一实”的肇端。再来考察所谓“质测”的方法。万物皆有其理，这里强调的是构成不同事物之间的差异性的道理。在谈论万物具有的差异性这一问题时，已经默认了万物具有相同性，否则差异性也就失去存在的意义。“质测”就是考察不同具体事物所蕴含的道理，发掘不同事物的相同性和差异性，进而寻求所谓常理与变理，进而达到深入认识具体事物的目的。就“质测”与“通几”之间的关系而言，方以智又一次使用了“藏”，“质测”之中隐藏着“通几”，不能盲目扫去“质测”，大而空地谈论“通几”。

既然谈到“质测”有助于探寻“常理”与“变理”，那么学者不仅要吟诵经典文献，而且要深入研究自然界的纷繁复杂的变化，避免武断与偏见。儒家坚持道德优先原则，但这并不意味德性法则能够替代具体事物中间所蕴含的道理。万物无时无刻不在

① 方以智．物理小识 [M]// 纪昀．文渊阁四库全书（第 867 册）. 上海：上海古籍出版社，1987：742.

运动，运动的形式多种多样，就连事物的名称也在不断变化，因而必须对这些变化加以切实的把握。不同学者采取不同的认知途径，方以智运用象数易学的方法对“质理”做进一步落实，在《物理小识·总论》中指出：

因地而变者、因时而变者有之，其常有而名变者，则古今殊称，无博学者会通之耳。天裂孛陨，息壤水斗，气形光声，无逃质理。智每因邵、蔡为嚆矢，征《河》《洛》之通符，借远西为郯子，申禹、周之矩积……通神明之德，类万物之情，易简知险阻，险阻知易简，《易》岂欺人者哉！或质测，或通几，不相坏也。[①]

这里所说的“邵、蔡”是指以邵雍、蔡沈为代表的易学家。“征《河》《洛》之通符”集中体现在方以智对“密衍”“极数概”等问题的探究。身处明末清初中西文化交流的历史阶段，方以智非常重视对西方传教士带来的科学知识进行深入研究，并为其寻求中国传统文化的接榫点，这就是所谓“借远西为郯子”。科学知识必须建立在数学的基础上，《洪范》九畴与九宫相融合而形成的《洛书》图式能够衍生出许多几何学的命题，而《周髀算经》中记载的数学知识的具体运用则能够与西方传教士带来的数学著作相对比。就这样，方以智试图以科学实验和理论融通来考察万物之中所蕴含的道理，在很大程度上克服了阳明后学空谈心性的弊端。“质测”与“通几”的相容无碍，成为方以智“坐集千古之智”的理论成果之一。

目前，学界对方以智的“质测”与“通几”之学有着不同的理解。这些理解基本是以西方世界的学科划分方式和学术观念作

① 方以智．物理小识 [M]// 纪昀．文渊阁四库全书（第 867 册）．上海：上海古籍出版社，1987：745.

为基调，很难复原方以智思想的全貌。侯外庐先生将“质测”与“通几”分别对应于科学与哲学，并以此作为切入点研究方以智思想的近代意义。侯先生的真知灼见，对学术界产生了深远的影响。侯先生着重考察了方以智与传教士之间有关科学问题的争论，其中涉及的许多问题至今仍然具有鲜明的时代价值。尽管侯先生将“质测”与“通几”解释为科学与哲学的做法引起很多人的质疑，但是不能否认的是，在这种理解方式中许多棘手的问题迎刃而解。

郑万耕先生曾经在《论“质测”与“通几”之学的本义》一文详细考察了这一对范畴的基本含义，对学界此前的基本看法进行剖析，旨在反对“质测之学即自然科学，通几之学即哲学”的观点；延续朱伯崑先生的《易学哲学史》的致思路径，历数中国科学院哲学研究所编选的《中国哲学史资料选辑》、北京大学的《中国哲学史》教材、侯外庐先生主编的《中国思想通史》等著述中涉及方以智“质测”与“通几”之学的部分，认为：“质测之学的任务是研究个别事物的特性及其变化的条理；而通几之学的任务是研究天地万物之所以然及其变化的总规律。此说的理论意义在于，用来表明人类对客观世界的认识，有个体和整体两大领域，个体领域的研究重在差异，而整体领域的研究重在个体之间的普遍联系，整体性的研究就寓于个体的研究之中。”[①] 可见，郑先生是从个别事物的变化情况与天地万物的总规律来深入研究“质测”与“通几”之学的。这种研究方法为学界提供了全新的思路，有助于进一步发掘方以智易学思想的奥蕴。

如果说郑万耕先生以整体和局部之间的关系来解读“质测”与“通几”之学，从哲学观的角度赋予方以智思想以全新的意义，那么蒋国保先生则从方法论角度对这些问题进行重新考察。这种解读方式是以西方近代哲学史为参照，突出方以智易学思想中那

① 郑万耕．论“质测”与“通几”之学的本义 [J]. 哲学研究，2001（7）:40.

些与“新工具”相似的部分，对它们重新进行解读。从方法论角度来看，方以智所谓的“通几”相当于归纳法，而“质测”则对应于演绎法。在寻求方以智思想的现代价值时，不能简单地将“质测”“通几”比附于“自然科学”“哲学”。结合文本记述来看，在方以智那里，“质测”是探求物理的方法，必须遵循三个步骤：将纷繁复杂的事物归类排列，寻找其共同点；通过类比，得出结论，从正反两方面加以比较和验证；在正常条件和反常条件下审视实验结论，检验其适应程度。“质测”相当于演绎法。

与“质测”相比，“通几”将通过实验发现的物理推到极限，寻求事物“所以然”的究极原因，也就是通过逻辑推理从已知推导未知，发现一般的道理，再将一般道理延伸到具体事物。如果与西方近代的哲学观念相比较，“通几”与笛卡尔的“归纳法”在很大程度上有着相通之处。大致来说，就是：

> 方以智称“通几”的上述过程为“推而至于不可知，转以可知者摄之”（“之”在此句表宾语前提，则此当解读为“转以摄可知者”），意思是说，推论出“至理”（“不可知者”）之后，再运用它来解释具体事物（“可知者”）。可见，“通几”方法首先要求先求一般，然后从一般说到具体，它同欧洲近代哲学另一开创者笛卡尔所提倡的“归纳法”，在基本精神上也是相通的。①

必须指出的是，将“质测”与“通几”对应于归纳法和演绎法的做法，其实也是一种类似于“反向格义”的做法。尽管方以智在当时堪称一流的科学家，但是他却没有像培根那样自觉地对自己的方法进行科学层面的反思，使用的仍然是以易学作为根基的传统方法，只不过吸纳了西方传教士的部分观点而已。如果武

① 蒋国保．方以智与明清哲学[M]．合肥：黄山书社，2009：76.

断地将“质测”与“通几”等同于归纳法与演绎法，不仅无法在易学史料方面得到全面的佐证，反而会使方以智的学术生命窒息。即便《物理小识》《图象几表》等著作大量使用了“质测”与“通几”，但是却有不同层面的含义，因而必须以易学的会通精神对这些不同用法加以概括，而不能用一套固定的解释模式进行过度诠释。在讲求方法论的革新时，方以智再次强调礼制的重要性。当然，这里所说的礼制不是专制王权借以维系统治的规章制度，而是指以儒家的社会理想作为根基的公共生活规则。方以智反对涤荡礼制的旷达，认为这种做法只会引起更大的混乱。一部分社会成员在见解方面有着非同寻常的成就，但是不加约束和规范只会使其陷入浮华的困境，最终丧失赖以生存的根基。从这层意义上讲，“质测”与“通几”不仅具有自然科学方面的意义，更有维持社会秩序的功用，方以智因而指出：“维世重纲纪，遂功言权变，凡夫所理，不如利害，辨士贪奇，必资颠倒，达人谴放，才子标新，破相者逃玄，岂可以通几废质测乎？”[①] 也就是说，任何标新立异、放达遣怀、功利权变都不能偏离儒家的德性，否则很容易将理论引向误区。

三、“质测”与“通几”的整体化进程

在儒家的观念世界中，宇宙生命的演进历程是伦理道德“投射”的结果。这种“投射”就像一种倒错，构成帝制时代意识形态的基本架构，以至于许多学者试图从西方的泛神论的角度对其进行解读。儒家以德性解析混沌，确立纲领条目，规范社会生活，将这套规则安置在宇宙变化的历程中，也就是将静态的德性原则凌驾于动态的宇宙变化之上，用易学的专有名词来讲就是以“寂”统“历”。然而这种处理方式最终无法彻底改变自汉代儒家以来

① 方以智．药地炮庄[M]//《续修四库全书》编委会．续修四库全书（第957册）．上海：上海古籍出版社，2001：252.

的“格套”思维，如排比对应“五行”“五方”“五色”“五味”等范畴。方以智以易道作为“大本”，注重科学实验，积极吸纳西方先进的科学思想，涤荡旧有学术，开启了易学近代转型的先河。

方以智在探求“物理”方面有着巨大的贡献，成为名副其实的博物学家。如果对比方以智和牛顿所使用的数学方法，就会发现方以智最终囿于《河图》《洛书》的图式之中，不能突破传统学术的藩篱，没有像牛顿那样凭借数学方法，发现“万有定理”。方以智在整合传统学术资源的基础上，大量吸收西方传教士带来的科学知识，有助于发现固有学术的不足。方孔炤重新解释《素问》《周髀算经》等古籍，认为西方的地球学说在中国古籍中很早就已经出现，只不过后来的学者忽视了对这一记载的深入研究，以至于当西方科学家的“地球说”传入中国时引起了许多人的惊诧。西方传教士将地球比喻为“脬豆”，也就是将豆子置于尿脬之中，然后将其吹鼓，豆子就在尿脬之中。“地毬”为“大气所举”，就像脬中之豆，悬浮其中。方以智提到的“大气举地”其实是对岐伯所谓“大气举之”的进一步说明。北极地带的极夜现象、赤道地带的农作物成熟次数等自然现象，能够在《周髀算经》中寻找到相关记载。方孔炤的贡献在于以气作为一切事物的存在方式，明确提出“两间皆气”的观点，对自然界的运动变化做出详细的解释，有助于驱散迷信的阴霾。天地覆载万物，一切都是水火交济的结果。水火是气的表现形式。

西方传教士将地球比作脬中之豆，形象地揭示了地球的样态，却不能得到方以智的认同。在方以智看来，地球的形状应该是一个有蒂有脐的瓜，赤道相当于腰，由此确定南北东西，而两极正好对应于瓜蒂和瓜脐。地球在宇宙中的样态，就像圆物漂荡在水中，唯一不同的是地球运转有其规律，这就像用丝线维系圆物，使其运转遵循一定的规则。根据《图象几表》的记载，方孔炤曾用木头制作了一个类似于地球仪的模型，这个模型的图式被命名为《三轮六合八觚图》，大体结构是“凡设三轮，水而臬之，则知地平；针而丙之，则知子午；绳而垂之，则知上下。轮皆有先后天八卦、十二宫、周期之度，是为六合，是为八觚，此大舜璿玑之始图约法也”[①]。可以看出，方以智将西方传教士带来的地球学说比附于《尚书》所谓“璿玑”，力图在中国传统文化资源中为西方的自然科学寻求相应的依据。方中履延续方以智的思路，进一步指出：“不以通几混质测，讵以质测废通几乎？两间之象，无非类应配几也。幽明之感，无非常变顺逆也。人事天道，果二乎哉？圣人引触，不可思议，自非神明，难信及此。”[②]他强调在处理“质测”与“通几”之间的关系时不能偏废任何一方，但是其中隐藏这样一个重要的问题——“类应配几”的操作方法能否引出近代科学？这个问题非常值得深思。

第二节　“资格”是一切事物的存在方式

在方以智的易学著作中，“资格”是一个比较特殊的概念。从名词的来源来看，“资格”是由《周易》中的“资”与《大学》中的“格”构成。“资格”之所以存在，是因为人类具有认知能力。大致来说，“资”是对乾坤的效法，“格”是对物理的探究。“资格”是一切事物的存在方式。当然，除过易学意蕴，“资格”作为政治术语，主要用于对资历、地位、规章、条例的统称。例如，唐代就出现了作为政治术语的“资格”一词，“开元十八年，侍中裴光庭兼吏部尚书，始作循资格”（《新唐书·选举志下》）。封演

① 方孔炤.周易时论合编[M]//《续修四库全书》编委会.续修四库全书（第15册）.上海：上海古籍出版社，2001：70.

② 方以智.物理小识[M]//纪昀.文渊阁四库全书（第867册）.上海：上海古籍出版社，1987：801.

也指出：“侍郎裴光庭始奏立条例，谓之循资格。自后皆率为标准。”[①] 当然，在方以智易学思想中，“资格”有着较为复杂的含义，必须认真加以解读。

如果追问“资”在易学中的具体含义，不难发现，古人基本上将“资”解释为“取”，也就是“取始”，或者说是“生于”，强调事物的来源。最能体现“资”的含义的是《乾》《坤》两卦。从《彖》的论述可以看出，“大哉乾元，万物资始，乃统天”，“至哉坤元，万物资生，乃顺承天”，表明《乾》《坤》对于万物生长的重要性。按照杨履泰的看法，“万，盈数也。天地之间，物有万类，而皆统于元。元，一也。万虽盈数，亦一也。天地一元而已。《系传》言二篇之策，万有一千五百二十，当万物之数也，是六十四卦，三百八十四爻，合之亦一元也”[②]。也就是说，“万物”的“万”泛指数量众多，天地之间存在许多事物，所有事物都统摄于一元，这是儒家气化思想的基本观念。这里所说的“万有一千五百二十”有其特定含义，在荀爽看来，“谓分为六十四卦，万一千五百二十册，皆受始于《乾》也。册取始于《乾》，犹如万物之生本于天”[③]。当然，这是从蓍策的数目来印证万物之数的。既然“资”的意思是出生的源头，那么万物从天而生就意味着天道具有生生之德。“统天”强调万物对天道的统绪与继承，也就是表明一切事物都有其合理的来源。从二气的属性来看，阳轻为天，阴浊为地，乾坤交感，生长万物。

当确定“资”的基本含义是“取”之后，再来考察“格”在方以智易学思想中的地位。与同时代的儒家相比，方以智是一位博文广识的科学家，尤其是在自然科学方面有着突出的建树。侯

---

① 封演．封氏闻见记[M]. 沈阳：辽宁教育出版社，1998：12.

② 杨履泰．周易倚数录[M]//商务印书馆．丛书集成续编·经部（第4册）. 上海：上海书店，1994：93.

③ 李道平．周易集解纂疏[M]. 北京：中华书局，1994：35.

外庐先生曾经指出："方以智的著作充满了科学，即他所说的'质测'的研究，和这'质测'之学相联结的唯物主义思想。《通雅》和《物理小识》包括了天文、算学、地理、动植矿物学、医学、文字学、文学、艺术以及他所谓的许多'志艺'之学。"[①] 方以智的这些成果都与他的实践精神有着密切的关联。在方以智那里，实践不仅具有科学研究方面的含义，更有伦理道德方面的要求。方以智以曾子、颜回的德行作为实例，深入解读"践"的含义，指出："容貌辞气，曾子之唯所以践也；博文约礼，颜子之卓所以践也；无所逃于天地之间，庄子所以践其臣子也；志在《春秋》，圣人所以践其孝无终始也。格物、物格，《大学》之三心所以一践也。格莫如讼，讼莫如自讼，畏其志而无讼，此谓知至是知终也。"（《东西均·全偏》）这里所说的"容貌辞气"是对曾子所谓"君子所贵乎道者三：动容貌，斯远暴慢矣；正颜色，斯近信矣；出辞气，斯远鄙倍矣"（《论语·泰伯》）的概括，强调君子必须检视身心，规范言行，和颜悦色，谨言慎行，妥善处理周围的人事。至于曾子之"唯"是指对孔子思想所作"一贯"的理解，"子曰：'参乎！吾道一以贯之'，曾子曰：'唯'"（《论语·里仁》）。曾子对孔子的道德学问早已心领神会，因而只需要一个"唯"字就能完整地表达自己的看法。这里所说的"博文约礼"是对颜回操守的概括，颜回曾经感叹道："夫子循循然善诱人，博我以文，约我以礼。欲罢不能，既竭吾才，如有所立卓尔。虽欲从之，末由也已。"（《论语·子罕》）可以看出，颜回致力于"博文约礼"的道德实践。君臣伦常是儒家恪守的本分，在庄子看来，"臣之事君，义也，无适而非君也。无所逃于天地之间，是之谓大戒"（《庄子·人间世》），然而颜回并没有走入仕途，穷居陋巷，不改其乐。按照《孝

① 侯外庐．侯外庐史学论文选集（下册）[M]. 北京：人民出版社，1987：96-97.

经钩命决》的说法，孔子自称“吾志在《春秋》，行在《孝经》”，《春秋》强调“名分”，《孝经》的作者主张在全社会范围内推及“五等之孝”，将孝道的合理性来源追溯到天道，实现天人之际的沟通与交流。方以智认为，《大学》所谓“致知”“诚意”“正心”都统一于“践”，也就是说，都是实践的表现形式，而“格物”“物格”则是促成三者实现统一的中间环节。在方以智看来，“格”的方式和途径多种多样，其中“讼”的作用尤为突出。正如方以智解释《讼》的名义时所说的，“讼”的本义是指将隐情诉诸公道，进而化解矛盾，消除争端。在儒家的观念世界中，“听讼”的目的在于“止讼”，“止讼”的最佳途径在于“自讼”，也就是现代人所讲的自我批评与自我反省。当然，“自讼”需要极大的勇气，审视自己的过错与失误。现实生活中能够“自讼”的人实在太少，以至于孔子叹息道：“已矣乎！吾未见能见其过而内自讼者也。”（《论语·公冶长》）方以智认为“自讼”就是所谓“知至”与“知终”。这样一来，《大学》所谓“格物致知”就在“自讼”的过程中实现了统一。从方以智注重科学理论与科学实验相结合这一点来看，“自讼”还包括认知主体对自身知识结构的反思以及对认知方式的改进。正是在“自讼”的基础上，方以智推进了“两间质测”的进行。方以智以“能”“所”关系解读《大学》的“八条目”，将家、国、天下视为“所格之物”，将身、心、意、知视为“能格之物”。“能格之物”与“所格之物”之间构成交互关系，也就是说，以身、心、意、知“格”家、国、天下的同时，也是以家、国、天下“格”身、心、意、知，二者统一于天道。从学术分野的角度来看，天地之间的一切事物都蕴含着“物理”，就连儒家所谓的“性命之学”其实也是对“物理”的呈现，正如《图象几表》中讲得那样：“或分物理之学、性命之学，曾知性命亦一物理耶？今所言者，一气之质测也。所以为气者，即在其中，不得已而理之，前民用而表之，伦伦常常，舞蹈而践形矣。”① 所有的“物理”都能通过“质测”而获得，自然界和人类社会统一于天道，宇宙秩序与道德规则具有同一性。

从家学渊源来看，方孔炤对方以智的成长起到无可替代的作用。在方孔炤看来，万物统一于气，这是万物的共同属性，共同属性不能抹杀万物各自具有的特殊性，因而必须以“资格”作为安顿个体生命、认识和改造外部世界的契机。方孔炤指出：“《大学》言‘格’，《乾》《坤》言‘资’，乃叹‘统天’‘御天’，即一大资格矣。即终始元无终始，是统御之大资格矣。惟真见画后森然者，乃是真知无始者，六位时成，万形随践，而不溷不乱，各循其道，此圣人之统御同时也。”② 在方孔炤看来，《大学》强调的“格物”与《周易》所谓“万物资始，乃统天”“时乘六龙，以御天”正好构成“一大资格”。《周易》揭示的变化之道不是线性的进化论，而是周而复始的义理。从这个层面来看，所谓“变化始终”其实是没有什么始终的。这就是“统天”“御天”的“大资格”。结合伏羲画卦的传说，画前没有任何朕兆，画后森然繁复，二者构成易学的基本形态。不唯如此，即便任何处境下的“践形”也会有条不紊地进行，达到预期效果。这就是同时具备“统天”与“御天”的理想境界。在方孔炤论述“资格”的基础上，方以智将“资格”运用到对一切事物的衡量与点评，认为“名”与“象”构成“资格”，“资格”之中蕴含着“未始资格”，也就是一般所说的本体。“名”相当于以言诠阐述义理，“象”相当于用图象阐发意蕴，二者相容无碍。无论“名”还是“象”，都服务于君子的道德修养。“名”与“象”构成君子认识和阐发天理的途径，

① 方孔炤. 周易时论合编[M]//《续修四库全书》编委会. 续修四库全书（第15册）. 上海：上海古籍出版社，2001：161.

② 方孔炤. 周易时论合编[M]//《续修四库全书》编委会. 续修四库全书（第15册）. 上海：上海古籍出版社，2001：184.

三者之间构成相资相格的关系，以此作为进阶，贯通义理与象数，体验“鸢飞戾天，鱼跃于渊”的生命境界。

从天道与心性之间的关系来看，儒学不缺乏高妙玄远的成分。只不过儒者惯于将注意力投向经世致用，个体的心性修养必须付诸社会实践，方能凸显价值。就易学而言，任何形式的扫除象数、义理阐述都不能抹杀儒家的伦理道德、社会责任和价值诉求。在儒家的观念世界中，一切事物都有其存在依据和应有归属，就连社会成员的地位、职分也不例外，方以智指出：“全扫全放，依然不能免目前之当为，故君子就伦类事物可见者，使万世勤学食力，而不见者自中节焉，此为即无为之天资地格也。”（《易余·三冒五衍》）这里所说的“中节”是对儒家礼乐精神的高度概括。方以智盛赞的“为即无为”，其实是对尧的治世方略的褒赞。在儒家推崇的圣王中，尧是效法天地、无为而治的楷模，正如孔子所赞叹的那样：“大哉！尧之为君也。巍巍乎！惟天为大，惟尧则之。荡荡乎！民无能名焉。巍巍乎！其有成功也。焕乎！其有文章。”（《论语·泰伯》）尧成为后世取法的圣王贤君。尧取法天道，无为而治，最能体现儒家推崇的仁德。

从“死法”与“活法”的角度来看，卜筮活动中的卦爻和蓍策都是“死法”，其中蕴含的义理则属于“活法”。然而，“活法”却是无法完全展示在语言世界的，必须通过个体的妙悟加以掌握，或者说个体必须善于体认所谓“活法”。可以说，“活法”是对天理的摹勒。一切高妙玄远的语言都不能替代天理本身。无论是“言”与“不言”都无法改变“费隐之资格”。毕竟在儒家看来，“道无所不在，费也；道果何在，隐也。夫妇之愚、不肖，可以与知能行，费也；及其至也，虽圣人有所不知不能，隐也”[①]。既

① 袁甫. 蒙斋中庸讲义[M]//商务印书馆. 丛书集成续编·经部（第13册）. 上海：上海书店，1994：740.

然“费隐之资格”是如此难以把握，那么由经验世界中的“资格”能否上升到对“道”的理解呢？在方以智那里，这个问题被解释为“太极”与“资格”的关系。方以智首先从人在自然历史中的位置入手，进而推到有关“太极”的问题，指出：“卦蓍者，太极之资格也。以适用之天地视之，太极一无用之资格耳。用则用其资格之太极，而无资格之太极，自穆其中，岂待鳌牙申饬岁时之资格而已矣。”（《易余·资格》）方以智将邵雍所谓“元会”视为“资格”，在后者那里，世界历史年谱通过“元”“会”“运”“世”演示自身的变化，一元等于十二会，一会等于三十运，一运等于十二世，一世等于三十年。根据唐明邦先生的研究结果：“因为他是假设一年相当于一年。一年有十二月，故一月有十二会；一月有三十日，故一会有三十运；一日有十二辰，故一运有十二世；一辰有三十分，故一世有三十年。这条数字运算原则，可叫作‘十二与三十反复相乘’。”[①] 所谓“七尺”代指人类，人类也以“资格”作为存在方式。一年三百六十五日，《月令》分为七十二候，以十二辟卦指代十二个月份，七十二爻对应七十二候，指导生产实践。从占筮活动来看，方卦圆蓍用来摹勒太极。太极为体，故而称为“无用之资格”。用中见体，太极藏身于卦蓍之中，成就其用。从体用关系来看，“资格之太极”与“无资格之太极”其实都是太极的不同表现形式。

在方以智看来，象数易学的基本内容可以被称为“资格”。从气化的角度来看，太极动而生阳，静而生阴，阴阳相合，衍生万物。万物都是气化的产物，呈现为不同的形态。但是作为万物本原和推动力的道，潜藏天地万物之中，无法直接呈现在人们面前。人们只能通过认识具体事物中间潜藏的道理去认识道。从体用关系来看，道是体，万物是用，体藏于用，也就是说，道潜藏

① 唐明邦．邵雍评传 [M]．南京：南京大学出版社，1998：173.

于天地万物之中。从一多关系来看，道是一，天地万物是多，一藏于多。道衍生天地万物,却藏身于天地万物之中,很难被人发现。从体用关系来看，道是体，天地万物是用，体不显示自身，藏于用中。从一多关系来看，体是一，用是多，藏体于用，就是藏一于多。这里所说的一，也可以称为太极。方以智以圣人不世出与无名公来指代太极。无论先天八卦还是后天八卦，中间都隐藏着一。从乾坤六子的角度来看，乾坤两卦能够衍生其他六卦，因而八卦可以看作两卦，乾坤两卦都是对太极的展示，因而断言“两卦藏一”。从元气的角度来看，二十四节气、三十六宫都是阴阳二气对元气的表现形式。方以智反对将“一阴一阳”简单地理解为气化，而是认为二气交感，大道藏身，《系辞传》才以“一阴一阳之谓道”作为论断。从筮法来看，大衍之数五十，取一不用，象征太极，借以统体，其余四十九为用。四十节分为两分，象征两仪，挂一于左手小指间，象征三才。三才藏有太极。从《河图》用十来看,中五可以被视为太极,也就是一。从《洛书》用九来看，与中五相应的十藏而不用，十进为一，即所谓“《书》以虚五藏五交之一”。方以智又以“大衍”和“小衍”作为论据，论证“全阴全阳之资格”的合理性。在易学发展史上，“大衍”“小衍”与邵雍的易学思想密切相关。

前面论述王宣的“密衍”思想的时候，已经谈到邵雍的“小衍”的大致内容：一为数字的开端，纯一必有偶，这就形成二。一与二就构成三。二取倍数则为四。这样就有了数字一二三四。四与一又构成五。生数就全部出现。由二衍生四，再衍生八，八与二相合为十。四衍生十六，十六与四合为二十。五衍生十，十与五合为十五，十五与五合为二十。至此得到大衍之数五十。筮法中的九变、十八变分别对应于小、大。在方以智看来，无论“小衍”还是“大衍”，都是对阴阳变化的拟议，因而可以称为“全阴全阳之资格"，其中蕴含造化之机，体用交汁。君子取法造化，日新又新，占筮不过是辅助修养的途径，幽明、晦暗与神秘莫测都在德性曙光的照耀下呈现本来面目，方以智指出："皆资格也，皆空空也，皆卦蓍也，皆穆穆也。不离阴阳，即不落阴阳者也；不堕诸数，即旋转诸数者也。惟其藏一，惟其无体，故不必聒聒其太极，而随处可以物其太极矣。"（《易余·资格》）质言之，太极不落有无，藏一于多，无处不在，以"太极之资格"为万事万物的"资格"提供合理性基础。

儒家维系的"人情"是能够促成社会和谐的美好情愫，而不是偏陂苟合的迎来送往。贯穿于儒家所谓"人情"观念的终极价值是"善"，这一点区别于乡愿与肆无忌惮者所谓的人情世故，因而必须反对一切形式的蝇营狗苟和徇私枉法。程颢在《晋城县令题名记》中阐述了儒家政治学说的起点，"夫图治于常久者，虽圣知为之，且不能仓卒苟简而就，盖必本之人情而为之法度，然后可使去恶而从善。则其纪纲条教，必审定而后下；其民之服循渐渍，亦必待久乃淳固而不变"[①]。实现王道理想，不能一蹴而就，必须循序渐进。先要确立作为根本原则的"纪纲条教"，为政治生活提供坚实的根基，然后逐步推行。为了防止权力对社会生活的侵害，维护普通民众的权利，必须以教化作为改良世道人心的必要手段，切实提高从政者的综合素质，确保一部分特殊人群先具备最低限度的伦理道德。方以智指出："通于神明，乃毕忠孝；与天地参，乃毕学问，则无止正所以为忠孝、学问，而唾之以祸世，岂非尚口之祸哉？吾故望有知其全者以疗教，则必集大成以为主，非可平分也。溯其原同，则归于《易》耳。"（《象环寤记》）方以智将儒家鼓吹的忠孝、学问纳入三极之道，为二者提供合理性依据，防止出现任何假借忠孝、学问名义残害世人的情况。

① 程颢，程颐．二程集 [M]. 北京：中华书局，1981：461-462.

作为传统社会中不可或缺的重要群体，儒者应当以渴求知识的姿态出现在广大民众面前，立足现实，高瞻远瞩，成为四民表率。然而许多士人却无法做到这一点，于是乎这类人模仿禅侣，谈玄说妙，借以掩盖知识的贫乏。这种空疏之弊在很长一段时间内困扰着学界。与此相反，一些儒者刻板固执，迂腐浅薄，目光短浅，无法推动学术进步。方以智对此表示强烈不满，将这些口诵圣贤之言的拘曲书生比作井底之蛙，在《示萧虎符学易》这封信中指出，“儒者人事处分，株守常格，至于俯仰远近，历律、医、占，会通神明，多半茫然”[①]，认为这些人不仅缺乏自然科学方面的基本知识，更不具备开阔的视野和接受外部新鲜事物的胸怀。与井底之蛙的做法有所不同，另外一批学者借用“高门玄语”，掩饰自己在具体知识方面的不足，以至于灭裂纲纪，荡弃人伦，否定“人禽之辨”，自以为真实无欺，其实早已沦为“兽资格”。在方以智看来，“兽资格”比“小人闲居之资格”更具有破坏力。毕竟小人闲居为不善的时候还会在意外界的评价，一旦被旁人发觉，内心也会感到不安，这表明小人的良知时常有所呈现。究其深层次原因，不难发现，“资格”的观念在其间发挥着积极的作用。可以说，原本是圣人体察天地万物得到的有关“资格”的知识，经由权力运作之后，逐渐渗透到社会成员的头脑中，此时的“资格”已经从被少数人掌握的精致义理转化为被多数人默然接受的观念形态。因此，在这层含义上使用的“资格”，就有了化俗、忍势、安心、通理等社会功能。

与儒家树立的中正之道相比，狂者与狷者代表两种不同的人格类型。狂者荡弃礼法，以偏激的方式表达对社会现状的不满，主张从根本上扭转日益颓败的政治形势；狷者将纷繁复杂的社会

① 方以智. 青原愚者智禅师语录[M]// 嘉兴藏（第34册）. 北京：民族出版社，2008：829.

生活视为污秽不堪的境地，独善其身，砥砺德行，远离一切纷扰与纠缠，希望能够保全德性于乱世。我们不能否认，儒家内部也有狂狷之徒。狂者与狷者在改善社会风气方面也有一定的积极意义。狷者洁身自好，以举世瞩目的道德操守去感化部分社会成员；狂者能够冲破那些不合时宜的陈规陋俗，以具体的言语和行动推动礼制层面的革新。可以说，狂者与狷者是偏离中正之道的两个极端。儒家要善于统合狂狷之徒的良性资源，结合现实情况，对义理和礼制进行局部调整，以求实现日新又新的创造与进化。在社会实践层面，应该推崇实学，以身作则，参与社会实践，将高妙玄远的理论落实于普通生活中，避免在全社会掀起空谈的不良风气。在方以智看来，乡愿与无惮之小人是对社会构成巨大危害的两种人群。相比之下，后者的破坏力更强。

盖似是而非者二：一曰乡愿，一曰无惮。乡愿以苟可之意见，窃弥缝之嗜欲，然护名附教坊表，犹相安也。无非无刺，何害于乡？然语大任，则缩懦巧避，语好学，则畏难耳……然口诛之而心痛之，使今日而十有五愿，亦太平矣。以其乱尧舜之德，而不乱尧舜之法也。无惮之小人，则公然乱尧舜之法矣。(《易余·中告》)

乡愿之徒，混淆视听，巧言令色，将圣贤名言作为文过饰非的手段，甚至将名教转化为钳制百姓、残害民生的利器。大伪似真，受害者百口莫辩。乡愿之徒包藏祸心，却不敢公然反对圣贤之道。尽管没有“尧舜之德”，即所谓“乡原，德之贼也”，却不敢肆意违背“尧舜之法”。“无惮之小人”毫无顾忌，既不认同“尧舜之德”，也不遵从“尧舜之法”，明火执仗，肆意妄为，严重扰乱社会秩序，公然破坏公共生活规则。相比之下，在整个社会处于道德失范的情况下，乡愿有其存在的合理价值。乡愿与“无惮之小人”都是中庸之道的敌人，应该受到谴责。方以智的观点延续了东林学派的传统。劳思光先生曾经对顾宪成、顾允成的学术观点进行评论，指出：“顾氏兄弟及东林学派，皆重救世之志，‘不愿袖手谈心性’，尤反对儒者走入乡愿一路。”[①] 方以智援引袁中郎的观点，将乡愿之学称为“愿教”，将无忌惮之学称为“跖教”，足见明末意识形态领域的混乱。

桐城方氏从方学渐以来就标榜“心学”，认定“性善为实理”，反对王龙溪的“四无说”。这就产生了一个新问题——它应该如何处理自身与阳明学之间的关系？方以智对此做出较为全面的论述，认为王阳明讲的“无善无恶心之体，有善有恶意之动”并没有什么问题，因为：

> 性与善非二也，犹乎理也；于穆不已，无声无臭，未发之中，称之为善可也；无者善之长，曰明善，曰止至善，皆性也。善之浑然即无，无之粹然即善。空中之色，色可无，空可无乎？至善岂有对待乎？言本体者，犹言本色也。本色者，素也；染画加彩，彩不加者，其地也，留其素而已。谓本体为善，犹本色为素也。龙溪专主四无，学单提耳。(《东西均·公符》)

可以看出，方以智将王阳明所说的“无善无恶心之体”理解为“善至”，也就是方孔炤所说的“至善”。在从方学渐所坚守的性善为实理的学术观念来看，性与善并不是两种互不相干的事物，而是对超越善恶对待的“本体”的不同描述。这一点继承了方学渐在《心学宗》一书中所确立的核心观念：性善是实理。在方以智看来，宋儒习惯引用的“惟天之命，于穆不已”“上天之

① 劳思光 . 新编中国哲学史（第 3 卷 · 下）[M]. 桂林：广西师范大学出版社，2005：413.

载，无声无臭”“喜怒哀乐之未发，谓之中”等经典语句都是对“本体”的解释。这里讲的“本体”犹如子夏提到的“素”，也就是白色的底子，而一切义理铺陈就像是绘画的色彩，都必须以白色的底子作为根基，否则将失去相应的合理性依据。方以智认为，王龙溪的“四无说”是禅宗传心的翻版，它与儒家的心学有着本质区别。

既然王龙溪的“四无说”不符合性善学说，不具备“善世”的“资格”，那么方以智认同的心学又是什么样的呢？方以智指出：“错综以存泯同时之格，近乐其万物皆备之资，取生即无生之资，节发即未发之格，因定好学明伦之格，以发其资深格践之资，彼非常之破资格者，究是格其大格、资其新资者也。格大格者，本不坏世间之细格；资新资者，本不遗世间之旧资也。”（《易余·资格》）这里讲的“错综”，内容丰富，既遵循知德以错综解释卦序的内在逻辑，又涵盖方以智反复论证的“参伍错综”，立一切法与泯一切法相容无碍，与孟子所谓“万物皆备于我矣，反身而诚，乐莫大焉。强恕而行，求仁莫近焉”（《孟子·尽心上》）构成“资格”；易学使人洞彻生死大事，明了“生即无生”的道理，与“喜怒哀乐之未发谓之中，发而皆中节者谓之和”（《中庸》）构成“资格”；由孔子开启的好学之风与深究实践构成“资格”。不同“资格”相融无碍，都落实在“无可无不可”的人生抉择上，这是方以智的心声。与泰州学派挺立“我”的义理价值这一观念相似，方以智对“吾”非常重视，指出：

吾本吾，吾信吾，吾从吾。心还心而何心？物还物而何物？毁之何？誉之何？谓其藏身可，使才可，立异可，合外可，同尘可，习气可，求食可，糟粕可，矢溺可，义气未绝可，出格未出格可，冀旦暮遇之万世可，可乎可，不可乎不可，无可、不可，并无而无。

(《东西均·无如何》)

方以智是真正的大丈夫。毁誉不动，顺逆不忧，贯通内外，究极天人，从不齐的物性中体认出平等不二的本体，又以这个本体作为生命与义理的源泉，洞彻心性，标举性善，开堂说法，著书立说。鼎革之际，社会动荡不安，方以智动心忍性，不为毁誉左右，退藏于密，为后世留下了宝贵的学术财富。薙染出家，未曾灰身灭智，而是“以忠义作佛事”，鼓吹“资格”，心忧万世，以孟子鼓吹的“大丈夫”精神作为蕲向，不艳羡权贵，不惧怕祸患，达到“无可无不可”的境界，实现了“坐集千古之智”的理想。

在方以智看来，准确把握“资格”，既有助于推进自然科学研究，又有利于改善政治生活，提升社会治理水平，完善“法度”，落实“宰理”的社会功用。儒家充分认识到弊政、苛政和暴政的巨大危害，反对统治者随意使用暴力侵扰百姓。与无政府主义者厌恶国家机器不同，儒家主张积极入世，让仁人君子驾驭国家机器，造福苍生。如果执政者不能胜任，就要“选贤与能”。光有制度，没有贤能，一切许诺无异于画饼，任何憧憬都是空谈。在儒家看来，政治生活必须以“法度”作为人人必须遵循的信条。“法度”必须正视人类的合理欲求，并为生命的延续与发展提供保障。方以智指出：“治不以礼，犹无耜而耕也。礼不本义，犹耕而弗种也。义而不讲之以学，犹种而弗耨也。学而不合之以礼，犹之耨而弗护也。合之以仁，而不安之以乐，犹获而弗食也。不远于顺，犹食而弗肥也。但曰本无不至，本无不田，而禁人之择种耕耨者，其可乎？”(《易余·继善》)作为类存在的生物，人类不仅具有各种与生俱来的自然欲求，更有情感方面的需要，“法度”不能与良性的情感背道而驰。再者，“法度”不是君主操纵权力的辅助条件，而是维护社会正义的制度保证。方以智以君主“自治”作为例证，探究“资格”的实际运用，指出：“君犹待宰之资格以自治也。治心者,不贵其宰,安能享君臣道合之乐乎？”(《易余·资格》）强调“贵宰”，就必须深入研究所谓“宰理”，为“贵宰”开辟一条可供遵循前行的道路。

第三节　“宰理”在社会治理方面的积极作用

儒家在制度层面有着较为系统的理论架构，以纯善的天道作为制度的合法性来源，将伦理、制度与超越层面的理论支撑贯通起来，从而确保公共生活规则具有较为广泛的约束力。方以智对这种政治观念表示赞赏，认为公共生活规则的来源在于太极，而太极则是纯善的代称，人类与生俱来的道德理性是确保制度、伦理和交往规则能够在全社会范围内推广的先天条件，任何社会成员都能遵循这套具有强烈的人文色彩的公共生活规则。他说：“圣人非不谓一太极而已矣，为前民用，故制数度以议德行，使由之而中节。节本自然，而指之乃实征焉。度数即德行。而日用不知，则徒法也，遂胶度数而逐物迷本矣。”[①] 必须指出的是，这里所说的“度数”不仅是指天文历法与具体事物之理，而且指代公共生活规则。“度数即德行”的意思是指自然秩序与道德秩序具有同一性。具有这种意蕴的“度数”必须取代“非法之法”，只有这样才能实现儒家的社会理想。

方以智目睹“非法之法”对全社会构成巨大危害，提出具有合法性来源的“宰理”思想，借以克服“非法之法”的诸多弊端。从问题的根源来看，“非法之法”的出现，充分显示了统治阶层为了维护少数人的特殊利益，不惜牺牲广大社会成员切身利益，

① 方孔炤.周易时论合编[M]//《续修四库全书》编委会.续修四库全书（第15册）.上海：上海古籍出版社，2001：497.

甚至企图将这种缺乏社会正义的游戏规则固定为千秋万世的铁定法则。“非法之法”是极度自私的人欲在政治领域的结果，是儒家政治观念所要谴责和消除的扼杀人性的邪恶势力。在黄宗羲看来，明清鼎革之际的政治危机有其深层次的根源，概括起来讲，就是以“非法之法”取代“治法”，从而对整个社会造成巨大的危害。一般学者却将原因归结为缺乏“治人”，这在一定程度上否认了“治法”的客观存在与实际效果。黄宗羲非常明确地阐述自己的观点，认为“有治法而后有治人”，所谓“治法”“先王之法”或“三代之法”是儒家社会理想的缩影，与现实形成强烈的反差，能够帮助人们发现社会治理方面的不足之处，对其进行有效的调节。与此相反，“非法之法”则是统治者用来钳制民众的工具。圣贤身陷“非法之法”的网罟中，即便具备善世的能力，也会遭到左右掣肘，无法顺利地开展工作。黄宗羲构想所谓“先王之法”，对社会弊端进行剖析，在《明夷待访录》中指出：“使先王之法而在，莫不有法外之意存乎其间。其人是也，则可以无不行之意；其人非也，亦不至深刻罗网，反害天下。故曰有治法而后有治人。”[①]从逻辑上讲，“治法”应当占据优先地位，在确立“治法”的基础上，才能凭借“治人”来行使合理的权力。黄宗羲的这一观点是针对同时代许多学者而发的。很明显，黄宗羲所要批判的不是“治法”，而是所谓“非法之法”。“非法之法”徒具“法”的形式，却给社会治理带来极大的危害。它可以看成君主与官吏为了维护自身特殊利益而设定的游戏规则，除了统治阶层以外的其他社会成员深受“非法之法”的奴役与掠夺。深陷“非法之法”的被统治者一旦发现最基本的生存权利遭到威胁，就试图以各种形式加以反抗，此时“非法之法”就开始发挥最大限度的弹压作用，借助国家机器的威力将被统治者置于死地。在统治阶层内部，不同

① 黄宗羲．黄宗羲全集（第1卷）[M]．杭州：浙江古籍出版社，1985：7.

派系之间的倾轧也借助“非法之法”的力量，不惜罗织罪名，动用酷刑，尽最大可能消除政治对手的实力。与“非法之法”不同，儒家盛赞的“先王之法”有着相对的独立性和稳定性，究其原因在于“莫不有法外之意存乎其间”。这里所说的“法外之意”指代儒家特有的圣人正义论。圣人代天发意，垂宪万世，将生生之德具体化为公共生活规则，制定明确的礼制，以相应的刑罚作为维系礼制的必要手段。当品行良善的官吏行使职权时，“先王之法”有助于激发官吏的积极性；当心术不正的官吏操纵权力时，“先王之法”在客观方面对其构成制约，防止由于滥用职权而引发的社会灾难。

与黄宗羲强调“治法”有着类似的目的，方以智主张以“宰理”重新规范政治生活。在方以智看来，礼乐制度、政治思想与施政纲领必须以天道作为合理性来源，任何不顾民众切身需求的做法都是应当受到谴责的。自然界和人类社会都属于“物”。桐城方氏确立的“两间质测”的方法能够明晰地探求“物理”。方以智曾经指出：“两间皆气也，而所以为气者在其中，即万物共一太极，而物物各一太极也。儒者不得已而以理呼之，所谓至理统一切事理者也。有精言其理御气者，有冒言其统理气者。故老父分宰理、物理、至理以醒之，而宰即宰其物理，即以宰至理矣。此所以为继善成性之大业主也。”[①] 从究竟层面来看，统摄自然界和人类社会的最高的理是“宰理”。“宰理”是真实不虚的，因而必须在“物理”中呈现自己。或者说，作为哲学概念的“宰理”必须藏身于“物理”，才能确保自身具有既能超越具体事物、又能统摄具体事物的功能与地位。《仁树楼别录》对“物理”“宰理”和“至理”做出简练的概括，以问答的形式阐述了三者的区别，

① 方孔炤.周易时论合编[M]//《续修四库全书》编委会.续修四库全书（第15册）.上海：上海古籍出版社，2001：548-549.

大致内容是:“问宰理。曰:仁义。问物理。曰:阴阳刚柔。问至理。曰:所以为宰,所以为物者也。”[①] 仁义是儒家观念形态中的重要组成部分,“宰理”可以被视为生生之德的代称。人类社会的稳定与发展离不开公共生活规则,“宰理”构成公共生活规则的最终依据。因而可以说,“宰理”是圣人之学的重要组成部分。因而必须正视两种情况下的失误:一种情况是放达者废弃宰理,听任自然,既忽视了名教在维系社会稳定方面所发挥的积极作用,又失去了探求“物理”的机会,最终流为愚昧;另一种情况是固守宰理,忽略对自然界和人类社会的具体研究,只能空谈性理,无法切合实际。这两种情况都是不足取的。

在社会理论方面,方以智强调发挥宰理的积极作用。方以智并不赞同放任自流的治理方式,认为这种错误的做法会抹杀人类与禽兽之间的界限,终将毁弃人类文明。如果将放任自流的社会治理思想视为一个极端,那么以严刑酷法钳制社会成员的做法就构成另外一个极端。

单纯的主宰并不能完成“礼以养人”的任务,必须在主宰的基础上给社会成员充分的活动空间,避免出现封闭与静止不动的社会情势。这就是方以智所谓的“明天之理以宰之,宰之而后可以任之”。在方以智那里,建立在天理主宰情之基础上的“任之”,区别于小人所理解的“任天”,也就是肆无忌惮,恣意妄为。与小人的做法构成水火之势,“已甚”无视民众的合理需求,一味推行扼杀人性的规章制度,最终必然导致整个社会面临崩溃的局面。方以智理想中的治理方式是执其两端而用中,也就是在“任天”与“已甚”中间寻求一个较为稳妥的结合点,有效地完成儒家主张的“礼以养人”的责任。方以智非常推崇方孔昭对“礼”的理解,认为“非义勿视”也有合理性,为什么偏要强调“非礼

① 方以智,施闰章.青原志略[M].台北:台湾丹青图书公司,1985:182.

勿视”呢？因为礼“位南用北”，心灵世界的道德观念必须外化为公共生活规则；圣人制礼作乐，从实际事物与社会实践入手，将高明的理论融入日常行为与礼制条目之中，以此作为转化性情的基本途径。如果空谈仁、义、智，就会失去现实意义，无法推进实践活动，因而必须将礼的根本纲领作为推行圣贤之道的基本路径。

一、对夫妇之道的泛化解释

儒家认为人伦起于夫妇。在今人看来，“性”（sex）与“性别”（gender）之间存在一定差异。这与儒家思想并不冲突。自然界呈现为对偶的具体事物都可以被视为男女，夫妇是指在儒家伦理支配下的有秩序的男女生活。男女是人类社会得以存在的自然基础，夫妇则是人类社会逐渐走向文明的必要条件。男女之间的交合必须遵循相应的规则，不能随意妄为。在论及桐城方氏易学的学术贡献时，不能忽略其对夫妇伦理所做的泛化解释，这一点集中地体现在方孔炤所秉持的一切伦理都可以视为夫妇的基本观念。在方孔炤看来，一切人伦都必须建立在相互感应的基础上，否则就无法形成真诚的人际互动，指出：“君臣、朋友，交感以济，故取妇象。行车善藏，自重之道也。安心天运，用舍随时之道也。心主思官，亦君臣也。北肾南心，亦伉俪也。君子惟素其中道之思，即不思而中矣。”[①] 也就是说，如果要维护君臣、朋友之间的伦常，就必须开诚布公，不能尔虞我诈，更不能以阴谋权术换取蝇营狗苟的机会。儒家强调人际关系的正常化，反对“相聚终日，言不及义”的小人行径。

今人将大国关系比喻为夫妻关系，令人叹为观止。古人也曾

① 方孔炤．周易时论合编[M]//《续修四库全书》编委会．续修四库全书（第15册）．上海：上海古籍出版社，2001：511.

对夫妇关系进行充分诠释，这一点在政治生活中显得尤为突出。以夫妇伦理作为政治生活的指导原则，是儒家政治思想的一大特色。在父权家长制时代，丈夫是一家之主，妻子协助丈夫安顿室家，这与《毛诗·桃夭》赞美淑女不谋而合。相应地，国君是一国之主，臣民代替君主处理日常事务并且能够恪守之分，这正是《毛诗》中《板》《荡》对忠臣的期待。不唯如此，就连自然界也被赋予了夫妇之道色彩。在方孔炤看来，“峰冈为牡，溪谷为牝，山泽亦阴阳之形。故曰：虚空皆夫妇。然当以此信伦理，岂以廓论藐伦理乎？人伦天伦，即心之伦。”[①] 当然，这只是一种象征意义，将山岗视为雄性，将溪谷视为雌性，整个自然界称为阴阳和合的写照，其中蕴含着宇宙秩序与道德秩序，足以说明儒家伦理具有充分的合理性。

二、承载平等精神的朋友之道

方学渐是泰州学派的歧出者。泰州学派鼓吹“三纲五常”，折射出那个时代的主导意识形态。在方学渐看来，“三纲”是个体融入社会生活的公共准则，“五常”是性善得以成立的根基，只有符合“三纲五常”的要求，才能实现人的价值，大致来说：“五常成性，三纲立身，人之所以为人也。远人而求之，虽极玄渺，不可以立道。”[②] 反过来讲，如果偏离“三纲五常”，一味地谈玄说妙，即便口吐莲花、天花乱坠，也不过是离经叛道。

方学渐论述朋友之道的义理价值时，将泰州学派的平民化特色推向极致，在中国传统哲学的历史脉络中破天荒地将“五伦”都看作“朋友之交”。他在《易蠡》中指出：“五伦藏师弟于朋友，

① 方孔炤.周易时论合编[M]//《续修四库全书》编委会.续修四库全书（第15册）.上海：上海古籍出版社，2001：352.

② 方学渐.心学宗[M]//《四库全书存目丛书》编纂委员会.四库全书存目丛书·子部（第12册）.济南：齐鲁书社，1997：189.

五伦皆朋友之交也。乾坤统六子，实如朋友耳。”[①]这是对“乾坤六子说”的具体运用。综观经卦之间的关系，乾为父，坤为母，其余六卦分别为子女。从阴阳变化的角度来看，任何一个经卦与其他经卦的区别在于阴阳分布不同，至于所谓父母、子女的说法只不过是形象的比喻，因而相互之间构成平等的朋友关系。在全社会范围内推广朋友情谊，有助于消除人际隔阂，化解社会冷漠，促进公共道德的不断完善。

在方学渐之后的众多学者中，谭嗣同对“朋友”的看法最能发人深思，指出：“五伦中于人生最无弊而有益，无纤毫之苦，有淡水之乐，其惟朋友乎。顾择交何如耳，所以者何？一曰‘平等’；二曰‘自由’；三曰‘节宣惟意’。总括其义，曰不失自主之权而已矣。兄弟于朋友之道差近，可为其次。”[②]当然，谭嗣同的观点是建立在五伦具有压迫性的基础上的。在他看来，在理论层面上，除了朋友之伦能够维护“平等”“自由”和“节宣惟意”的价值诉求以外，其他四伦则是对弱小者的欺凌，甚至是对人性的扭曲。儒家的“朋友讲习”有助于深化对义理的认识，有助于移风易俗、收拾人心，在全社会范围内倡导“敬天法祖”的信仰体系，培养社会成员的敬畏意识。这种敬畏意识不同于基督教的怖栗意识。前者认同人的优先地位，相信人能够充分发掘性善的潜质，与天地相参；后者在一神论的框架中压制人的生命冲动，通过不断渲染耶和华的暴怒和耶稣的悲情来掌控人的精神世界。

此外，方以智反对“超出义利之外”来讲“义”，主张“在义利之中”讲“义”。最应该否定的是横扫一切、提倡“无义无利”的说法，因为这很容易为无忌惮者的言行提供理论依据。方以智

① 方孔炤. 周易时论合编[M]//《续修四库全书》编委会. 续修四库全书（第15册）. 上海：上海古籍出版社，2001：483.

② 谭嗣同. 仁学[M]. 郑州：中州古籍出版社，1998：200.

从坎离相济、“伐木许许”来探究朋友之伦的作用，指出：“五伦终之以交，无非丽泽也。包蒙克家，师弟亦似续也。当知圆神悦决，两层是一，水火龙虎，深山野人，伐木许许，声气自劝，无言之孚。无心之悦，泯于弦歌谈笑中矣。”[①]这里所说的“丽泽”是指《象》对《兑》的评论，即“丽泽兑，君子以朋友讲习”。按照虞翻的见解，“兑二阳同类为‘朋’，伏艮为‘友’，坎为‘习’，震为‘讲’，兑两口对，故‘朋友讲习也’”[②]。从政治观念来看，儒家提倡“为政以德”，要求统治者施行仁政，积极推行教化，引导民众遵循义理，安排生产与生活。“立教”是儒家政治观念的重要组成部分。从“尽心→知性→知天”的修养途径来看，个体的心性与大化流行融为一体，最终体验“无思之思”的神秘境界。即便如此，也不能忽视具体知识的重要性。圣王“明明德于天下”，必须做好亲民的工作。君子体认至善的境界，也要在现实生活中做到择善而行。不难看出，维系最高理想与现实生活的是一个“权”。方以智以“权”作为契机，对儒家伦理进行系统解读，指出：

> 天之政府必以立教为权，无思之思必以好学为权，明德以亲民为权，至善以择善为权，君臣严于父子，以父子为先权；父子重于夫妇，以夫妇为先权。兄弟则父子、夫妇之衡纬也，朋友则四伦之经权也。四伦虽具，皆有朋友之道，故终之曰朋友之交也。师友相经纬，而有四伦之义焉。交之权衡重矣哉。(《易余·权衡经纬》)

沿着君臣→父子→夫妇→兄弟→朋友的路径不断追问，似乎关系越来越远，但是却逐渐接近平等。朋友之道是完全建立在平

① 方孔炤．周易时论合编[M]//《续修四库全书》编委会．续修四库全书（第15册）．上海：上海古籍出版社，2001：486-487.

② 张文智．周易集解导读[M]．济南：齐鲁书社，2005：328.

等的基础上，其他四伦都以此作为基础，或者说其他四伦都应该是朋友之伦。前此已经讨论了方学渐的“五伦藏师弟于朋友”这一重要观点，不过，儒家的师生关系究竟应该对应于“五伦”中的哪一种伦常，历史上的回答不尽一致。即便孔子与其弟子之间的日常关系也远远超出所谓的师生关系。从孔子与颜回之间的默契来看，二者似乎构成父子伦常。从孔子与子路之间的情谊来看，二者又可以看作朋友之交。子贡为孔子庐墓六年，超出孝子的苦行，已经无法用普通的父子关系和师生关系来概括了。方以智对此不禁感叹道：“孔子没后，有漆雕开之儒，有子张氏之儒，有子夏氏之儒，独子贡叹性与天道不可得闻，始知返闻之妙，竟尔庐墓六年，不知下落。”（《一贯问答》）从方学渐以朋友伦理看待师生之间的关系到方以智列举子贡守丧的具体事例，足以显示桐城方氏对于尊师重教的无比推崇，以及追求平等精神的良苦用心。

三、“政府”在“宰理”结构中的显著位置

方以智试图以“政府”作为缓冲君主与民众之间矛盾的中间环节，将传统的君民关系转化为国民关系，与黄宗羲、钱澄之等人一起提倡“藏天下于天下”的社会理想，为儒学的近代转型创造了良好的契机。在儒家传统中，人不仅是道德的动物，更是政治的动物。因为“人道，政为大”（《大戴礼记·哀公问于孔子》）揭示了德政的重要性。德政的核心观念是仁义。任何理论层面的构想都不能代替国家机器的正常运作。虽然“政府”一词在明代具有特殊含义和固定用法，但是方以智却将更多的含义赋予了它。个体的权力让渡形成政治共同体，政府应运而生。政府是公共权力机关，担负着为民众谋福利这样一种使命。方以智认为，“人知圣人以仁义为政而已矣，曾知政府既立，下以治万古之民，而上即以治万古之君乎？”（《易余·法能生道》）开宗明义，揭示政

府在管理方面具有的双重作用：一是规范民众的言行举止，二是防止君主专制危害群体生活。这区别于法家主张的绝对君权。法家侧重于树立绝对权威，认为君主与臣下之间充斥着权谋与较量，君主对臣下只有庆赏刑罚，没有儒家盛赞的恩义与德教。为了弥补法家思想的缺陷，方以智从知行关系来规范君臣关系，援引“乾知坤行，君主相用。丞之对舜如此，可悟政府宰民而并宰其君”[①]，结合具体语境，舜与丞之间的问答向世人揭示了这样的道理：包括人类社会在内的一切事物都是天地衍化的结果，任何人都不能将其视为私有财产。与此相应，政府理应公共享有，不能沦为一家一姓聚敛财富、压迫民众的暴力机构。理想设计必须以形上学作为理论支撑。儒家形上学的最高范畴是太极。方以智借用太极论证政府的合法性，他说：“理本自圆，或即流而表源，或称先以化后，权在政府，宰民并以宰君，主仆一家，森森即是浑浑，果会通乎？何碍偏举？”（《性故》）太极呈现为理，构成人类的认识对象。人类不能通过分解的方式来把握太极的内涵。只有以体认的方式觑破太极，人类才能获得终极关怀。任何关于源流、先天与后天、森罗万象与浑然为一的探究，最终会通为一。这个“一”就是大全，就是总体，就是太极。方以智重视“政府”的统摄作用是与他本人的易学思想密切相关的。在方以智看来，“政府立而统君臣矣，圣人作《易》而圣人主天地矣”[②]，这也是方以智易学思想的现实情怀的体现。

儒家缺乏西方思想家那种强烈的乌托邦情怀。儒家的关注点始终放在权力运作上，即便有所掩饰，也从未放弃。历史上，许多大儒都在讲述自己向往的政治格局。然而现实情况比理论构想

① 方以智．药地炮庄[M]//《续修四库全书》编委会．续修四库全书（第957册）．上海：上海古籍出版社，2001：355.

② 方孔炤．周易时论合编[M]//《续修四库全书》编委会．续修四库全书（第15册）．上海：上海古籍出版社，2001：529.

复杂得多，尤其是面对君主专制带来的严重危害，就不得不转换思维，限制君主权力。张岱年先生在《关于民族文化的现代化》一文中指出："儒家的政治学说是维护君权的，于是被封建皇帝利用为统治人民的工具。但这只是事情的一个方面，另一方面，儒家也有设法限制君权的观点。"[①] 方以智为体用关系寻找新的载体，重视"至尊之尊"的作用，以"政府之尊"约束君主，在理论层面完成了君主专制向政府管理的过渡。从儒学发展史来考察方以智主张的"政府宰民而并宰君"，不难发现，这一观念至少在四个方面实现了跨越式的发展。

（一）方以智将孟子所谓"民为贵，君为轻，社稷次之"转化为"政府宰民而并宰君"，有助于化解"圣王"与现实统治者之间的冲突

传统儒家，尤其是孟子，赞颂汤武革命，鼓吹独立人格，惯于以德性完满且地位尊崇的圣王作为范本，贬斥那些徒具权位不行仁政的君主。这在无形当中就将无道君主划为民众的对立面，必然招致现实统治者的不满。政府的组合人员，不仅有勋旧势力，而且包括通过科举考试跻身于政治领域的士林派，这些人扮演着所谓"圣臣"的角色。值得肯定的是，所谓"圣臣"能够尊君爱民，厉行教化，引导民众效法贤能，同时按照规章制度处理政务，促使国家机器良性运转，使得各项事务都能符合礼制要求，为国家和社会贡献自己的才能。可见，制定明朗的施政纲领，敦促政府遵循共由之道，在客观上有利于消除君主专制的隐患。方以智结合《伏羲六十四卦圆图》来讲述"消息贵出政府"的重要性，认为《同人》揭示了"以毒攻毒"的治理方法，这就像刘邦所谓"善将将"，也就是知人善用，防止出现"一言堂"的不良局面。在《伏羲六十四卦圆图》中，《同人》居于东方，《师》居

① 张岱年 . 张岱年全集（第 6 卷）[M]. 石家庄：河北人民出版社，1997：434.

于西方。东方为春，主生；西方为秋，主杀。“《同人》与《师》相对”正好构成金克木的情况。从天道角度来看，相生与相克互为表里，相克是为了辅助生生之德的展开，防止出现过度的壅塞。就政治生活而言，“政府”具有管理民众、约束君主权力的积极作用，这样既能维护社会稳定，又能保障君主的尊荣与地位，使得权力运行机制呈现有条不紊的状况。在政治生活中，君主专制非常依赖于贤明的君主，年富力强，刚健有为，能够做出一番丰功伟绩。一旦孱弱无能的君主执掌权柄，就很容易出现大权旁落的状况。稳妥起见，必须以规章制度来维护“政府”应有的职权。这种做法既能确保政局稳定，也能保障君主应当享有的特权。从社会批判的角度来看，君主专制有其与生俱来的弊端。方以智站在维护儒家君臣伦常的立场上，并不主张在政治生活中彻底去除君主这一个职位，而是建议将职权分工落实在自上而下的统治效力上，防止出现权力的过度集中，并以自己所惯用的“化待”“平待”和“统待”等哲学概念来论证这一基本的政治诉求，指出：

有化待，有平待，有统待。何谓化待？显密有无之相汁也。何谓平待？左右往来是也。何谓统待？君民贞邪是也。统之属下为所统矣。虽对而不可谓之对也。编氓于里正，邑令于郡守，监司于开府，以次上属，而内属东西台三省，省各有长，而属于宰辅，君乃俨然统之，此无对之尊也。然当知凝命布政，咸若率俾者，为直无对之尊也，非唯君相操此权也，郡邑里正，皆有凝命布政之君道焉。(《易余·绝待 并待 贯待》)

方以智所讲的“化待”是指对立面的统一与融合，“平待”是指具有明确的空间性和时间性的相互对待的情况，“统待”并不是通常所谓的以上统下，而是指上下之间的互相统摄。结合权力运作来看，从民众经由各级地方机构、中央办事机构、宰辅以至于君主，构成一个逐级的统治脉络或者说是权力的金字塔。君主居于巅峰，监控宰辅的一举一动，俨然一幅“家天下”的图谱。在儒家的政治理想中，“德政”的一项重要任务就是“屈民以申君，屈君以申天”，其中的潜台词就是利用天道来规范和约束君权，进而保证政治生活的质量。其实这种思想是对民本观念的反向表达。从天道的高度来看，“德政”的首要任务就是改善民生，既包括物质生活水平的提高，又必须涵盖精神文化方面的引导，或者可以用“先富而后教”这句话来概括这一出发点。“德政”不是“缘饰儒术”，更不是道德说教，而在具有差等属性的礼制中突显平等的道德理想。包括君主和民众在内的一切社会成员都必须具备最起码的伦理道德，不断提升生命境界，实现自己的远大理想。天道无亲，任何人都要在社会实践中证明自己的存在价值。从天道的高度来看，君主并没有什么特殊之处，与普通民众一样被视为“民”。这就是“屈君以申天”的奥秘所在。儒家在处理君臣关系时往往采取折中的态度，既反对毫无限制的君主专制，又反对僭越陵替的臣子乱政。

传统的君臣关系很容易变成自上而下的压制和自下而上的篡权。君权与相权之间的冲突，屡见不鲜。君主与官僚集团之间的斗争此起彼伏。民众对“肉食者”之间的权力斗争表现得十分冷漠。方以智突出政府的地位，有助于实现儒家“询于刍荛”的政治理想。在儒家的政治理想中，圣王统治民众，必须遵循“天听自我民听之，天视自我民视之”的原则，这从另外一个角度强调了王道是对天道的具体落实。按照汉儒的理解，“王道通三”的观念似乎没有太大的问题：从“王”的结构来看，三横分别代表天地人三才，只不过中间的一横比较偏上，而贯通三横的一竖则象征天地人三才的相互贯通。如果在论述王道时忽略了对人的关注，那么这样的论述已经偏离了儒家的理论基础。方以智将问题转向对“政府”处理“君”“民”关系这一重要问题的考察，指出：“圣人就民视听，而质论即藏通几矣。故或统言三才，或无人物，或专言人性，试会通之：理本自圆，或即流而表源，或称先以化后，权在政府，宰民并以宰君，主仆一家，森森即是浑浑，果会通乎？何碍偏举？”（《性故》）沿用此前所论述的“质论即藏通几”的思维方式，方以智试图整合不同的观点，注重以统待的方式考察“三才”的统一性，以泯的方式论证“无人物”，以异的方式探讨“人性”。历代儒家对担任“帝王师”有着特殊的情感。这种借助政治权势来推行道义的做法为统治者与儒家之间的交往搭建了桥梁。本来儒家就具有协调统治者与民众之间关系的积极作用，对民众采取教化的态度，使得忠君爱国的思想深入人心，有助于维护社会稳定；对统治者宣讲仁民爱物的思想学说，劝诫统治者不要过分聚敛，维护民众的基本生存需求。

（二）从传统的君民关系开出国民关系

方以智取消了荀子构想的以君主作为天下表率的不切实际的政治设想。荀子认为，“君者，民之原也，原清则流清，原浊则流浊”（《荀子·君道》），这样一来，君主无疑成为社会教化和政治治理的最高表率，但现实中的君主往往劣迹斑斑，成为全天下斥责的对象。以国民关系取代君民关系，有助于缓和君与民众之间的矛盾，促进社会稳定与发展。综观方以智所处的时代，东西文化交流频繁，他本人在地球形状、极昼、极夜等方面的研究也取得举世瞩目的成就。方以智检讨儒家的礼乐制度，从道德情操、行为规范与偃武修文等方面厘定国民关系，借助《涣》蕴含的义理来阐述国民关系，认为巽上坎下有舟之象：“风水《涣》，舟象也。民为水，国为舟，尊天重本，先王之使风也。人心为水，礼法为舟，沥诚正告，圣人之使风也。”[①] 与前人以舟水比喻君民不同，方以智非常看重国与民之间的关系，认为维持风化是十分有必要的。礼法是以“养人”作为最终目的，“不问苍生问鬼神”是对教化的背离。礼法具有约束人心的功用，人心向背决定着礼法张弛。倘若施政者不能改善民生、注重教化，那么国家将有覆灭的危机。

（三）“藏天下于天下”与“就天下而用天下”

儒家的忧患意识时常萦绕在方以智的心头。在他看来，忧患起于圣贤对险恶的恐惧，尤其面对人情诈伪、学术驳杂以及风俗浇薄等负面因素。面对诸多困顿，儒家理想促使圣贤寻求出离险恶之道，也就是如何克服困难，完善德业。方以智认为，教育和德行是履险如夷的最佳方案，“教必有事，德行惟常，莫险于乡国之陷阱，莫险于人情之泆激，莫险于学术之鞣盜，莫险于文字之风波，谁非窞乎？谁非棘乎？安则自出，定则知牖，中则自平，惟有忠信蹈之而已”[②]。千言万语，化为忠信二字。在此基础上，纵横驰骋，有章可循，方不失君子气度。崇高的理想必须依凭于残酷的现实，面对天崩地陷的鼎革之际，方以智似乎体验到了所谓“天地闭，贤人隐”的真实含义，却并没有选择独善其身，而是积极为构建新时代的哲学殚精竭虑。

在孔子时代，许多隐逸之士离群索居，甘愿与鸟兽为伍，他们的行为被视为“隐怪”；与“隐怪”截然相反，恪守儒家道德理想的大人君子不顾艰难险阻，直道而行，这种人生选择可以冠以“遵道”的美誉。瑕瑜互见，不一而足。方以智对“隐怪”和“遵道”都有批评，并以此作为契机，阐述自己处理世事的态度，

① 方孔炤．周易时论合编[M]//《续修四库全书》编委会．续修四库全书（第15册）．上海：上海古籍出版社，2001：492.

② 方孔炤．周易时论合编[M]//《续修四库全书》编委会．续修四库全书（第15册）．上海：上海古籍出版社，2001：344.

指出："隐怪是执无，遵道是执有。'世自遁世'则不落有无，唯圣者能之。此乃剔出圣体，与人著眼，而无可无不可之庸用，则圆∴环中矣。龙德而隐，亦剔出费隐之体而言之。遁世岂隐士哉？乃藏天下于天下而不得所遁也。此《大宗师》一篇，泯天人、化真知之眼目也。"（《一贯问答》）消除群疑，称颂自己所推崇的"世自遁世"，也就是尽最大限度融通入世与出世，在理论架构与社会实践中体现"太极不落有无"的真精神。无论是"君子无可无不可"，还是"仲尼不为已甚"，都是圣人完满德性的展示，任何企图以固定程式作为对"圣体"的探寻路径，只会流为偏见。与《春秋》始元终麟相比，《周易》是龙首狐尾之书。孔子曾经将老聃比为龙，隐士曾经将孔子比为凤。《周易》六十四卦中的《乾》与《遁》盛赞龙德，方以智认为，就爻辞而言，《遁》的上九、九五、九四、九三、六二、初六分别与《乾》的初九、九二、九三、九四、九五、上九相应，即所谓"肥、嘉、好、系、执、厉，即潜、见、惕、跃、飞、亢。而亡所之遁，以体潜而游六，即体肥而游六也。六十四卦皆潜，即六十四卦皆龙也。尧、舜、伊、周，皆中庸遁世者也"（《一贯问答》）。透过名相，深入堂奥，方以智力图说明："龙德"之"潜"不是简单的放弃，而是积蓄力量，等到机会成熟，重新施展才能。

圣人具备"龙德"，可以用"潜""遁"来概括这种德性。圣人的最高理想在于"藏天下于天下"。这也是明末清初有识之士的共同价值诉求。钱澄之将"以天下藏天下"视为最佳的社会形态，并为这种观念提供义理方面的论证，在《庄子内诂》中指出："凡有所藏者，恶其遁也。而不得所遁，安所藏乎！万物皆出于机，皆入于机。生生死死，一息不停。只此天下耳，出此入彼，安得所遁乎！惟不得所遁，而后无藏无不藏。此谓以天下藏天下。"[①]

① 钱澄之．庄屈合诂 [M]. 合肥：黄山书社，1998：102.

钱澄之对“藏”的解读，无疑是对方以智“退藏于密”思路的延续，将天地之间的终极价值引向生生之德。个体的生存状态呈现为多样性，一切变化都是仁德的显现。人类社会无论如何发展，都无法摆脱时空限制，所有的“藏”与“遁”都在“天下”范围进行。黄宗羲对“藏天下于天下”进行了更为深入的探究，并从经世层面表达自己的心声，其叙述方式虽然是儒家惯用的“托古改制”，但已经蕴含了民主思想。所谓“三代之法”不过是黄宗羲设想的原初状态。在这套社会治理方案中，社会正义得到有效的维护，权利实现了共享，个人自治成为天下大治的基础，公共生活规则源于内在的道德理想，全体社会成员平等地享有话语权，合理分享社会财富，整个社会实现了长期稳定与持久繁荣。这种社会理想被称为“藏天下于天下”，黄宗羲在《明夷待访录》中指出：“三代之法，藏天下于天下者也。山泽之利不必尽取，刑赏之权不疑其旁落，贵不在朝廷也，贱不在草莽也。”① 与“藏天下于天下”相反，现实世界中的统治者将天下视为私人物品，设置严刑峻法，维护特权阶层的利益，编造形形色色的谎言愚弄民众，又担心民众欺骗自己，因而寝食难安，于是不断制定更加细密的法律条文，试图将一切僭越行为扼杀在萌芽状态。然而事与愿违，细密如网的法律条文只会使民众手足无措，最终选择暴动。这就是“非法之法”或“藏天下于筐箧”的严重危害。“藏天下于天下”是当时一流学者共同关注的理论问题，着眼于如何收拾天崩地陷之后的惨淡局面。在儒家的理论视野中，权力运作的最终目的在于协调社会成员之间的关系，为“养人”提供制度层面的依据和现实的可操作性。一旦政治生活沦为攫取社会财富的名利场，那么儒家的道义就会无从寄托，“天下归仁”的社会理想也就无从实施。在黄宗羲看来，君主是“天下之大害”，敲骨取髓，离

① 黄宗羲．黄宗羲全集（第 1 卷）[M]. 杭州：浙江古籍出版社，1985：6–7.

散儿女，长此以往，必将激化深层次的社会矛盾，最终导致王朝的覆灭。

（四）帝王应当把握“天下之故”

在帝制时代，帝王学呈现出极大繁荣。许多士大夫的人生理想就是做帝王师。帝王与士大夫对帝王学的理解存在明显差异。帝王的最终目的是如何延续一家一姓的有效统治。士大夫的初衷是借势行道，施展修齐治平的抱负。方以智认为，帝王治世，必须通达“天下之故”。所谓“天下之故”应该包含三个方面的内容：一是“理”，二是“势”，三是“情”。简而言之，“理”是指治理天下所依据的义理之学，“势”是指君主掌控的权势，“情”是指社会成员的合理欲求以及不同人群之间的交往互动。与士人的讲学诵读、寻章摘句和钩沉索隐有所不同，君主应当将精力放在吸纳贤能、整顿朝政、移风易俗、推行教化等大政方略之上，取法上古圣王“执其两端而用中”的明智之举，促成太平盛世的出现。在方以智的心目中，贤明的君主必须戒除骄躁，虚心纳谏，体察民间疾苦，使人尽其才、物尽其用，真正达到“就天下而用天下”的理想状态。方以智《曼寓草》收录了《帝学》一文，其中指出：“天下之故，理尔，势尔，情尔。两端用中，而明四目，不过上下之情，就天下用天下，而恭己无为矣。”[①] 从家国天下一体化的权力运作模式来看，大夫之家必须防止陪臣窃取威权，诸侯之国不得出现大夫专权，天子富有四海，更应该防止出现尾大不掉的不良势态。历代儒家除了在权力运作方面进行秩序重建以外，非常注重以“道”来协调君主与臣下的关系。毕竟政治生活突出地表现为各利益集团在“势”方面的竞争，为了维护各自的“势”，君主与臣下都站在自己的立场上考虑如何以最有实效的

---

① 方以智．浮山文集前编 [M]//《续修四库全书》编委会．续修四库全书（第1398 册）．上海：上海古籍出版社，2001：234.

"法"和"术"来维护自己的"势"。尽管"法""术""势"是法家人物提出的概念，但是它们非常准确地反映了政治生活的实质。儒家以道德理性干预政治生活，因而无法避免与"法""术""势"发生关系。如果臣下完全掌握了"势"，就会对君主的权力产生威胁，甚至会出现"臣弑其君"的惨剧。如果君主刚愎自用，拒斥一切谏诤，那么整个权力运作就会沦为帝王雄猜好杀的牺牲品。因而，儒家的职责就在于一方面维护君权，且防止君主专制对全社会造成巨大的危害；另一方面制裁权臣，杜绝谋朝篡位的发生，使得整个政治生活呈现为条理分明的样态。

第四节　易学基础上的"自由"

作为源远流长的家族学派，桐城方氏异乎寻常地表达了对道德理想的渴求，"为仁由己"成为孜孜以求的理想境地。宇宙秩序与道德原则都可以概括为"仁"。君子人格的魅力所在就是自觉地体认"仁"，将"仁"化为生活日用，在提升自身生命境界的同时，促成群体道德素养的提高。天地之间充盈着生生之德，天当始物，地当成物。乾坤交感，犹如人类社会和自然界共同的父母，将慈爱赋予每一位个体，让整个社会充满关爱。方大镇将仁爱落实于人的生死境遇，希望在烦乱的世间追求人的自由，他说："直养无害，塞乎天地，生死来去，由之寒暑。由己者，颐道也。而自由者，又厉几也。惟静虚，足以养刚大；而时止，足以成始终。死而不亡者寿，是仁者之寿，岂长生家之长生乎？"[①] 儒家所谓的仁者之寿，实质上是指仁者给整个社会带来持久的正面效应。仁者善于顺应天道变化，延续性善的道路，完成自身使命。因而

① 方孔炤．周易时论合编[M]//《续修四库全书》编委会．续修四库全书（第15册）．上海：上海古籍出版社，2001：333.

“自由”可以理解为“由己”，即遵循先天的道德理性，将生生之德具体化为颐养之道，构建人伦谐和的社会局面。

一、“由”与“自由”

方以智从处理“知”“由”之间的关系入手,对“民可使由之，不可使知之”进行较为系统的诠释，为“自由”的生发与展开勾画详细的理论路径。方以智延续阳明学探讨知行关系的思路，侧重于对“知”进行分类，着重强调“知即无知”的重要性。虽然这一命题来源于僧肇的《般若无知论》，但方以智侧重于对先天德性的论述。对于圣人与庸人而言，先天德性是平等无二的。既然如此，为什么还要主张“民可使由之，不可使知之”呢？方以智认为，“由不使知”是一种“知”，不唯如此，“不可使知而又使知”也是一种“知”。儒家以圣贤为蕲向，不甘做碌碌无为的凡民。从圣人一方来讲，孔子主张“有教无类”，目的在于促使所有社会成员摆脱蒙昧,也就是“使知之”。从普通民众一方来讲，超凡入圣的关键在于致知，即自觉接受教育，努力达到道德与技艺的完美效果。闻道有先后，先知先觉是否要与凡民一起遵守公共生活规则呢？答案是肯定的。这牵涉到“自由”与“共由”的问题。德性具足、知识完善并不能作为规避公共生活规则的借口，无论圣贤还是普通民众都必须遵循一套平等的游戏规则，即所谓“共由曰道”。这里所说的“由”强调遵循与恪守。方以智通过一系列疑问句展开自己的观念，他说：

真知知行者，知知即无知乎？真知知即无知者，知所由乎？知由不使知之知乎？知不可使知而又使知之之知乎？知耻为凡民者之不可不致知乎？知知致之终当与凡民共由乎？知由己之由即由户之由乎？知不知亦由知之亦由之知乎？知所以所安皆在所由之中乎？

知明道行道之人但言当由而知之亦由、不知亦由者本难言乎？若不知此，何能统万世之知与不知？又能分万世之知与不知，而共由此雷雨出云之志气，共惕此天时地载之躬行哉？（《易余·知由》）

毋庸讳言，历来主张排儒的学者往往以“知”“由”作为证据，企图将统治者的愚民政策追溯到孔子那里。儒家认为现实层面的“民愚”，即所谓“民，冥也”（《孝经援神契》），需要通过启蒙教育加以克服。民众需要接受教育，否则无法告别愚昧状态。方以智旗帜鲜明地反对“愚民”，认为这种貌似高明的统治术只会导致民风颓败，在全社会掀起欺诈作恶的不良风气，儒家圣人绝不会赞同这种统治方式。

在方以智那里，“自由”不是为所欲为、放浪形骸，而是与道德主体的自我克制、复归道德本体紧密相关。尽管作为境界论的道德本体呈现为“不思而中，不勉而得”的状态，但这并不表明可以取消“做工夫”这一重要环节。方以智从正面表达了“思勉”的重要性，并将其纳入对“自由”的解读，指出“自克、自复、自由者，善用其思勉，即善用其不思而中、不勉而得者矣”（《易余·资格》），也就是强调君子必须通过探寻“物理”、自我勉励作为实现“自由”的必要步骤。如果没有坚实的知识、体认天理的内在需求以及坚韧的自我克制能力，那么一切有关“自由”的论述将沦为空谈。方以智一再强调“尊善”的义理价值，并对其中的缘故进行解读，指出：“虽诚明知行，本末内外，络索而即富，以上贯下，即无上下，而存存由己矣。存存者，化亡亡之一半，而仍随亡亡之一半也。究竟天顺而有节，人顺则下流。圣人尊天德之善，以政人流之恶，则善亘始终矣，岂恶之所敢敌哉？”（《东西均·公符》）在方以智看来，儒家并非单纯地讲求德性与境界的提升，同时注重对客观知识的把握，天地万物的情状都构成儒家的认识对象；在认识事物的过程中，加强自身调适，与时进退，才能成就君子的德业，也就是说："静虚立定，惟此进退明晦，为言行异同之验，返身自严，赦宥外宽，而损益合时矣。进退之关最明，而其几最微，明理自由者，履天地万物之情场，其飞矣乎？"[①]这里所说的"返身自严"是对《大学》所谓"十目所视，十手所指，其严乎"的积极落实，也是对孔子主张的"反求诸己"的真切体会。

二、"自由"的精神实质是"本体至乐"

既然王龙溪以"四无说"解读王阳明"四句教"有失偏颇，那么所谓的"本体"问题究竟应该如何解决呢？"本体"是否就像王心斋主张的那样就是"乐"呢？对此，方以智有着自己的见解，那就是"本体至乐"。可以说，"本体至乐"是对"明善""止至善"等命题的合理引申。对于相关问题的讨论必须回顾宋儒所谓"孔、颜之乐"。"孔、颜之乐"就是"自由"。宋儒推崇"孔、颜之乐"的人生境界，以此作为自身的追求。程氏向弟子讲述周敦颐的学术倾向时，曾经指出："昔吾受易于周子，使吾求仲尼、颜子之所乐。要哉此言！二三子志之！"[②]作为桐城方氏易学的开创者，方学渐认为："孔、颜之乐"并非高不可攀或没有达到这种境界的途径，即便普通民众也能享有"孔、颜之乐"，前提是必须做好"反求诸己"的工夫；普通社会成员只要善于"反求诸己"，寻求内心具有的"天理"，就能体验到所谓"吾心之乐"。

从究极层面来看，"孔颜之乐"就是顺承"天理"所得到的切身感受。散开来讲，儒家的五伦构成"名教之乐"，在方学渐那里，"三纲五常"被上升为人的天性，凡是能够恪守"三纲五常"

① 方孔炤．周易时论合编[M]//《续修四库全书》编委会．续修四库全书（第15册）．上海：上海古籍出版社，2001：360.

② 程颢，程颐．二程集[M]．北京：中华书局，1981：1023.

的人，就有机会享有“孔颜之乐”。与后儒津津乐道的“吾与点也”的洒脱相比，方学渐认为天朗气清、花开水流、五谷丰登等祥和景象都是“天性之流贯”，都是君子所乐的内容。如果说周敦颐不剪窗前野草是为了体验生生之德，那么方学渐欣赏自然界与人类社会的协和情景则是为了体验“天性”本来具有的“孔颜之乐”，“孔颜之乐无他，自适其天性而已。吾人之乐，不异孔颜，但被私欲桎梏，役役烦恼场中，所以不乐。若破除私欲全其天而得其性，则亦孔颜之乐矣”①。方学渐对“孔颜之乐”的推崇有其学术传承的背景。作为泰州学派的“歧出者”，方学渐在一定程度上继承了王艮以“乐”解读圣人之学的传统。只有善于体验“乐”的人才是真正的“大丈夫”。

从学术的承续来看，“孔颜之乐”在程颐那里得到彰显。张君劢在《新儒家思想史》中高度赞扬程颐所作《颜子所好何学论》一文，指出：“程颐的哲学思想，在其《颜子所好何学论》一文中表现得最清楚。这篇文字对宋学而言，是非常重要的，因为自韩愈以来，颜回即成为求道者的完美典范。对宋儒而言，颜回的成圣之道有如菩萨道之于佛。”②也就是说，程颐秉承周敦颐的教诲，寻求“孔颜乐处”，确信“圣人可学可至”，这奠定了理学在境界论方面的基础。在他看来，“圣人之门，其徒三千，独称颜子为好学。夫《诗》《书》、六艺，三千子非不习而通也，然则颜子所独好者，何学也？学以至圣人之道也”③。从此以后，“圣人可学可至”的观念深入人心，这为儒学深入民间创造了良好的契机。

① 方学渐．东游纪[M]//四库未收书辑刊·肆辑（第21册）．北京：北京出版社，2000：623.

② 刘梦溪．中国现代学术经典·张君劢卷[M]．石家庄：河北教育出版社，1996：170-171.

③ 程颐．二程集[M]．北京：中华书局，1981：577.

既然由《复》可以窥探“天地之心”，洞彻“颜子之学”，那么“颜子所乐何学”之“乐”究竟是怎样的？或者说，由王艮揭橥“学是学此乐，乐是乐此学”有何意蕴？方以智明确地回答了这些问题。王艮出身于灶丁，语言通俗易懂，文笔朴素。方以智才华卓著，自然与众不同。他在《药地炮庄》的总论部分将医学、佛学、易学与《庄子》等学术资源融为一体，对“本体至乐”的观点加以解读，大致内容如下：

或问本体至乐乎？

药地曰：《内经》心主喜，肺主忧，肝主怒，脾主悲，肾主恐。五志约两端，则忧、怒、悲、恐一类，而喜一类也。犹之精水、神火，一气而交济也。不昧同体之仁，善用差别之智，一理而互化也。本体为哀乐所不及之性，非至乐乎？[①]

方以智从《素问》有关“五脏”与“五志”对应关系入手，以分判阴阳的手法对“五志”进行分类，其中所谓“忧”“怒”“悲”“恐”被化为阴，“喜”被化为阳。从水火交济的角度来看，阴对应于精水，阳对应于神火。这就像南方为礼，北方为智，“藏智于礼”，才能实现王道理想。

在方以智看来，儒家兼顾“仁”与“爱有差等”，实现了“同体之仁”与“差别之智”的统一。从究极层面讲，本体超越哀乐，呈现为灵明清爽的状态，因而可以称之为“至乐”。方以智非常自信地指出，儒家经典中的“乐”字是被自己信手拈来，借以描述“本体”的状态。在他看来，“愚将拈此乐字以表无闷不愠之体，谓作《易》之忧患，《中庸》之戒惧，诗人之怨，五至之哀，

① 方以智．药地炮庄[M]//《续修四库全书》编委会．续修四库全书（第957册）．上海：上海古籍出版社，2001：224.

皆是极乐国土也可。”（《一贯问答》）无论是“遁世无闷”，还是孔子讲的“人不知而不愠”，都从不同角度体现了“本体至乐”的基本精神。不唯如此，即便《系辞传》所谓“作《易》者，其有忧患乎”，《中庸》所谓“戒慎乎其所不睹，恐惧乎其所不闻”，孔子所谓“《诗》可以兴，可以观，可以群，可以怨”（《论语·阳货》，按照孔安国的观点，这里所说的“怨”是指“刺上政”[①]，也就是批评执政者的言行），都是“本体至乐”的表现形式。方以智在这里借用“极乐国土”一语，概括儒家经典中出现的“忧患”“戒惧”“怨”“哀”，最终以心学统摄这些不同的说法，促成了由方学渐开启的以性善为实理的学术传统的发展。

方以智从孔子“所慎”引申出所谓“慎独空空之心法”，进而指导日常生活中的道德修养。本来孔子“所慎”仅是一种状态描述，并没有深入精神世界的内容，方以智浸润于特定时代的文化氛围，试图把一些后来者的观念形态植入孔子“所慎”的外壳下，借助孔子的实践行为与精神世界来宣扬自己的观念。

在方以智的视野中，儒家非常关注人类社会的运行与发展，主要体现在圣人制礼作乐以及对“自由”的渴求。儒家对于“正义”或“正谊”有着独到的认识，其核心价值在于圣人正义论。熊十力先生对“自由”的理解可以加深后世学者的认识，认为“自由”不是猖狂纵欲，冲决一切公共生活规则，甚至自甘堕落，不加自制，而是以尊重他人的自由为前提。当然，这里所说的只是“自由”的最低限度，或者说是“当然之理”的基本内容，“最精之义，则莫知吾夫子所谓‘我欲仁，斯人至矣’。言自由者，至此而极矣。夫人而不仁，即非人也。欲仁，而仁斯至。自由孰

① 何晏．论语集解［M］// 中华书局编辑部．汉魏古注十三经．北京：中华书局，1996：76.

大于是？而人顾不争此自由，何耶？”[1]也就是说，“自由”不是漫无秩序、恣意妄为，而是要求包括自己在内的社会成员必须遵循具体的礼制条目，约束身心，成为真正意义上的道德主体。一切社会成员都有希贤成圣的可能性。只有反求诸己，担当社会责任，才能够超凡入圣，实现儒家的社会理想。圣人的社会职责在于制礼作乐，礼乐制度的合法性基础在于天道观念。可以说，儒家传统中的“天人合一”观念，为公共生活秩序的完善奠定了坚实的基础。方以智没有将理论引向对个性的张扬，而是主张在险象环生的现实世界中保持清醒的状态，不失时机地改善群体生活。

高瑞泉先生在《中国现代精神传统》一书的跋文中指出，“从哲学的角度谈，中国古人自有自己的自由观。要把自由观的古今之变讲清楚，非有专门的研究不可”[2]，而方以智的自由观为我们提供了丰富的学术史料和深刻的现代启示。在汉语文献中，“自由”一词古已有之，但核心观念和使用方法与西方思想中的“freedom”和“liberty”大不相同。方以智以儒家的知行观为切入点，着重论述精英与民众必须遵守同一标准的公共生活规则，也就是在“共由”之中实现“自由”。精英与民众在道德理想方面具有平等性。知识理性不能替代对最低限度的伦理道德的遵循。这区别于统治阶层单方面要求民众恪守礼教的做法，更与放浪身心、肆无忌惮的“狂禅”思潮划清了界限。方以智的自由观，并不是建立在西方哲学二元对待的认识论基础上，而是创造性地阐发儒家固有的“天人合一”思想，强调社会生活必须建立在德性的基础上，为政治运作创造了宽松的人文环境。

① 熊十力．十力语要 [M]. 沈阳：辽宁教育出版社，1997：254.

② 高瑞泉．中国现代精神传统 [M]. 上海：上海人民出版社，2005：451.

余　论

方以智在他所撰写的易学著述中将象数与寓言融为一体，以此作为“吞吐”百家学说的载体，生命境界、科学研究以及情感宣泄浮现于字里行间。蹇难困厄成为锤炼生存意志的洪炉与巨锤。庄子的“梦蝶”与理学家盛赞的“鸢飞鱼跃”在方以智的精神世界中交织为一体，浩然正气最终只能以逍遥作为收场的台词。早年以富贵公子的身份纵情于金陵，中年九死一生，浪迹于荒蛮之地，百般无奈，薙染出家，殒命于惶恐之中。方以智认为，易学的显著功用就是了脱生死，将自身融入大化流行，即所谓“浴日蒸天，可不家食，何妨呼醒梦胡蝶，瞥见鱼知跃、鸢能飞，尽覆载幽明外，九万游息，时时是怒化之鹍鹏”（《易余·附录》）。经历鼎革之际的血雨腥风，方以智以卷帙浩繁的著述寄托自己的人生抱负，古人著述传世的精神鼓舞着他。在他看来，“古人之不遂志，即曰穷愁，非必贫贱。虞卿著书，遂其捐相之志；子长忍死，以史遂父志，亦吉行也”[①]。尽管方以智勤于著述，将自己的科学思想、社会理想、艺术构想、宗教幻想、文字声韵的猜想倾注于著作之中，但是这些著作最终遭到外界强力的摧残与压抑，湮没在帝制时代最后一个王朝的统治疆域中。四库馆臣小心翼翼地整理《物理小识》与

① 方孔炤. 周易时论合编[M]//《续修四库全书》编委会. 续修四库全书（第15册）. 上海：上海古籍出版社，2001：429.

《通雅》这两部著作，而《易余》《东西均》等著作则长期隐藏在家族内部，不敢随意示人。方以智在易学领域的建树逐渐为世人淡忘，成为两百多年来的一大憾事。

当我们从今天的学术分科来整理方以智的遗著，就会发现他是一位百科全书式的人物。

方以智指出："文传四教，士首三民。生乎《图》《书》经史明备之后，简毕犹耒耜也。本于大一，协于分艺。不兴其艺，不能乐业。万物游心，一室自娱。鼓舞可群，万世相告。笔舌之缘，均无所避。有正用、通用之中道焉。有中理、旁通之发挥焉。有统类焉，有体裁焉，不可不知。"[①] 方以智对《河图》《洛书》所涉及的象数易学抱有浓厚的兴趣，同时又将《礼记·礼运》所谓"本于大一，协于分艺"设定为太极衍化万物的基本历程，以此推究"物理"，寻求自然界和人类社会的具体知识。

与一般囿于门户偏见的儒者不同，方以智采取融通的方法，以"坐集千古之智"的魄力，吸纳当时的优秀学术成果。在他看来，"气也、理也、太极也、自然也、心宗也，一也，皆不得已而立之名字也；圣人亲见天地未分前之理，而以文表之。尽两间，灰万古，乃文理名字海，无汝逃处也"(《东西均·所以》)。这样一来，不唯儒释道三家的学术观念可以达成统一，就连西方传教士带来的科学知识也能用易学的语言和思维方式加以解读。方以智对"两间"，也就是天地之间的事物，持有浓厚的认知兴趣，试图以象数易学作为认知方式，推动"两间质测"的进行。这正是他能够在著述中涉及当时科学界的重大问题并与西方传教士展开激烈辩论的原因。方以智的易学思想是支撑其科学思想的方法，而他所提倡的"《易》以象数为端几，而精至变至神在其中"[②] 的观点标志着象数成为研究"物理"的重要

① 方以智．通雅 [M]. 上海：上海人民出版社，1985：65.

② 方以智．青原愚者智禅师语录 [M]// 嘉兴藏（第34册）. 北京：民族出版社，2008：829.

方法。方以智对象数的处理也正是解读其易学思想的重要环节。

方以智概括寓义理于象数的良苦用心，讲道："圣人言先，以卦策礼乐表道，即以此藏道，即以此薪天下，即以此泯天下乎？"[①]《周易》经传中涉及的"时""日""天"，不仅表现为时间的渐长，更能依次彰显天道的刚健精神。《周易》首卦不称天而称《乾》，正是为了强调"乾，健也"的基本价值。君子修辞立诚，积极进取，最终将"象""理"与"心"融为一体，为人类社会树立"人"的崇高形象，使得"人极"成为与天地相参的终极价值。三才之道，天以始物，坤以成物，刚健有为的精神显而易见。

如果说从心性角度能够清楚地勾画一套有关"道统"的谱系，那么象数易学是否能为这套谱系提供相应的佐证呢？在方以智看来，去圣日远并不会妨碍世人对圣人之学的探究与学习。因为圣人之学实质上是对三极之道的摹勒，只要天地人依然存在，圣人之学就不会沦丧。儒家的礼乐教化有其坚实的易学基础，并非凭空杜撰。任何忽视三极之道的訾议都是不足取的。玄远缥缈是儒家必须杜绝的失误。只有深入研究"物理"，方能成就"实学"。在方以智看来，自然界和人类社会都属于"物"，都蕴含着"物理"，应当成为仁人志士的研究对象。任何偏离"实学"的迂阔空谈都是"鬼火"。在传统观念中，离薪之火为鬼火，属于不祥之物。既然强调"实学"，那么天地之间是否存在一套自然秩序呢？方以智的回答是肯定的。方以智认为，由《河图》《洛书》中五构成的衍变历程就是"秩序之天符"，其中涵盖了自然变化的奥妙。不唯如此，人类社会的公共生活规则也建立在这套理论的基础上。在方以智看来，"斋明拜让者，礼乐之蓍龟也；威仪事感者，礼乐之爻位也；伦物尊亲者，礼乐之仪象也。穹轩日月，

① 方孔炤. 周易时论合编[M]//《续修四库全书》编委会. 续修四库全书（第15册）. 上海：上海古籍出版社，2001：497.

已表周旋贯珠之法矣；呼吸官支，已表朝享琴瑟之法矣；《方》《圆》《图》《书》，已表升降清浊之法矣”（《易余·礼乐》）。方以智为发明义理之学提供了翔实的象数基础，集中体现在《图象几表》的内容、排列次序、图象解读等方面，成为继朱熹之后的集大成者。

方以智不赞同盲目地信古和武断地疑古。方以智对前辈学者怀疑《易传》和象数的学术取向表示强烈不满，他从古籍的实际效用与文本的叠加增补方面反对这股疑古思潮。儒家对于古代文献的真实性持有客观的态度，也就是所谓“信则信，疑则疑”，既不主张盲目信古，又反对没有原则地肆意疑古。

方以智不主张死节。在他看来，儒家圣人鼓吹节操的目的在于防止社会成员不能适当地节制自己的行为，既包括最基本的德行与节操，又要防止因过分强调节操而对人生造成不必要的伤害，指出：“方虑人之不节，何暇虑其过节，事苦则矜怜之情薄，生厚故安全之虑深，《象》苦之而乃甘，穷之而乃通，缓死三过，交济防慎，圣人之心苦矣。”[①]一味倡导愚忠，在全社会掀起无谓的“死节”，是对圣人学说的误解。不唯方以智反对盲目地“死节”，就连钱澄之也借渔父之口表达这种观念，对屈原的“死节”表示惋惜。钱澄之指出：“原以湘流可葬，渔父以沧浪可濯。濯沧浪足以自洁其身，葬湘流亦何益于国事？‘遂去不复与言’，冀原之自悟也。”[②]然而屈原还是选择了“死节”，以结束个体生命的方式表达自己对国家命运的担忧。在钱澄之看来，“自洁其身”的遗民风骨远胜于为颓败的王朝“死节”。仁人志士即便牺牲自己的生命，也无益于国家大事，前朝已经病入膏肓，必然遭到历史的抛弃。方以智引用秦和对“节”的理解，强调儒家的中正之道，指出：“节之而已，伦艺制度，皆本然之品节

① 方孔炤．周易时论合编[M]//《续修四库全书》编委会．续修四库全书（第15册）．上海：上海古籍出版社，2001：496.

② 钱澄之．庄屈合诂[M]．合肥：黄山书社，1998：331.

也。节之即通之矣。甘苦之间有适当于圣人之中正时宜者乎？”[①]这是对自孟子以来“仁义内在”这一基本观念的变相表达。儒家理想中的伦常、技艺与制度都是人性的显现，也是对天道“节目”的展示，即所谓“本然之品节”。天道的核心价值是生生之德，“节”的功用在于以具体的条目规范人类社会的日常行为与思想观念，为生命的延续与发展提供“度数”方面的保障。

在方以智看来，“节”不是一味地追求“自苦”，而是调适甘苦，以“中正时宜”作为原则，确保社会生活的稳步发展。方以智本人并不赞同“死节”和“自苦”，却非常赞赏仁人志士的勇气与魄力，认为这是任何隐遁者所无法比拟的，指出：“此溺于曳尾、臃肿者，夫乌知龙、比、孤竹之大全其天乎？《大过》灭顶，不可咎也。亢龙两圣人，此其一乎？薰者烧，不薰者亦烧；明者灭，不明者亦灭。生死一昼夜，将贵昼而贱夜邪？方齐寿夭而叹大全天者，则陋巷不及东陵之盗，而况彭祖八百乎？”（《东西均·生死格》）也就是说，庄子所追求的隐遁并不比关龙逄、比干、伯夷、叔齐等人的“死节”显得高远。在一般人看来，以藏身于俗世或山林作为保全性命的手段，这种做法能够“大全其天”。方以智却认为，仁人志士的“死节”也是“大全其天”的有效途径。当历史使命落在自身时，必须抛却怯懦，以超乎寻常的勇气直面惨淡的现实，“当亢则亢”也是成就个人德行的最佳选择。易学有了脱生死的功用。生死如同昼夜，不能因为厌弃黑夜而惧怕死亡。君子视死如归，毫无忧惧，从最低层面来看，“死”就像是“澌”，不过是自然界的常见现象，与恐惧、牵挂并没有太大的关联。在世俗的眼光中，颜回短命贫困，根本就比不上盗跖、彭祖的欢愉。既然尊崇庄子所谓“齐彭殇”的说法，那么身居陋巷且又短命的颜回似乎与寿命绵长的盗

① 方孔炤．周易时论合编[M]//《续修四库全书》编委会．续修四库全书（第15册）．上海：上海古籍出版社，2001：493.

跖、彭祖在生死方面就没有什么差别。从卦象来看，《大过》象征灭顶之灾，当道德主体深入领会易学的妙义，达到生死一如的境界，就转变为具有积极意义的“送死”。在儒家的伦理观念中，“送死”与“养生”享有同等重要的地位，是善始善终的体现。

方以智不唯反对盲目的“死节”与“自苦”，甚至一反常态，盛赞《孟子·离娄下》所讲的“齐人之福”，认为乞讨于富家坟墓之间是一种高风亮节的表现。在方以智看来，这种被妻妾视为卑贱的行为可以使自己免于向权贵低头。这与方以智薙染出家、现比丘相有关。比丘就是乞食过活的一个特殊人群，担荷如来家业，唤醒世人迷梦，位列“三宝”之列，因而也是最尊贵的人。在他看来，“《齐人》一章，即是圈点《人间世》，须看齐人是一尊布袋大菩萨，宁可乞蕃忍妻妾之辱，不肯向显者颔下讨生活。陶有《乞食诗》：‘扣门拙言词’，如此可怜，正见得腰硬如铁”（《一贯问答》）。可以看出，历来被视为反面教材的“齐人之福”在方以智那里居然得到了正面的解释，不仅是保全性命与人格独立的最佳途径，能够充分展示《庄子·人间世》的基本精神，又开启了陶渊明不与权贵周旋的先河。尽管在妻妾那里有失小节，但是免去“向显者颔下讨生活”的屈辱。彭迎喜先生对方以智的品格、学术风格以及社会活动做出全面的、中肯的评价，指出：

> 政治上，密之可以说是胜国一遗老，即所谓“真忠臣”，逃禅是一种掩护手段，当时人也这么看。礼制方面，当佛、儒规则发生冲突时，则舍佛取儒，破关奔丧即是一例。学术上，他一直主张打破藩篱，建立宏大的学术，晚年便在“通几”方面以《易》象数学为根基汲取佛老之说，从这点上讲，却的确出自本心，并非作表面文章。①

① 彭迎喜．方以智与《周易时论合编》考 [D]．广州：中山大学，2007：93.

方以智易学统摄佛、老学说，深入研究西方传教士带来的科学思想，坚信中华文化的先进性，不失时机地挺立民族自信心。与盲目排斥西方学术的做法不同，方以智对西方传教士带来的科学思想、宗教观念、几何学、天文历算等内容怀有饱满的热情，经过深入学习之后，对其进行较为中肯的评价。这种健康的学术态度对方中通、梅文鼎等后辈学者产生了积极而又深远的影响。方以智借用当时的地球学说论证中华的优越性，认为地球的形状就像一个瓜，瓜蒂、瓜脐对应于南北二极，因而存在极昼与日少夜多的现象，中华占据地球的优势地位，大致情况是："中华居心胸之间，腰轮在南瓯逻已，则近背此南，非上下之南北，而四方之南北也。故中国确然为中，而印度则左乳也。人受天地之中，而中华更中，故其人更灵，文章礼乐之全，道得天地之花，心为万国所不及，即是一大证据。"（《易余·中告》）结合易学所谓"三极之道"来看，人居于天地之中，"人为天地之心"，而中华又是地球的中心，因而呈现人文荟萃的繁荣局面。当然，必须指出的是，这里所说的中心是指身体的心胸部位，而不是球体的中心。当然，这只是方以智在天崩地裂的特殊年代的乐观看法，目的在于挺立中华文化的优越性。毕竟传统所谓中华为天下之中的时代早已一去不返了。后人亟须做的，不是反复论证中华究竟是不是地球之中心，而努力学习外来先进文化，勇于发现自身不足，切实做到"日新又新"，否则只会流于虚骄尊大，或者是遭遇败绩之后的妄自菲薄。

明代思想界的丰硕成果之一就是实学的盛行。方以智不仅集成了方学渐以"实理"解释"性善"的学术观念，而且主张讲求"实物"，反对"空谈大道"。儒家的社会职能在于维系人伦，探求"物理"，以伦理道德干预权力运作，促使政治生活朝向稳健的方向发展。从个体的自我提升来看，心性学说有助于培养君子人格，在全社会范围内营造良好的道德风尚，敦促社会成员改过自新。

当心性学说流于空谈，士大夫以此作为展示黠慧的工具时，原先的道德砥砺就失去了相应的途径，最终导致全社会的精神颓败。儒家肩负大道，身体力行，而不是空谈大道，更不是置大道于不顾。

忧患是儒家担当意识的体现。方以智经历波折生死，目睹社稷倾覆，对孟子所说的“生于忧患，死于安乐”有着切身的体会。如果说“作《易》者，其有忧患乎”是对圣王开创德业的理解，那么天崩地陷之后的“解《易》者”又如何看待忧患呢？圣贤一生，颠沛流离，无论身处逆境还是罹患疾病，都不会放弃自己的信念。既然再三强调易学具有了脱生死的功用，那么“出忧患之道”是不是经受生死磨难的历程呢？方以智用自己的生命情趣向世人宣告：“人无奈死于安乐，不知心心无心之真心，故忧患、疾病为生死之药。生死不二，则荣辱得失何足以二？瞑眩之几，在乎终食，极乎颠沛，而造次为尤细，此圣人之勘生死也。”（《东西均·生死格》）在儒家看来，饮食是人的本能，但是“知味”则是少数人的事情。以此类推，大道就在天地之间，圣贤经历生死磨难，契合大道，而一般人却停留在“百姓日用而不知”的层面。生死是人的存在方式，“勘生死”是圣人指明的修养方法。

当一切险恶与颠沛都不能让方以智动心时，这位智者又在思考什么问题呢？他讲道：“天下归仁，莫普于《礼运》之田。”①仁是儒家的价值源泉，《礼运》揭示了“太一”如何为阴阳五行、人伦日用提供合理依据，以及儒家对“物理”“度数”的基本态度。方以智曾经对自己的易学思想进行简明扼要的概括，指出：“真天统天地，真阳统阴阳，大一统万一，至善统善恶，至理统理气，大无统有无。”（《易余·二虚一实》）这就是方以智易学思想的灵魂。

① 方孔炤．周易时论合编[M]//《续修四库全书》编委会．续修四库全书（第15册）．上海：上海古籍出版社，2001：186.

后　记

本来，这本书并没有什么学术价值。它不过是对方以智易学思想做出了一番陈述，希望借此机会能够为“天下归仁”和挺立民族文化本位说两句话。声音微弱，几乎可以忽略。

自从选择儒学作为主攻方向以来，我的内心世界经常处于激荡澎湃的状态。许多问题涌现出来，激励着我去寻求答案。在苏州求学的十年中，我从幼稚走向成熟，从闭塞走向开放，辗转奔波，不改其乐，从秦岭脚下的孩童变成江东平民。久居小城，怡然自得。淡中有味，回味悠长。

我从二十岁开始思索身心问题，困顿不已。求学期间，有两位“贵人”给予我莫大关怀。一位是我的导师蒋国保教授，另一位是我的学长陈乔见先生。导师对我耳提面命，廓清了许多知识问题，他的许多观点我无法赞同，但我依然钦佩他为儒学复兴所做的有益探索；学长敏而好学，视野开阔，对我的成长起到了极其重要的作用。潘桂明教授对我的影响非常大，他时常向我讲述任继愈先生晚年思想的变化，将许多珍贵的佛教思想史料赠送给我，使我受益匪浅。独墅湖畔，坐而论道，至今难以忘怀。京口陈先生心系现代平民，恪守侯外庐学派的光辉传统，铁肩担道义，妙手著文章，给予莫大的帮助，敦促我不断前进。

久而久之，胸次渐开，问题终于有了答案。

世出世间法，无外乎因缘。这本小书能够付梓，首先应该感谢任重先生。任重先生古道热肠，艰苦卓绝，广举贤才，重振木铎，实为当今儒门龙象。

这个时代需要儒学。儒学传统是中华民族共同的精神家园。古人造字的时候，二十人皆竦手，构成一个“共”。它的意思是同。这里所说的手，是左手和右手。左手与右手达成共识，影响许多人，从而达到恭敬、供奉、拱卫的效果。儒家心怀天下，位卑不忘忧国。试看将来的世界，必然是中华民族复兴的寰宇！

刘伟于青弋江畔寓所

2015 年 4 月 20 日

“儒生文丛”第一辑（三册）

一、《儒教重建——主张与回应》

（任重、刘明主编，中国政法大学出版社 2012 年版）

对儒教重建的关注，是当代“大陆新儒家”的一大突出特点。中国自古儒、释、道三教合一，儒教居三教之首。在传统向现代交替的过程中，儒教是否是宗教、儒教是否该重建、儒教在今天应该是何种形态等命题成为学术思想界的热点，不断引发讨论。本书刊载了当代儒家新锐对儒教有关问题的深入讨论和最新看法，为中国现代精神价值体系建设提供了新的思路。

二、《儒学复兴——继绝与再生》

（任重、刘明主编，中国政法大学出版社 2012 年版）

因为儒学是治世之学，与一般的儒学研究者不同，儒门中人学习、研究、弘扬儒学，绝不是为了学术而学术，而是有着明显的问题意识和现实感。儒者、儒生对于儒学，不仅在理念上自觉认同，有明确的身份意识，而且还有着强烈的历史担当，立足当下，直面现实。本书所选编的当代“大陆新儒家”的思想探索成果，对当代中国所遇问题进行了精彩解答，乃“为往圣继绝学”，而非“纯学术”之作，值得一读。

三、《儒家回归——建言与声辩》

（任重、刘明主编，中国政法大学出版社 2012 年版）

尽管儒家在今天的中国已呈回归之势，但人们对他们的所作所为知之甚少。本书对“大陆新儒家”参与当代文化建设的一些事件，如五十四位学者联署发布《以孔子诞辰为教师节建议书》、十名青年博士生《我们对“耶诞节”问题的看法》、五十多个儒家团体《致电影〈孔子〉剧组人员公开函》、十学者《关于曲阜建造耶教大教堂的意见书》，以及参与讨论读经、国学、教师节、通识教育、国服、礼仪、节日等热点问题，予以了集中展示和说明。

“儒生文丛”第二辑（七册）

一、《儒家宪政主义传统》
（姚中秋著，中国政法大学出版社 2013 年版）

全书着力探讨中国历史上两个立宪时刻儒家之理念筹划和政治实践，即汉初儒家进入政体、驯化秦制，与近百年来儒家构建现代国家。就前者，重点解读董仲舒“天人三策”，阐明其天道治理观之宪政主义意涵。就后者，通过思想史的梳理，揭明现代中国存在着一个保守—宪政主义的思想与政治传统。

二、《儒家文化实践史（先秦部分）》
（余东海著，中国政法大学出版社 2013 年版）

《儒家文化实践史（先秦部分）》共两部。从儒家道统的角度，对先秦历史和历代政权进行梳理和评判。第一部：大同王道的原始模式（尧、舜、禹）；第二部：小康王道的三代实践（夏、商、周）。《儒家文化实践史（先秦部分）》旨在：集儒家外王学之大成，揭道德实践史之真相，破先秦政治史之天荒。这是一本与众不同的关于中华政治、历史和儒家义理之书，道眼烛史，新见迭出。

三、《追望儒风》
（米湾著，中国政法大学出版社 2013 年版）

本书收录作者历年来课余之暇各种机缘下所撰文字，约二十万言。或议或叙，或文或白，修短随意，不拘一格，其要则欲追武前修，跂望儒风也。略分六部分：儒学视野中之现实问题；儒学讲演；儒者传论；时论短评；游访纪事；实用文笔。得也失也，达者鉴之。

四、《赫日自当中——一个儒生的时代悲情》
（张晚林著，中国政法大学出版社 2013 年版）

本书是作者多年来浸润圣学之心得与体会，固然与其精研儒家经典有关，但绝非徒从读书得来，更有其切磋砥砺之功，故非有切身之痛痒、谨策之信仰，不可读其书也。本书内容共分五个部分：第一部分校正了社会大众对儒家相关义理之误解，以确立儒学之纲目与信仰；第二部分痛斥当代职业化教育对儒家教育精神的背离，以期回到儒家之人文精神之中，匡扶人心；第三部分乃以心性学重述儒家之婚姻伦理精神，以批判当代社会把美学形态之爱情作为唯一基点的婚姻观，由此而修身齐家，和谐社会；第四部分资儒家之根本义理，以隽永之小品文，思考当今社会之相关问题，其形式虽短小精微，但其理却博厚悠长；第五部分乃作者与友人之论争与讲辞，以见作者捍卫与宣扬儒学之决心与情怀。总之，本书乃作者用“心”之验，而非“才”气之作，有心者当善会也。

五、《“亲亲相隐”问题研究及其他》

（林桂榛著，中国政法大学出版社 2013 年版）

“亲亲相隐”问题是横跨文、史、哲、法诸领域的一个重大问题。本书对孔子“父子相为隐，直在其中矣”是何语义、唐律以来中国古代法制或律典中的“亲属得相容隐”为何内容、“亲属得相容隐”与“干名犯义”两律制有何区别、“亲属得相容隐”和汉律“亲亲得相首匿”有何区别、柏拉图或柏拉图笔下的苏格拉底是否赞成 Euthyphro“告父杀人”为绝对虔敬或公正及何理由等做出系统辨正；以“不显”及“知而不言（隐默）”训正“隐”，以“视”及“辨别是非”训正“直”，以“容许什么样亲属对犯案人什么样行为保持沉默不发”训正唐律以来的“亲属得相容隐”律条，从而指出“亲属得相容隐”“亲亲得相首匿”是权利设置而“干名犯义”等不许告亲尤告尊亲是义务设置，且“亲属得相容隐”仅仅是指言语行为而非其他行为。本书另有《孟子》“徒法不足以自行”究竟何意、儒家思想与人权话语的交集、儒家应该向基督教学习什么、儒家书院的文化功能与重建前景等专论，视野开阔，内容丰富，思想锐利，见解独辟，于儒家礼乐刑政问题多有阐发及学术辨正。

六、《闲先贤之道》

（陈乔见著，中国政法大学出版社 2013 年版）

本书所收录的文章，以儒家义理为中心，以儒学辩诬为羽翼，以中西比较为背景，辅以学术评论和短议，对儒家伦理尤其是“亲亲互隐”、仁义孝弟、公私观念等皆有自己独到的理解和阐释，对中西哲学中的论说方式、思维方式、家庭观念、伦理特质等提出了一些新颖的见解。作者秉持独立思考之精神，不苟同于学术权威，不苟合于流俗之见，字里行间流露出作者闲先圣之道、阐儒学之蕴、解现实之惑的思想旨趣和现实关怀。

七、《政治儒学评论集》

（任重主编，中国政法大学出版社 2013 年版）

本书以蒋庆先生“政治儒学”思想为中心，收录了来自各界的学术论文和思想性评论。甲编为儒门内部批评，乙编为较有明显思想立场的儒门外部批评，丙编为较为中立的评论。

“儒生文丛”稿约

出版目的：弘扬儒学，提携后学，促进各界对儒家的全面了解，推动中国学术繁荣、文化发展、社会进步、民族复兴。

征稿对象：自觉认同儒家的学术研究者，主动弘扬儒学的社会实践者。

内容要求：学术性与社会性相结合，要有担当意识、价值关切和文化情怀。既收编学术研究专著，也收编各界同道的弘道文集。学术论文要言之成理，文化评论要立场明确，经验总结要翔实严谨，诗文随笔要有儒家趣味。

投稿程序：请作者投稿至主编电子邮箱（rujiarz@126.com）。主编初审后交“儒生文丛”学术委员会审议。若学术委员会审议通过，则列入下一辑出版计划。

学术委员：蒋　庆　陈　明　康晓光　余东海　秋　风

“儒生文丛”主编任重　敬告